プリント形式のリアル過去問で本番の臨場感！

愛媛県公立高等学校

2025年春受験用　解答集

本書は，実物をなるべくそのままに，プリント形式で年度ごとに収録しています。
問題用紙を教科別に分けて使うことができるので，本番さながらの演習ができます。

■　収録内容

・解答集（この冊子です）

書籍ＩＤ番号，この問題集の使い方，最新年度実物データ，教科別入試データ解析，
解答例と解説，ご使用にあたってのお願い・ご注意，お問い合わせ

・2024（令和６）年度 ～ 2022（令和４）年度　学力検査問題

・リスニング問題音声《オンラインで聴く》　詳しくは次のページをご覧ください。

○は収録あり	年度	'24	'23	'22		
■ 問題（一般入学者選抜）		○	○	○		
■ 解答用紙		○	○	○		
■ 配点						
■ 英語リスニング音声・原稿		○	○	○		

全教科に解説があります

☆問題文等の非掲載はありません

JN132350

教英出版

■ 書籍ＩＤ番号

リスニング問題の音声は，教英出版ウェブサイトの「ご購入者様のページ」画面で，書籍ＩＤ番号を入力してご利用ください。

入試に役立つダウンロード付録や学校情報なども随時更新して掲載しています。

書籍ＩＤ番号　193338

（有効期限：2025年9月30日まで）

【入試に役立つダウンロード付録】

「ラストチェックテスト（標準／ハイレベル）」

「高校合格への道」

【リスニング問題音声】

オンラインで問題の音声を聴くことができます。

有効期限までは無料で何度でも聴くことができます。

■ この問題集の使い方

年度ごとにプリント形式で収録しています。針を外して教科ごとに分けて使用します。①片側，②中央のどちらかでとじてありますので，下図を参考に，問題用紙と解答用紙に分けて準備をしましょう（解答用紙がない場合もあります）。

針を外すときは，けがをしないように十分注意してください。また，針を外すと紛失しやすくなりますので気をつけましょう。

① 片側でとじてあるもの

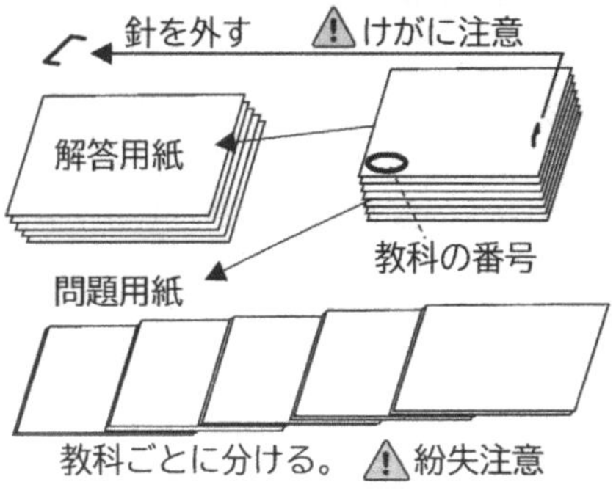

② 中央でとじてあるもの

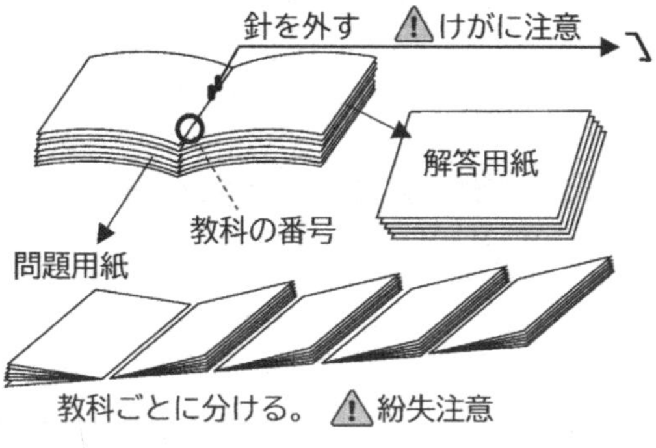

※教科数が上図と異なる場合があります。
　解答用紙がない場合や，問題と一体になっている場合があります。
　教科の番号は，教科ごとに分けるときの参考にしてください。

■ 最新年度 実物データ

実物をなるべくそのままに編集していますが，収録の都合上，実際の試験問題とは異なる場合があります。実物のサイズ，様式は右表で確認してください。

問題用紙	Ａ４冊子（二つ折り）
解答用紙	Ｂ４片面プリント

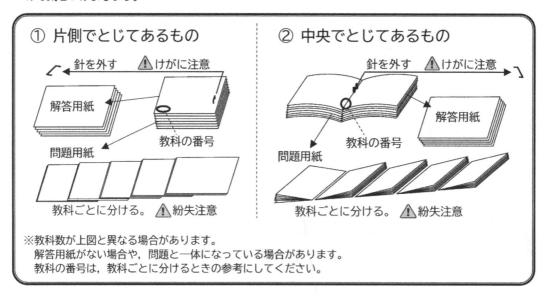

愛媛県　公立高校入試データ解析　国語

分野別データ			2024	2023	2022
大問の種類	長文	論説文・説明文・評論	○	○	○
		小説・物語	○	○	○
		随筆・紀行文			
	古文・漢文		○	○	○
	詩・短歌・俳句				
	その他の文章				
	条件・課題作文		○	○	○
	聞き取り				
漢字・語句	漢字の読み書き		○	○	○
	熟語・熟語の構成		○	○	
	部首・筆順・画数・書体				
	四字熟語・慣用句・ことわざ		○		○
	類義語・対義語				
文法	品詞・用法・活用		○	○	○
	文節相互の関係・文の組み立て		○		
	敬語・言葉づかい				
文章の読解	長文	語句の意味・補充	○	○	○
		接続語の用法・補充	○	○	○
		表現技法・表現の特徴	○		○
		段落・文の相互関係			
		文章内容の理解	○	○	○
		人物の心情の理解	○	○	○
	古文・漢文	歴史的仮名遣い	○	○	○
		文法・語句の意味・知識			
		動作主			○
		文章内容の理解	○	○	○
	詩・短歌・俳句				
	その他の文章				

形式データ	2024	2023	2022
漢字の読み書き	8	8	8
記号選択	8	9	7
抜き出し	10	10	12
記述	6	5	6
作文・短文	1	1	1
その他			

2025年度入試に向けて

説明的文章は，各段落の内容をふまえて，文章全体で筆者が何を言いたいのかを読み取ろう。抜き出しの問題が多いが，正答は必ず本文の中にあるので，条件に合う部分を落ち着いて探そう。例年出題されている漢字の読み書きや文法などは，確実に得点したい。画数・文節・品詞・活用など，基本的な事項をしっかり復習しておこう。文学的文章は，場面の流れに沿って，登場人物の気持ちの変化をしっかりとらえよう。古文は，誰の言動なのかをしっかりおさえたうえで，全体の流れをつかむこと。古文の最後には，生徒たちの話し合いをもとにした問題が出ている。例年，資料の読み取りをもとに300～400字で書く〔作文問題〕がある。

愛媛県　公立高校入試データ解析　数学

<table>
<tr><th colspan="2">分類</th><th>2024</th><th>2023</th><th>2022</th><th>問題構成</th><th>2024</th><th>2023</th><th>2022</th></tr>
<tr><td rowspan="7">式と計算</td><td>数と計算</td><td>○</td><td>○</td><td>○</td><td rowspan="4">小問</td><td rowspan="4">[2]1．因数分解
4．文字式の文章問題
7．連立方程式の文章問題</td><td rowspan="4">[2]1．因数分解
2．等式変形
3．数の性質
7．２次方程式の文章問題</td><td rowspan="4">[2]1．２次方程式
7．連立方程式の文章問題
[3]文字式の文章問題</td></tr>
<tr><td>文字式</td><td>○</td><td>○</td><td>○</td></tr>
<tr><td>平方根</td><td>○</td><td>○</td><td>○</td></tr>
<tr><td>因数分解</td><td>○</td><td>○</td><td></td></tr>
<tr><td>１次方程式</td><td></td><td></td><td></td><td rowspan="3">大問</td><td rowspan="3">[1]計算問題</td><td rowspan="3">[1]計算問題</td><td rowspan="3">[1]計算問題</td></tr>
<tr><td>連立方程式</td><td>○</td><td></td><td>○</td></tr>
<tr><td>２次方程式</td><td></td><td>○</td><td>○</td></tr>
<tr><td rowspan="4">統計</td><td rowspan="2">データの活用</td><td rowspan="2"></td><td rowspan="2">○</td><td rowspan="2">○</td><td>小問</td><td></td><td>[3]1．箱ひげ図等</td><td>[2]3．度数分布表</td></tr>
<tr><td>大問</td><td></td><td></td><td></td></tr>
<tr><td rowspan="2">確率</td><td rowspan="2">○</td><td rowspan="2">○</td><td rowspan="2">○</td><td>小問</td><td>[2]2．４枚のカード</td><td>[2]4．2つのさいころ</td><td>[2]4．６個の色玉</td></tr>
<tr><td>大問</td><td></td><td></td><td></td></tr>
<tr><td rowspan="7">関数</td><td>比例・反比例</td><td></td><td></td><td></td><td rowspan="4">小問</td><td rowspan="4">[2]3．放物線のグラフ
[3]1．２乗に比例する関数の文章問題</td><td rowspan="4">[3]2．１次関数の文章問題</td><td rowspan="4"></td></tr>
<tr><td>１次関数</td><td>○</td><td>○</td><td>○</td></tr>
<tr><td>２乗に比例する関数</td><td>○</td><td>○</td><td>○</td></tr>
<tr><td>いろいろな関数</td><td></td><td></td><td></td></tr>
<tr><td>グラフの作成</td><td></td><td>○</td><td></td><td rowspan="3">大問</td><td rowspan="3">[4]座標平面
放物線，直線，長方形，正方形</td><td rowspan="3">[4]座標平面
放物線，直線，平行四辺形</td><td rowspan="3">[4]文章問題
重なる図形，長方形，直角二等辺三角形</td></tr>
<tr><td>座標平面上の図形</td><td>○</td><td>○</td><td></td></tr>
<tr><td>動点，重なる図形</td><td></td><td></td><td>○</td></tr>
<tr><td rowspan="9">図形</td><td>平面図形の性質</td><td>○</td><td>○</td><td>○</td><td rowspan="5">小問</td><td rowspan="5">[2]5．作図
6．三角柱の表面積
[3]2，3．相似な図形
4．おうぎ形</td><td rowspan="5">[2]5．相似な立体
6．作図</td><td rowspan="5">[2]2．平行線と角度
5．円柱の投影図
6．作図</td></tr>
<tr><td>空間図形の性質</td><td>○</td><td>○</td><td>○</td></tr>
<tr><td>回転体</td><td></td><td></td><td></td></tr>
<tr><td>立体の切断</td><td></td><td></td><td></td></tr>
<tr><td>円周角</td><td>○</td><td>○</td><td>○</td></tr>
<tr><td>相似と比</td><td>○</td><td>○</td><td>○</td><td rowspan="4">大問</td><td rowspan="4">[5]平面図形
三角形，円，四角形</td><td rowspan="4">[5]平面図形
円，三角形</td><td rowspan="4">[5]平面図形
半円，三角形</td></tr>
<tr><td>三平方の定理</td><td>○</td><td>○</td><td>○</td></tr>
<tr><td>作図</td><td>○</td><td>○</td><td>○</td></tr>
<tr><td>証明</td><td>○</td><td>○</td><td>○</td></tr>
</table>

2025 年度入試に向けて

2019 年度以降，大問３では応用力を問う文章問題が出題されており，難しく感じるはずである。大問１と２は基本問題ばかりなので，大問１，２でほぼ満点を取れるだけの基礎力をしっかり身につけよう。他の大問でも最初の方の問題は簡単なので，確実に得点できるようになろう。

愛媛県　公立高校入試データ解析　英語

分野別データ		2024	2023	2022
音声	発音・読み方			
	リスニング	○	○	○
文法	適語補充・選択			
	語形変化			
	その他			
英作文	語句の並べかえ	○	○	○
	補充作文			
	自由作文	○	○	○
	条件作文	○	○	○
読解	語句や文の補充	○	○	○
	代名詞などの指示内容	○	○	○
	英文の並べかえ			
	日本語での記述	○	○	○
	英問英答			
	絵・表・図を選択			
	内容真偽	○	○	○
	内容の要約	○	○	○
	その他	○	○	○

形式データ			2024	2023	2022
リスニング	記号選択		9	9	9
	英語記述				
	日本語記述				
文法・英作文・読解	読解	会話文	1	1	1
		長文	1	1	1
		絵・図・表	1	1	1
	記号選択		17	13	13
	語句記述		2	3	3
	日本語記述		1	2	3
	英文記述		5	5	5

2025 年度入試に向けて

英作文は基本的な問題が多い。与えられた条件を守り，自信のある表現で書こう。今後はますます自分の考えを英語で表現する力が求められるだろう。会話文は毎年，図や表を使った問題が出題される。正確に英文を読み取る力が必要である。長文は(注)が多いので慣れが必要である。過去問はもちろん，類似問題で読解力を身につけよう。

愛媛県　公立高校入試データ解析　理科

分野別データ		2024	2023	2022
物理	光・音・力による現象	○	○	○
	電流の性質とその利用	○	○	○
	運動とエネルギー	○	○	○
化学	物質のすがた	○	○	○
	化学変化と原子・分子	○	○	○
	化学変化とイオン	○	○	○
生物	植物の生活と種類	○		○
	動物の生活と種類		○	○
	生命の連続性と食物連鎖	○	○	○
地学	大地の変化	○	○	○
	気象のしくみとその変化	○	○	○
	地球と宇宙	○	○	○

形式データ	2024	2023	2022
記号選択	34	27	34
語句記述	7	9	5
文章記述	2	4	3
作図	2	4	1
数値	8	5	10
化学式・化学反応式	1	1	2

2025 年度入試に向けて

毎年，解答数は 50 をこえており，問題数が非常に多く，文章量も多い。答えを出すまでに時間がかかる問題もあるので，できる問題から確実に答えを出していくことが大切である。日ごろから時間をはかって問題を解くなど，時間を意識した練習をしておこう。また，物理，化学，生物，地学の 4 分野からまんべんなく出題されている。苦手な分野がある場合は，早目に克服しておこう。基本的な語句を答える問題や，簡単な計算で解くことができる問題も多いので，苦手な分野でも基本的な内容を覚えるだけで得点になる部分はある。教科書の重要語句を暗記したり，練習問題を繰り返し解いたりして，基本的な内容は確実に身につけておこう。

愛媛県　公立高校入試データ解析　社会

分野別データ		2024	2023	2022	形式データ	2024	2023	2022
地理	世界のすがた	○	○	○	記号選択	9	9	8
	世界の諸地域（アジア・ヨーロッパ・アフリカ）	○	○	○	語句記述	4	4	5
	世界の諸地域（南北アメリカ・オセアニア）		○	○	文章記述	2	2	2
	日本のすがた	○	○	○	作図			
	日本の諸地域（九州・中国・四国・近畿）				計算			
	日本の諸地域（中部・関東・東北・北海道）	○	○	○				
	身近な地域の調査							
歴史	原始・古代の日本	○	○	○	記号選択	7	5	4
	中世の日本	○	○	○	語句記述	5	5	5
	近世の日本	○	○	○	文章記述	3	2	2
	近代の日本	○	○	○	並べ替え	1	2	3
	現代の日本	○	○	○				
	世界史	○		○				
公民	わたしたちと現代社会	○	○	○	記号選択	7	5	7
	基本的人権		○		語句記述	4	4	1
	日本国憲法		○		文章記述	2	2	2
	民主政治	○	○	○	計算		1	
	経済	○	○	○				
	国際社会・国際問題	○	○	○				

2025年度入試に向けて

出題数・出題形式などにほぼ変化が見られない。各分野で指定語句を用いた文章記述が２題程度出され，あまり複合した資料は見られない。オーソドックスな問題がほとんどなので，教科書・資料集を中心に勉強すれば十分に対策できる。地理・歴史・公民の３分野からバランスよく出題されているので，苦手分野を作らずしっかりと基本事項をおさえた学習をしたい。

愛媛県公立高等学校

《2024 国語 解答例》

(一) 1．イ　2．ウ　3．(1)エ　(2)ア　4．a．庭全体を漫然と捉えると同時に、ほかのことに考えをめぐらす　b．最初…ぼんや　最後…ている　5．配置を象徴的に解釈したり芸術性を云々する
6．a．至高の視点　b．「見る」ための庭　c．庭園の一部　7．十五個の石全てを視界に入れることはできず、庭のそれぞれの要素を集中的に「見る」ことができない　8．エ

(二) 1．エ　2．イ　3．a．最初…咲桜莉　最後…ている　b．勇気　c．都大路は二度と経験できないかもしれない大舞台だから、味わわないともったいない　4．互いの口か　5．ウ

(三) 1．かっさい　2．せんさく　3．おろ　4．わず

(四) 1．損益　2．旅券　3．焼ける　4．刻む

(五) 1．(1)たわぶれしに　(2)最初…鳥類に　最後…となり　2．a．心よきこと　b．うずらを放してやる
c．鳴くとまた捕まるので、決して鳴いてはいけない

《2024 作文》

〈作文のポイント〉

・最初に自分の主張、立場を明確に決め、その内容に沿って書いていく。

・わかりやすい表現を心がける。自信のない表現や漢字は使わない。

さらにくわしい作文の書き方・作文例はこちら！→https://kyoei-syuppan.net/mobile/files/sakupo.html

《2024 数学 解答例》

(一) 1．5　2．6　3．$18a^3$　4．$4-\sqrt{3}$　5．$2x^2-6x-11$

(二) 1．$(x+3)(x-6)$　2．ア　3．c，a，b　4．$5n-5$
5．右図　6．144　※7．4人の組は7組，5人の組は9組

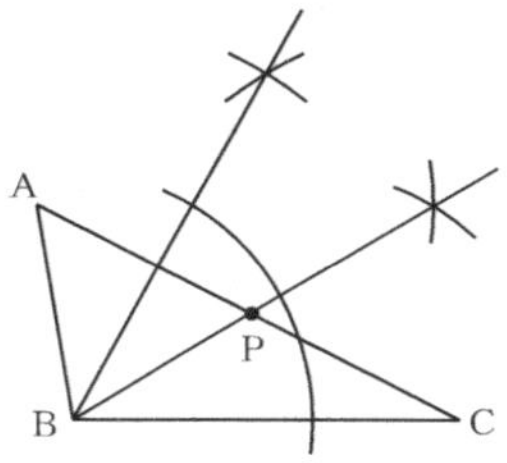

(三) 1．$y=2x^2$　2．6　3．$5\sqrt{3}$　4．180

(四) 1．3　2．$y=x+8$　3．(1) $t+8$　(2) $4-4\sqrt{3}$

(五) 1．(1)△CAEと△CDBにおいて，
仮定より，CA＝CD…①　CE＝CB…②
また，∠ACE＝60°＋∠DCE…③　∠DCB＝60°＋∠DCE…④　③，④から，∠ACE＝∠DCB…⑤
①，②，⑤で，2つの三角形は，2組の辺とその間の角がそれぞれ等しいことがいえたから，
△CAE≡△CDB
(2)ウ　2．$\frac{20}{3}$

※の解は解説を参照してください。

《2024　英語　解答例》

(一)　1．エ　2．イ　3．ア

(二)　1．ウ　2．ア

(三)　1．ア　2．エ　3．ウ　4．イ

(四)　1．(1)ウ，イ，ア，エ　(2)エ，イ，ウ，ア

2．(1)①I will make signs in many languages for foreign people.　②My town will have more tourists from foreign countries.　(2)You should read children's books written in easy Japanese.

(五)　1．①エ　②ウ　③イ　2．(ア)Have you decided where to go?　(イ)I will do my best to win the contest.

3．(a)ア　(b)エ　(c)ウ　(d)カ　4．(1)ア　(2)イ　(3)エ

(六)　1．(A)met　(B)goes　2．紙から作られた特別な素材を使うこと。　3．エ　4．ウ　5．イ，キ

6．イ

《2024　理科　解答例》

(一)　1．(1)音源　(2)400　(3)①ア　②エ

2．(1)①イ　②ウ　(2)0.15　(3)右図　(4)2　(5)①イ　②イ

(二)　1．(1)$HCl + NaOH \rightarrow NaCl + H_2O$　(2)①ア　②ウ　(3)イ

2．(1)二酸化炭素　(2)0.4　(3)ⓒ1.4／右グラフ　(4)6.0

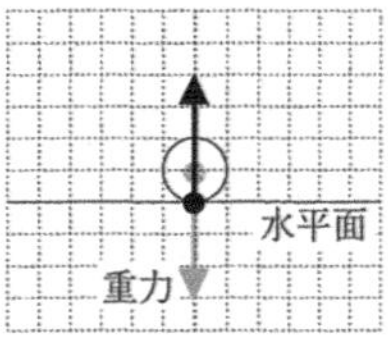

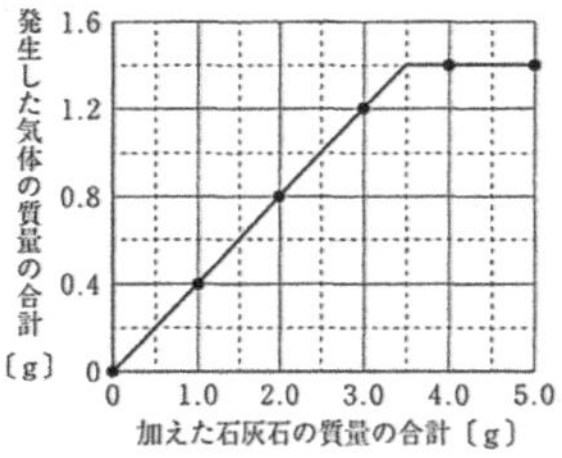

(三)　1．(1)気孔　(2)①ア　②ウ　(3)0.2　(4)光が当たるようになる。

2．(1)ア　(2)①ア　②エ　(3)①イ　②エ　(4)イ

(四)　1．(1)熱帯　(2)①イ　②エ　(3)ア→ウ→イ　(4)①イ　②ウ　2．(1)①ア　②エ　(2)ウ　(3)エ　(4)銀河

(五)　1．(1)エ　(2)①ウ　②イ　2．(1)ウ　(2)エ　3．(1)X．ア　Y．地層Pより低いところ　(2)ア

4．(1)①0.38　②イ　(2)A．沈んだ　C．沈んだ

《2024　社会　解答例》

(一)　1．冠位十二階　2．イ　3．ウ　4．貴族や寺社に税を納める代わりに，営業を独占する権利を認められた　5．ウ　6．公事方御定書　7．ア

(二)　1．X．朝廷と結び付く　Y．幕府の権威を回復する　2．板垣退助　3．工場法　4．ドイツ

5．a．イ　b．エ　6．ア　7．エ→ア

(三)　1．連立　2．国家権力を憲法によって制限する　3．ウ　4．控訴　5．①ア　②エ　6．イ

(四)　1．株主　2．①イ　②エ　3．ウ　4．発展途上国の間の経済格差　5．難民

(五)　1．(1)記号…う　県名…島根　(2)記号…イ　理由…夏に比べて冬の降水量が多いから。　2．火砕流

3．エ　4．エ　5．ウ

(六)　1．ア　2．(1)エ　(2)イ　(3)記号…い　国の名…スペイン　(4)サヘル　3．まばらに木がある草原

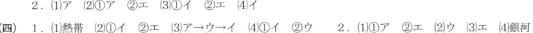

《2024　国語　解説》

(一)

1 「重箱読み」とは、上の漢字を「音」で読み、下の漢字を「訓」で読むもの。ア．音＋音　イ．音＋訓　ウ．訓＋訓　エ．訓＋音(湯桶《ゆとう》読み)　よって、イが適する。

3(1) 「しばしば」が意味の上で結びついている文節は「される」。よって、エが適する。　(2) 「しばしば」は、自立語で活用がなく、主として連用修飾語(＝用言を含む文節を修飾する語)になる。よって、アが適する。

4 a [a] を含む文の直後の文に「このように、『ながめる』ときは二つのことを並行して行っており」とあることに着目する。これに当たるのが、[3]段落で「縁側でぼんやりと庭をながめること。それは～その全体を漫然と捉えており、かつ、同時にほかのことに考えをめぐらし、詩歌などに昇華されることもある」と述べている部分である。　b [2]段落の引用部分で、庭をながめるときのときの意識の状態を、「ぼんやりした状態とクリアな状態とを同時に保持している」と表現している。

5 ――線④の直後に「～だとし、龍安寺《りょうあんじ》石庭について(「臨床心理学者上田琢哉《うえだたくや》氏」は)次のように述べている」とあるため、直後の引用文に着目する。庭園の石は、「配置を象徴的に解釈したり芸術性を云々《うんぬん》する」などして意味を明らかにしようとせず、「『黙ってながめる』ためのものと考えた方がわかりやすいのではないだろうか」と述べている。

6 a・b [5]段落で西洋の庭園について、「庭園全体は、その至高の視点を念頭に置いて構成されている。整形式庭園とは『見る』ための庭と言うことができるかもしれない」と述べている。　c [6]段落で日本の庭園について、「寝殿が最高位の視点であるし、池泉回遊式庭園であっても～そこからの視点を念頭に置いて全ての要素が構成されているわけではない～そこで見えるのは庭園の一部である」と述べている。

7 [7]段落の「龍安寺石庭は、どの位置から目を向けても、十五個の石全てを視野に入れることはできない～そのことは、この庭が一意的に解釈できないことと通底しているように思われる」と、[8]段落の「一つ一つの要素～を集中的に『見る』ことはもはやできない。ただ、全体を漫然と視野に入れることしかできない。その現象の縮小版が、庭園においても生じる」から、理由を読み取ることができる。

8 ア．「庭園の西洋化によって薄れつつある」は本文にない。　イ．「古文の『ながむ』の意味が～中心的な要因」とは本文にない。　ウ．「日本の文化の優位性を示している」は本文にない。　エ．[7]～[9]段落の内容と合っている。　よって、エが適する。

(二)

2 直後の段落に「緊張のしすぎで、身体をどこかに置き去りにしてしまったような私に対し、留学生の彼女は～談笑していた～呼び出しの寸前まで、留学生は足のマッサージを受けていた。ひとりでやることもなく、キャラメルをなめていた私とはエラい違いだった」とある。よって、イが適する。

3 a・b 「何て楽しそうに走るんだろう、とほれぼれしてしまうフォームで、彼女(＝留学生)はあっという間に走り去っていった」。そのとき「私」の「耳の奥で蘇《よみがえ》った」のは、朝食会場での咲桜莉《さおり》の言葉である。「咲桜莉が私の走りを見て楽しそうと感じてくれている」ことに思いが至ると、「不思議なくらい勇気が太ももに、ふくらはぎに、足裏に宿ったように感じた」とある。[b] の直後に「～が湧いてきた」とあることがヒントになる。

c 「今の状況を肯定的に捉えた開き直りとも取れる大胆な気持ち」とは、――線②の２段落前の「こんな大舞台、二度と経験できないかもしれない～この瞬間をじっくりと楽しまないと。最初で最後のつもりで、都大路《みやこおおじ》を味わわないともったいないぞ」から読み取ることができる。

4　「比喩を使って表現されている」が手がかりとなる。ほぼ同じタイミングで中継線に立った「私」と「赤いユニフォームの選手」の「視線が交わった瞬間～何かが『バチンッ』と音を立てて弾《はじ》けるのを聞いた気がした」とある。これは実際に何かが弾けたのではなく、お互いに「負けたくない」二人の気持ちのぶつかり合いをたとえた表現である。

5　ア．「自分が嫌で納得できないことでも、誰かのためならひたむきになれる」は、本文にない。　イ．「自分をその気にさせるための周囲の言葉を真に受けてしまった」は、本文にない。　エ．「自分の思いを相手にはっきり伝えられず、後悔してばかり」は、本文にない。　本文には、大会前日に急遽《きゅうきょ》アンカーを任されることになった「私」が緊張や重圧に負けそうになりながら、友人や先輩、先生の存在や言葉を思い出すことで、走ることに前向きになった様子が描かれている。よって、ウが適する。

（五）

1(1)　古文で言葉の先頭にない「はひふへほ」は、「わいうえお」に直す。　(2)「かのうずらに向かひて、」の直後から、引用をあらわす「～と」の直前まで。

2 a　拓也《たくや》さんの発言にある「あなた自身がそのような場所に置かれたら」は、本文5～6行目にある「金銀をちりばめし牢《ろう》を作りて御身を入れ置かば」に当たる。続く部分に「心よきことなるべきや」とあり、「なるべきや」が『［a］』に続く「であるはずがない」に当たる。　b「糀崎何某《はなさきなにがし》、感心改節して、うづらを愛することを思ひ止まり、飼ひ置きける鳥を残らず籠を出し」より。　c「汝《なんじ》必ず音を立つることあるべからず。音を立てば、また捕られん」より。

【古文の内容】

野州《やしゅう》糀崎郷のうずらは鳴くことがない。その隣の郷では（うずらが鳴いて）音を立てるとのこと。その土地に住む老人が言うことには、いつの頃だったろうか、糀崎何某という人が、その土地を領地とし、うずらを好んでたくさん飼いおき、金銀をちりばめた籠に入れて特に大切にしてかわいがっていたが、ある時、そのうずらに向かって、「鳥類でもおまえは幸せなものだ。（私が）金銀をちりばめた籠に入れて心をこめて飼いおくのは、（おまえにとっても）うれしいことであろう」とおどけて言ったところ、その夜の夢にうずらが来て、「どうであればこのように考えなさるのか。金銀をちりばめた牢を作ってあなたさまの身を入れておいたならば、快いことであるだろうか。」と言うのを見て、夢が覚めた。糀崎何某は、感心し考えを改めて、うずらをかわいがることを思いとどめ、飼っておいた鳥を残らず籠から出し、「お前はぜったいに（鳴いて）音を立てることをしてはならない。音を立てたならば、また捕らえられるだろう。」と教えて放したが、それからこの郷のうずらは、（鳴いて）音を立てなくなったと語ったということだ。

《2024　数学　解説》

（一）

2　与式$=\frac{9}{2}\times\frac{4}{3}=\mathbf{6}$

3　与式$=9a^2\times 2a=\mathbf{18a^3}$

4　与式$=(3+2\sqrt{3}+1)-\frac{9\sqrt{3}}{3}=4+2\sqrt{3}-3\sqrt{3}=\mathbf{4-\sqrt{3}}$

5　与式$=(x^2-16)+(x^2-6x+5)=\mathbf{2x^2-6x-11}$

(二)

1　積が－18，和が－３となる２つの整数を探すと，３と－６が見つかるので，与式＝$\boldsymbol{(x+3)(x-6)}$

2　ア．カードは毎回箱に戻すので，１のカードが出る確率は毎回$\frac{1}{4}$である。これは，「４回取り出したときに１回ぐらい出る」ことを意味するので，4000回取り出すと，$4000\times\frac{1}{4}=1000$(回)ぐらい出る，と考えてよい。

イ．アと同様に考えると，40回取り出したときに，１のカードは$40\times\frac{1}{4}=10$(回)ぐらい出ると考えられるが，必ず10回出るとは限らない。よって，正しくない。

ウ．カードは毎回箱に戻すので，４回目に１のカードが出るとは限らない。よって，正しくない。

エ．あるカードを引いたとき，$\frac{1}{4}$の確率で次も同じカードが出る。よって，正しくない。

以上より，**ア**が正しい。

3　**【解き方】比例定数の絶対値が小さいほど，放物線の開き方は大きくなる。**

①，②のグラフは上に開き，③のグラフは下に開いているので，ａ，ｂは正の数，ｃは負の数である。①は②より開き方が大きいので，$a<b$である。よって，値の小さい順に，**ｃ，ａ，ｂ**となる。

4　正五角形の頂点に置かれた５個の碁石を除くと，１辺に並ぶ碁石の個数は$(n-2)$個である。

よって，並べた碁石の個数は，$(n-2)\times5+5=\boldsymbol{5n-5}$(個)

5　△ＤＢＣが正三角形となるような点ＤをＢＣの上側にとる。正三角形の１つの内角の大きさは60°だから，点Ｐを∠ＤＢＣの二等分線とＡＣの交点とすれば，∠ＰＢＣ＝60°÷２＝30°となる。

6　**【解き方】(柱体の側面積)＝(底面の周の長さ)×(高さ)で求める。**

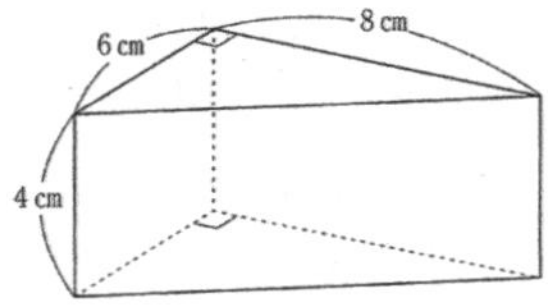

この三角柱の２つの底面の面積の和は，$(\frac{1}{2}\times6\times8)\times2=48$(cm²)である。

底面の直角三角形の斜辺の長さは，三平方の定理より，$\sqrt{6^2+8^2}=10$(cm)

だから，側面積は，$(6+8+10)\times4=96$(cm²)である。

よって，求める表面積は，48＋96＝**144**(cm²)

7　４人組の数をx組，５人組の数をy組とする。

参加者の合計人数について，$4x+5y=73$…①，予選リーグの組数の合計について，$x+y=16$…②とする。

①－②×４でxを消去すると，$5y-4y=73-64$　　$y=9$

$y=9$を②に代入して，$x+9=16$　　$x=7$　　これらは問題に適している。

よって，**４人の組は７組，５人の組は９組**ある。

(三)

1　yはxの２乗に比例するので，$y=ax^2$と表せる。この式に$x=2$，$y=8$を代入すると，$8=a\times2^2$より$a=2$だから，$\boldsymbol{y=2x^2}$となる。

2　物の高さとその影の長さは比例する。街灯の高さをｈｍとおくと，$1.5:h=2:8$　　$2h=1.5\times8$より$h=6$　　よって，街灯の高さは**６**ｍである。

3　**【解き方】△ＰＨＡと△ＢＨＰはそれぞれ３辺の長さの比が$1:2:\sqrt{3}$の直角三角形である。**

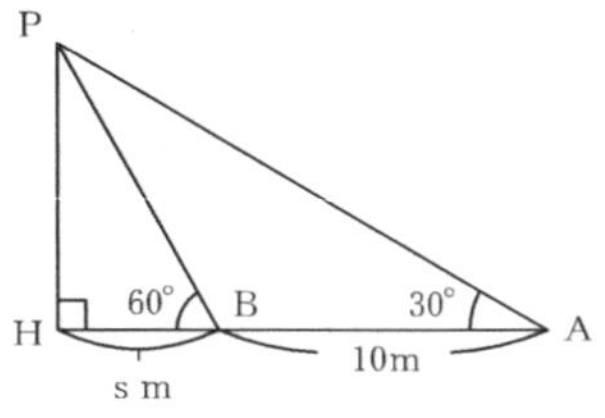

ＢＨ＝ｓｍとすると，△ＢＨＰにおいて，$PH=\sqrt{3}BH=\sqrt{3}s$(m)

$HA=BH+AB=s+10$(m)だから，△ＰＨＡにおいて，

$PH=\frac{1}{\sqrt{3}}HA=\frac{s+10}{\sqrt{3}}$(m)

よって，$\sqrt{3}s=\frac{s+10}{\sqrt{3}}$　　これを解くと$s=5$となるから，

$PH=\sqrt{3}\times5=\boldsymbol{5\sqrt{3}}$(m)

4　【解き方】おうぎ形ＯＡＤとおうぎ形ＯＢＣは中心角が等しいから，半径の比と弧の長さの比が等しくなるので，ＯＤ：ＯＣ＝$\overset{\frown}{\mathrm{AD}}$：$\overset{\frown}{\mathrm{BC}}$となる。

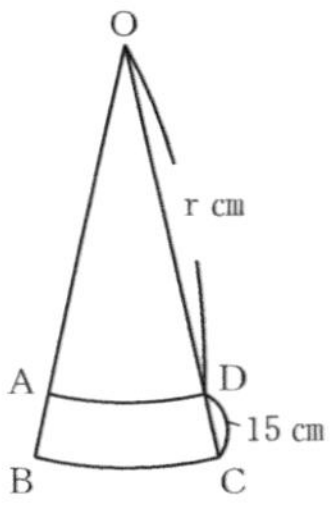

ＯＤ＝ｒcmとおく。ＯＤ：ＯＣ＝$\overset{\frown}{\mathrm{AD}}$：$\overset{\frown}{\mathrm{BC}}$より，ｒ：(ｒ＋15)＝12π：14π

これを解くと，ｒ＝90となるので，花壇の内側の円の直径は90×２＝**180**(cm)である。

(四)

1　関数$y=\frac{1}{4}x^2$において，$x=4$のとき，$y=\frac{1}{4}\times4^2=4$，$x=8$のとき，$y=\frac{1}{4}\times8^2=16$だから，(変化の割合)＝$\frac{(y\text{の増加量})}{(x\text{の増加量})}=\frac{16-4}{8-4}=$**3**である。

2　Ａ，Ｂはそれぞれ放物線$y=\frac{1}{4}x^2$上の点だから，放物線の式にＡのx座標の$x=-4$を代入すると，$y=\frac{1}{4}\times(-4)^2=4$より，Ａ(－４，４)，Ｂの$x$座標の$x=8$を代入すると，$y=16$より，Ｂ(８，16)である。直線ＡＢの式を$y=ax+b$とおき，直線の式にＡ，Ｂの座標をそれぞれ代入すると，$4=-4a+b$，$16=8a+b$となる。これらの式を連立方程式として解くと，$a=1$，$b=8$となるので，直線ＡＢの式は$\boldsymbol{y=x+8}$である。

3(1)　Ｐは放物線①上の点だから，Ｐのy座標は$y=\frac{1}{4}t^2$であり，Ｐ$\left(t,\ \frac{1}{4}t^2\right)$である。

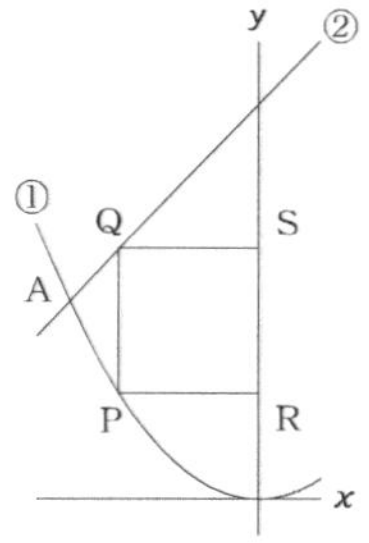

ＱとＰのx座標は等しいので，Ｑのx座標はtであり，Ｑは直線②上の点だから，Ｑのy座標は$y=t+8$である。よって，Ｑ(t，$t+8$)

ＳとＱのy座標は等しいので，Ｓのy座標は$\boldsymbol{t+8}$である。

(2)　**【解き方】四角形ＰＱＳＲが正方形となるとき，ＰＱ＝ＱＳが成り立つ。**

ＰＱ＝(Ｑのy座標)－(Ｐのy座標)＝$t+8-\frac{1}{4}t^2$，

ＱＳ＝(Ｓのx座標)－(Ｑのx座標)＝$0-t=-t$となる。

よって，$t+8-\frac{1}{4}t^2=-t$を解くと，$t=4\pm4\sqrt{3}$　　$-4<t<0$より，$t=\boldsymbol{4-4\sqrt{3}}$

(五)

1(1)　まず，問題文の仮定を図にかきこんで，証明のために必要な条件を探そう。条件が足りない場合は，問題の内容に応じて，図形の性質，平行線の同位角・錯角，円周角の定理などからわかることもかきこんでみよう。

(2)　△ＣＡＥ≡△ＣＤＢだから，∠ＣＡＥ＝∠ＣＤＥである。ＡとＤが直線ＣＥについて同じ側にあるから，円周角の定理の逆より，４点**Ａ，Ｃ，Ｄ，Ｅ**は１つの円周上の点である。

2　**【解き方】高さが等しい三角形の面積比は，底辺の長さの比に等しい。**

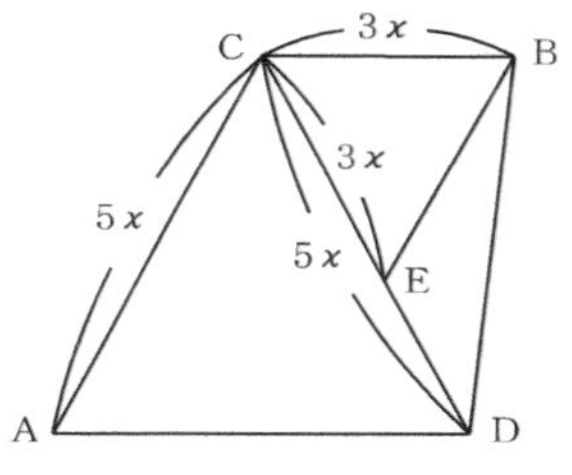

ＡＣ：ＣＢ＝５：３だから，ＡＣ＝$5x$，ＣＢ＝$3x$とおくと，△ＣＡＤ，△ＢＣＥはそれぞれ正三角形なので，右図のようになる。相似な三角形の面積比は，相似比の２乗の比だから，△ＣＡＤ：△ＢＣＥ＝$5^2:3^2=25:9$より△ＢＣＥ＝$\frac{9}{25}$△ＣＡＤとなる。

△ＢＣＥと△ＢＥＤで底辺をそれぞれＣＥ，ＥＤとしたときの高さが等しいから，△ＢＣＥ：△ＢＥＤ＝ＣＥ：ＥＤ＝$3x:(5x-3x)=3:2$より

△ＢＥＤ＝$\frac{2}{3}$△ＢＣＥ＝$\frac{2}{3}\times\frac{9}{25}$△ＣＡＤ＝$\frac{6}{25}$△ＣＡＤとなる。

したがって，(四角形ＡＤＢＣの面積)：△ＢＥＤ＝$\left(1+\frac{9}{25}+\frac{6}{25}\right):\frac{6}{25}=20:3$だから，四角形ＡＤＢＣの面積は△ＢＥＤの面積の$\boldsymbol{\frac{20}{3}}$倍である。

《2024　英語　解説》

(一)

1　質問「アヤカのペンはどこにありましたか？」…A「アヤカ，これは君のペン？」→B「そうだよ。どこで見つけたの？」→A「椅子の下で見つけたよ」より，エが適当。

2　質問「マヤの祖父へのプレゼントは何ですか？」…A「祖父へのプレゼントを選ぶのを手伝ってくれない？」→B「いいよ。これはどうかな，マヤ？冬にぴったりだよ」→A「いいアイデアだね！頭部を温かく保てるね。祖父は気に入ってくれると思うな」より，イが適当。

3　質問「タロウは昨夜何をしましたか？」…A「タロウ，昨日の夜テレビで野球の試合を見た？」→B「見なかったよ。自分の部屋で科学の本を読むのを楽しんでいたよ。２日前に，父が買ってくれたんだ」→A「あなたは野球が好きだよね？」→B「うん。でも実はその本があまりに面白くて読むのをやめられなかったんだよ」より，アが適当。

(二)

1　A「やあ，ルーシー。本当にごめんね。長い間待った？」→B「大丈夫。私もここに来たばかりだよ」に続くのは，ウ「それはよかった」が適当。

2　A「メアリー，夕食を食べに出かけよう。インターネットで素敵なレストランを見つけたんだ」→B「いいね。お腹が空いたよ。それはどんな種類のレストラン？」に続くのは，ア「日本食のお店だよ」が適当。

(三)　【放送文の要約】参照。

1　質問「オリバーの学校はいつ始まりますか？」…ア「１月に」が適当。

2　質問「オリバーは給食についてどう思っていますか？」…エ「彼の学校の生徒の健康に良い」が適当。

3　質問「オリバーはなぜ日本語の授業を受けたのですか？」…ウ「ケンに日本語について質問できると確信したから」が適当。

4　質問「オリバーは教師として，生徒に何をしてほしいですか？」…イ「彼は生徒たちに，読書の素晴らしさを知ってほしい」が適当。

【放送文の要約】

僕の名前はオリバーです。今日は僕のオーストラリアでの学校生活についてお話しします。1ア僕の学校は 1 月に始まって 12 月に終わります。僕の学校にいる日本人の友達のケンが，日本の学校は４月に始まって３月に終わると教えてくれました。彼はまた，日本の多くの学校で，生徒は給食を食べると言いました。僕の学校では給食がありませんが，いつか給食が生徒たちに提供されることを願っています。2エ給食は生徒の健康を維持することができます。

僕は外国語を勉強するのが好きです。あなたの学校の生徒は英語を勉強しているそうですね。僕の学校では，日本語または中国語の授業を選ぶことができます。最初はどちらの授業を選ぶべきか決めかねました。3ウある日，ケンが僕に「オリバー，日本語の授業を受けなよ。僕は日本語についての質問にいつでも答えてあげられるよ。心配いらないよ」と言いました。僕はそれを聞いてうれしかったので，日本語の授業を受けました。

僕の学校には大きな図書館があります。僕のお気に入りの場所です。放課後，僕はよくそこでたくさんの本を読んで楽しみます。僕は読書を通じて多くのことを学びました。4イ将来は先生になって，生徒たちが読書の素晴らしさを知るのを手助けしたいと思っています。あなたの夢は何ですか？ そして，あなたの学校生活について教えてください。

(四)

1(1)　Please let me go home early.：体調不良のAが先生に，早退させてほしいと言っている場面。「(人)が～する

のを許可する／(人)に～させる」＝〈let＋人＋動詞の原形〉　「早退する」＝go home early

⑵　Could you tell me the way to Wakaba Station?：「(人)に(もの／こと)を教える」＝tell＋人＋もの／こと

ここでは(もの／こと)の部分が the way to Wakaba Station「ワカバ駅への道」になっている。

2　自信のある表現を使ってミスのない英文を作ろう。それぞれ8語以上の1文で答えること。

⑴①　(例文)「外国人のために多言語の標識を作ります」　②　(例文)「私の町は外国からの観光客が増えます」

⑵　トムからのメール「やあ。僕は日本語が上手になりたいよ。でも，何をしたらいいかわからないんだ。何かいいアイデアがあれば，教えてほしいな」への返事を書く問題。「やあ，トム。メールをありがとう。いいアイデアがあるよ。(例文)やさしい日本語で書かれた絵本を読むといいよ。君の日本語が上達しますように」

(五)　【本文の要約】参照。

2(ア)　「(もう)～しましたか？」は現在完了“完了”の疑問文〈Have/Has＋主語＋過去分詞?〉で表す。

「どこに行くか」は〈疑問詞＋to 不定詞〉で where to go と表す。

(イ)　「～するつもりだ」＝will～　「最善を尽くす」＝do one's best　「～するために」＝to～

3　社会科作品の展示を見る予定はないこと，茶道部体験は陸とジョンの2人しか行かないことに注意して並べかえる。

4⑴　「ジョンと雄太は中学(　　)だ」…ジョンの4回目と雄太の2回目の発言より，彼らは合唱をすることがわかる。〈スケジュール〉より，合唱を行うのは1年生だから，ア「1年生」が適当。　⑵　「雄太の教室では生徒が(　　)作った作品が展示される」…ジョンの12回目と雄太の6回目の発言より，イ「理科の授業で」が適当。

⑶　「プログラムは(　　)ということを示している」…〈スケジュール〉より，昼休みは12時から13時30分までだから，エ「生徒は1時間以上昼休みがある」が適当。ア「職員室は2階だ」，イ「午前中は最初に3年生による発表がある」，ウ「吹奏楽部はダンス部の前に演奏を行う」はプログラムと合わない。

【本文の要約】

陸　：やあ，ジョン。今日は君にとってこの学校での3日目だね。学校生活はどう？

ジョン：楽しんでるよ。この学校がとても気に入ったよ。

雄太　：それを聞いてうれしいよ，ジョン。もうすぐうちの学校の学校祭があるのを知ってる？

ジョン：うん，もちろん。僕のアメリカの学校にはそういった行事がないから，すごく楽しみだよ。学校祭のプログラムを見たんだけど，そこに書かれている日本語が読めないんだ。

陸　：ＯＫ。①エ僕たちが手伝うよ。

ジョン：ありがとう。午前中には何が行われるの？

陸　：各学年が体育館で発表をするよ。

ジョン：4⑴ア僕たちは何をするの？

雄太　：4⑴アクラスメートといくつかの有名な英語の歌を歌うよ。

ジョン：いいね！僕は言葉の心配をしなくて済むね。その後は何をするの？

陸　：他の発表を見るよ。

ジョン：ええと…。②ウ全員がそこに留まるってこと？

陸　：うん。生徒はどこか別の場所には行かないよ。

ジョン：なるほど。発表の後は何をするの？

雄太　：長い昼休みがあるよ。昼休みの間に他の教室に行っていくつかの種類のイベントを楽しむことができるよ。

ジョン：(ア)君たちは，どこに行くか決めた？（＝Have you decided where to go?)

陸　　：まだだよ。一緒に行こうよ，ジョン。

ジョン：陸，雄太，ありがとう。

陸　　：最初に何をしたらいいかな？

雄太　：昼食を食べようよ。3PTAバザー１階で保護者が作ってくれた料理を食べることができるよ。

ジョン：やった！昼食を食べた後は何をしようか？

雄太　：3(a)ア文化体験（ゲーム）同じ階でゲームができるよ。③イ伝統的な日本のゲームだよ。ジョン，君はそれらに興味があるかな？

ジョン：うん。その体験は僕がもっと日本を知るのに役立ちそうだよ。

陸　　：よし。その後は２階に行こう。いくつかの教室で，生徒が作った数多くの，例えば社会科や理科の作品を見られるよ。

ジョン：4(2)イわあ，僕は理科の作品が見たいな。どこに展示されるの？

雄太　：4(2)イ僕たちの教室だよ。それらを見た後は３階に行って部活動のイベントを楽しまない？

陸　　：僕は美術部員だよ。理科の作品を見た後，僕の絵を見に行ってもいいかな？

ジョン：もちろん。あ，僕の書写の作品が展示されるって担任の先生が言ってたね。

雄太　：ええと…，それらは２階だね。陸の絵を見た後でそこに行こう。

陸　　：待って。書写の作品と理科の作品は同じ階に展示予定だよ。だから，3(b)エ理科作品展示理科の作品を見た後に3(c)ウ国語科書写作品展示ジョンの作品を見るべきだよ。

雄太　：そうだね。3(d)カ美術部作品展示その後で３階に陸の絵を見に行こう。

陸　　：いいね。最後に茶道の体験をしない？

ジョン：わあ！やってみたいよ。

雄太　：ごめん，僕は無理だ。

ジョン：どうして？

雄太　：昼休みの後，体育館で英語のスピーチコンテストが開催されるんだよ。僕はそれに出場するから早めに体育館に戻らなくちゃ。陸と茶道を楽しんでね。

ジョン：わかった。雄太，君の英語はとても上手だよね。君なら素晴らしいスピーチができると思うよ。

雄太　：ありがとう。全生徒が僕のスピーチを聞くから，すごくワクワクしてるよ。(イ)コンテストで勝つために最善を尽くすつもりだよ。（＝I will do my best to win the contest.)

ジョン：いいね！コンテストの後は何が開催されるの？

陸　　：全員で，体育館でダンス部と吹奏楽部の発表を楽しむよ。

ジョン：なるほど。一緒に楽しい時間を過ごそうね。

(六)　【本文の要約】参照。

1（A）　文房具の博覧会は３週間前のことだから，過去形にする。　・meet＋人「(人)と出会う／(人)に会う」

（B）　主語がジェーンで，時制が現在だから，三人称単数形にする。　・go to＋学校「(学校)に通う」

2　doing so「それをする」という意味で，前出の動詞表現を言いかえたもの。何をすることで本物の花びらのような削りくずができるかを考える。ここでは４文前の文の use a special material made from paper の部分を指す。

3　(D)直後の However「しかし」以降に書かれたウィリアムの意見と逆の意見であるエが適当。レタスのようなメモ用紙はメモを書くまでに手間がかかり，一部の人には何も良いところがないように思われるが，ウィリアムはその独特なところが気に入っている。

4　仕事中に日本の文房具が役に立っていると話したのは看護師のルカである。ウが適当。

5　ア「エミリーは×２か月前に実優とユリと一緒に東京の文房具の博覧会に行った」　イ○「ジェーンは特別な色鉛筆の削りくずを見ることを通して日本の四季を感じている」　ウ「シリコーンのメモバンドに書かれた大事なメモは×水中で消えてしまう」　エ×「ルカは人々を幸せにするためにどうやったら自分のユーモア感覚を向上させられるかを知りたい」…本文にない内容。　オ×「近々いくつかの国で本物のレタスがメモ用紙として使われる」…本文にない内容。　カ「×ルカとウィリアムは２人とも，独特な文房具よりも機能的な文房具の方が好きだ」　キ○「エミリーは，面白い文房具を作るには創造的なアイデアが必要だと考えている」

6　各人の暮らしの中で日本の文房具がどういった存在なのかについて書かれているから，イ「人々の暮らしの中の日本の文房具」が適当。ア「文房具の博覧会の歴史」，ウ「世界中の面白い文房具」，エ「文房具製造会社で働く人々」は不適当。

【本文の要約】

オーストラリア出身のエミリーという学生が私の家に２か月間滞在しました。彼女は日本の文房具についてもっと知りたいと思っていました。私にはユリという叔母がいて，叔母は東京の文房具会社に 18 年間勤務しています。３週間前，叔母はエミリーと私を東京の文房具の博覧会に連れていってくれました。人々は博覧会で，約 70 の文房具会社からさまざまな種類の文房具を購入して楽しんでいました。私たちはそこで３人の外国人(A)に出会い(＝met)，彼らはなぜそんなに日本の文房具が好きなのかを教えてくれました。

１人目はブラジル出身のジェーンさんです。彼女は３年前に来日しました。そして現在は日本の美術を勉強するために東京の大学(B)に通っています(＝goes)。彼女は可愛いものを買うために毎年文房具の博覧会を訪れています。彼女は日本の鉛筆製造会社によって作られた特別な色鉛筆を使って楽しんでいます。鉛筆削りでその鉛筆を削ると，独特の削りくずを見ることができます。それらはよく日本で見られる花の花びらのような形をしています。例えば，ピンクの鉛筆の削りくずは桜の花びらのようです。その鉛筆製造会社で働く人々は，その色鉛筆に紙から作られた特別な素材を使います。それには理由があります。通常，鉛筆には木が使われます。しかし，木は花びらのような削りくずを作るうえではうまく機能しません。(C)そうする(＝紙から作られた特別な素材を使う)ことにより，彼らは本物の花びらのように見える削りくずをつくりだすことができるのです。5イジェーンさんは「私はこの特別な色鉛筆を削ると日本の四季を感じることができます。美しい文房具は私を幸せにしてくれます」と言っていました。

２人目はルカさんです。彼はイタリアで看護師として働いています。彼は時々休暇で日本を訪れます。彼は日本で売られているシリコーンのメモバンドをとても気に入っています。彼は普段から病院で，自分の手首にそれを巻いています。シリコーンのメモバンドにはペンでメモを書くことができ，それを指で消すこともできます。バンドには何度もメモを書くことができ，メモは水中でも消えません。ですから，手を洗う時にバンドを外す必要はありません。ルカさんは「僕は妹からシリコーンのメモバンドをもらいました。[ウ]仕事中にとても役に立つのでとても気に入っています。僕は看護師です。たくさん必要なメモを書かなければなりません。シリコーンのメモバンドは病院や被災地で働く人にとってとても便利です。僕にとって，機能的であることがもっとも重要なんです」と言っていました。

３人目はウィリアムさんです。彼はアメリカ出身で，日本の中学校に勤務しています。彼は日本が大好きで，アメリカにいる友人に日本の文房具がいかに独特かを伝えたいと思っています。彼は私たちに１つの例を見せてくれました。それは形と見た目がレタスのようですが，実際は本物のレタスではありません。素材は紙で，葉をメモ用紙として使うことができます。葉にはしわがあり，そのせいで本物のレタスのように見えます。メモを書く前にすべきことが２つあります。まず，葉をもぎとります。次にしわを伸ばします。これでやっと，その葉に書くことができます。ウィリアムさんは「(D)エこの文房具には何も良いところがない」と言う人もいるかもしれません。しかし，僕はそうは思いません。それは僕が生活を楽しむのを手助けしてくれます。僕にとって機能的であることは大事ではありません。日本人ならではのユーモア感覚で作った独特な文房具を使うのが好きなのです」と言っていました。

私はこの３人の人たちとの会話を通して，日本の文房具がいかに素晴らしいかを知り，それに興味を持ちました。エミリーは以前よりもわくわくしている様子でした。彼女は「5キ日本人はすごく面白い文房具を作っているよね。こういった文房具を作るには創造的なアイデアが必要だと思う。そして，こういった文房具は私たちの生活をよりよくするのに役立つと思うな。私の夢はたくさんの人を幸せにする文房具をつくることだよ」と言いました。みなさんはいつかきっと，彼女の作った文房具を使うことでしょう。

《2024　理科　解説》

(一)

１(2)　振動数は１秒間に振動する回数のことである。おんさＭが出した音は 0.0025 秒で１回振動するから，振動数は１÷0.0025＝400(Hz)である。　(3)　①音の大きさが大きいほど，振幅は大きい。実験１の結果(Ｘ)より，実験２の結果(Ｙ)の方が振幅が大きいから，音の大きさは大きい。　②音の高さが低いほど，振動数は少ない(１回の振動にかかる時間が長くなる)。実験１の結果(Ｘ)より，実験３の結果(Ｚ)の方が振動数が少ないから，音の高さは低い。

２(1)　物体がもつ位置エネルギーは，物体の基準面からの高さが高いほど大きい。また，位置エネルギーと運動エネルギーの和の力学的エネルギーが一定に保たれているから，Ｐの位置がＡからＢになる(高さが低くなる)と，位置エネルギーが減少し，運動エネルギーは増加する。　(2)　ＣＤ間は高さが変化しないから(物体がもつ位置エネルギーは変化せず)，運動エネルギー(物体の速さ)も一定になる。よって，ＣＤ間のＰの速さは 280 cm/ｓだから，かかった時間は 42÷280＝0.15(秒)である。　(3)　物体が静止しているときや等速直線運動をしているとき，物体にはたらく力はつり合っている。(2)解説より，ＣＤ間で小球の速さは一定だから(等速直線運動をしているから)，小球にはたらく重力とつり合う垂直抗力をかけばよい。　(4)　ＰがＥの位置にあるとき，Ｐがもつ位置エネルギーと運動エネルギーの比が１：$\frac{3}{2}$＝２：３だから，このときの位置エネルギーを２，運動エネルギーを３とする(Ｐがもつ力学的エネルギーは２＋３＝５)。ＰがＦの位置にあるときの運動エネルギーは，Ｅの位置にあるときの運動エネルギーの$\frac{1}{3}$倍だから３×$\frac{1}{3}$＝１と表せる。よって，ＰがＦの位置にあるときの位置エネルギーは５－１＝４で，Ｅの位置にあるときの位置エネルギーの４÷２＝２(倍)である。　(5)　物体の質量が大きいほど，物体がもつ位置エネルギーや運動エネルギーは大きくなる。

(二)

１(1)　塩酸〔HCl〕と水酸化ナトリウム水溶液〔$NaOH$〕が中和すると，塩化ナトリウム〔$NaCl$〕と水〔H_2O〕ができる。化学反応式では，矢印の前後で原子の組み合わせは変わるが，原子の種類と数は変わらないことにも注意しよう。　(2)　Ｘのみを入れたＡの水溶液を加熱すると何も残らなかったから，Ｘは気体の塩化水素の水溶液である塩酸とわかる。塩酸は酸性なので，ＢＴＢ溶液を加えると黄色になる。なお，ＢＴＢ溶液は中性で緑色，アルカリ性で青色を示す。　(3)　水溶液中で，塩化水素は水素イオンと塩化物イオンに電離していて〔$HCl \to H^+ + Cl^-$〕，水酸化ナトリウムはナトリウムイオンと水酸化物イオンに電離している〔$NaOH \to Na^+ + OH^-$〕。塩酸に水酸化ナトリウム水溶液を加えて中和が起きると，水素イオンと水酸化物イオンが結びついて水ができる〔$H^+ + OH^- \rightarrow H_2O$〕(水溶液中で，塩化物イオンとナトリウムイオンは電離したままである)。ＢＴＢ溶液を加えて緑色になった(中性を示した)Ｃではちょうど中和したとわかるから，Ｂでは塩酸が余り，Ｄでは水酸化ナトリウム水溶液が余ったとわかる。また，Ａには塩酸のみが入っている。塩酸に水酸化ナトリウム水溶液を加えて，塩酸が余るとき(Ｂ)とちょうど中和するとき(Ｃ)は，水になる H^+と同じ数の Na^+が増えるから，水溶液中に含まれる陽イオンと陰イオンの数はＡと等しく，それらの総数もＡと同じである。水酸化ナトリウム水溶液が余るとき(Ｄ)は，中和しなかった水酸化ナトリウムの分だけ，イオンの総数がＡ(またはＢまたはＣ)よりも多くなる(水溶液中に含まれる陽イオンと陰イオンの数は等しい)。よって，イが正答となる。なお，アは「Ａだけ」ではなく「すべての水溶液」，ウは「Ｂ，Ｃ，Ｄ」ではなく「Ｃ，Ｄ」，エは「Ｃだけ」ではなく「Ｂ，Ｃ，Ｄ」である。

２(2)(3)　質量保存の法則より，発生した気体の質量の合計は，操作前のＰを含めた全体の質量と加えた塩酸の質量の合計の和から，各操作後のＰを含めた全体の質量を引いた値に等しいから，ⓐは 74.6＋2.0－75.8＝0.8(ｇ)，ⓑは 74.6＋3.0－76.4＝1.2(ｇ)，ⓒは 74.6＋4.0－77.2＝1.4(ｇ)である。したがって，２回目に新たに発生した気体は 0.8－0.4＝0.4(ｇ)である。発生した気体の質量は，反応した石灰石の質量(または反応した塩酸の体積)に比例するから，グラフは，解答例のように，発生した気体の質量が 1.4ｇになるまでは右上がりの直線となり，それ以降は 1.4ｇで一定になる。３回目と４回目の点を直線で結ばないように注意しよう。　**(4)**　(3)のグラフからわかるように，うすい塩酸 14 ㎤と石灰石 3.5ｇがちょうど反応し，二酸化炭素 1.4ｇが発生する。したがって，５回目を終えたビーカーでは石灰石 5.0－3.5＝1.5(ｇ)が余っているから，すべて反応させるためには，うすい塩酸を少なくとも $14\times\frac{1.5}{3.5}=6.0$(㎤)加える必要がある。

(三)

１(1)　気孔を囲む２つの三日月形の細胞を孔辺細胞という。　**(2)**　①Ｂの水の減少量は 75.6－70.8＝4.8(ｇ)，Ｃの水の減少量は 75.6－75.1＝0.5(ｇ)である。　②ワセリンをぬった部分からは蒸散が起こらないので，蒸散が起こった部分は，Ｂが葉の裏側と葉以外，Ｃが葉の表側と葉以外である。　**(3)**　Ａでは葉の表側と裏側と葉以外で蒸散が起こり，その量は 75.2－70.1＝5.1(ｇ)である。よって，葉以外の部分からの蒸散の量は，ＢとＣの蒸散の量の和から，Ａの蒸散の量を引いたものに等しく，4.8＋0.5－5.1＝0.2(ｇ)である。

２(2)　②観察する倍率を上げると，視野が狭くなり，明るさは暗くなる。　**(4)**　イは子房を持たない，胚珠がむき出しの裸子植物である。アとウとエは胚珠が子房に包まれた被子植物である。

(四)

１(3)　露点とは，空気１㎥中の水蒸気量が飽和水蒸気量と等しくなる温度である。温度が高いほど，飽和水蒸気量は大きくなるから，空気１㎥中の水蒸気量が大きいほど露点は高い。アとウを比べると，気温がほぼ同じで，アの方が湿度が大きいから，ウよりアの方が空気１㎥中の水蒸気量が大きく，露点が高い(ア＞ウ)。また，イとウを比べると，湿度がほぼ同じで，気温がウの方が高いから，イよりウの方が空気１㎥中の水蒸気量が大きく，露点が高い(ウ＞イ)。よって，露点の高い順にア＞ウ＞イとなる。　**(2)**　①台風は発達した(熱帯)低気圧で，中心に近いほど気圧が低い。したがって，図２で気圧が最も低くなった 10 月１日 15 時頃に台風が最も接近したと考えられる。②北半球において地表付近で吹く風は，低気圧の中心に向かって反時計まわりに吹く。したがって，台風の北側では北東の風，西側では北西の風，南側では南西の風，東側では南東の風が吹く。図１より，台風が最も接近したとき，Ａは台風の北西に位置しているから，風向きは北寄りになると考えられる。

２(1)　ａはファインダー，ｂは接眼レンズである。目を傷める危険があるので，太陽を観察するときファインダーや接眼レンズをのぞいてはいけない。誤ってファインダーをのぞかないように，ファインダーにふたをしておくとよい。　(3)　天体望遠鏡で太陽の像を観察すると，太陽の黒点は日がたつにつれて，東から西に移動して見える。

(五)

1(1)　〔抵抗(Ω)＝$\frac{\text{電圧(V)}}{\text{電流(A)}}$〕，〔電力(W)＝電圧(V)×電流(A)〕より，電熱線の抵抗と電熱線が消費した電力を求めると，右表のようになる。よって，電熱線が消費した電力と水の上昇温度が比例しているとわかる。　(2)　①実験1でaに10分間，4.0Vの電圧を加えると水の上昇温度は 8.0℃，実験2の水の上昇温度も 8.0℃だから，発生した熱量は同じである。

電熱線に加えた電圧(V)	2.0	3.0	4.0	5.0	6.0
電熱線に流れた電流(A)	0.50	0.75	1.00	1.25	1.50
水の上昇温度(℃)	2.0	4.5	8.0	12.5	18.0
電熱線の抵抗(Ω)	4.0	4.0	4.0	4.0	4.0
電熱線が消費した電力(W)	1.0	2.25	4.0	6.25	9.0

②実験1と2で同じ大きさの電圧を加えたときで比べる。実験1で 5.0Vの電圧を加えると 12.5℃上昇し，実験2では 8.0℃上昇した。〔熱量(J)＝電力(W)×時間(s)〕より，時間が等しいとき，電力が大きいほど，発生する熱量も多いから，同じ大きさの電圧を加えたときに流れる電流の大きさが大きい(抵抗が小さい)電熱線の方が上昇温度が大きい。よって，aとbで抵抗の値が大きいのは，上昇温度が小さいbである。

2(1)　羽毛や翼は鳥類の特徴，爪のついた指や歯はは虫類の特徴である。

3(1)　ふつう，地層は下にあるものほど古い時代にできたものである。　(2)　AとBのQの標高から，地層の傾きを調べ，CにおけるPの標高を求めると，道路面からの深さがわかる。AでのQの標高は 52《Aの標高》＋ 8《道路面からの高さ》＝60(m)，BでのQの標高は 54＋1＝55(m)だから，A→Bに向かって5m下がっているとわかる。これより，CでのQの標高は 55－5×2＝45(m)と考えられる。Bの柱状図より，PはQの4m上にあるから，CでのPの標高は 45＋4＝49(m)だから，Cのおよそ 76－49＝27(m)の深さにPがあると考えられる。

4(1)　液体に固体を入れたとき，固体の方が液体より密度が大きければ固体は沈み，固体の方が液体より密度が小さければ固体は浮く。Bは実験3と4のどちらでも浮いたから，密度がより小さいエタノール水溶液の密度より小さいとわかる。エタノール水溶液の密度は 0.95g/cm³だから，Bの密度はこれより小さく，0.40 cm³のBの質量は 0.95×0.40＝0.38(g)より小さい。　(2)　(1)解説にも書いたように，物体の浮き沈みは，物体の密度によって決まる。したがって，液体と固体の組み合わせが同じであれば，入れる固体の質量や体積を変えても，浮き沈みの結果は変わらない。

―《2024　社会　解説》―

(一)

1　冠位十二階　　聖徳太子は，家柄にとらわれず，能力に応じて豪族を役人に取り立てるために冠位十二階を制定し，取り立てた豪族に役人としての心構えを示すために十七条の憲法を定めた。

2　イ　　平安時代初頭，最澄は比叡山に延暦寺を建て天台宗を開き，空海は高野山に金剛峯寺を建て真言宗を開いた。これらは，静かな山奥の寺で修業を積み，国家の平安を祈るものであったが，やがて，個人の願い事のための儀式や祈りも行うようになり，天皇や貴族の信仰を集めるようになった。栄西は，鎌倉時代に臨済宗を開いた。

3　ウ　　マルコ・ポーロが日本を黄金の国として「世界の記述(東方見聞録)」に著したのは 1299 年頃とされる。アは16世紀前半，イは7世紀初頭，エは19世紀初頭。

4　室町時代，商人や手工業者らは，同業者ごとに座とよばれる組合をつくり，公家や寺社に銭などを納めるかわりに保護を受けて，商品の製造や販売を独占する権利を得ていた。

5　ウ　　関ヶ原の戦いは徳川氏が江戸幕府を開くきっかけとなった戦い，徳川吉宗は江戸幕府の第8代将軍であることから，初代から８代までの将軍の治世に起きたできごとを選べばよい。松尾芭蕉は，『奥の細道』で知られる元禄文化を代表する俳人である。元禄文化は第５代将軍徳川綱吉の治世に，町人たちを担い手として上方を中心に花開いた文化である。アは室町時代，イは第 11 代徳川家斉の治世，エは平安時代。

6　公事方御定書　　徳川吉宗は，公事方御定書の制定，目安箱の設置，上米の制の実施，定免法の導入，大岡忠相の町奉行起用，青木昆陽への甘藷栽培の指示，などを行った。

7　ア　　資料は，東大寺の正倉院である。正倉院には，奈良時代の聖武天皇が愛用したといわれる，遣唐使を通じてもたらされた西アジアや唐の品々が収蔵されている。

(二)

1　日米修好通商条約調印をめぐって，悪化した朝廷と幕府の関係を修復し，幕府の権威を回復するために公武合体策がとられた。皇女和宮と第 14 代将軍徳川家茂の婚姻を支持する公武合体派は，薩摩藩や越前藩などであった。

2　板垣退助　　10 年後の国会開設が約束されると，板垣退助は自由党を結成した。

3　工場法　　工場労働者の保護のため，年少者の就業制限，年少者・女子の労働時間制限，業務上の事故に対する雇用者の扶助義務などを定めた工場法が成立した。

4　ドイツ　　ドイツの賠償金は 1320 億金マルク(現在の日本円で約 200 兆円)とされたが，経済の落ち込んだドイツには支払い能力がなく，アメリカによる融資や賠償金の減額，賠償金支払いの猶予などが行われた。

5　a＝イ　b＝エ　　F・ローズベルト大統領が行った公共事業の拡大や農業生産の調整などをニューディール政策という。リンカンが奴隷解放宣言を出したのは 19 世紀の南北戦争中のことである。

6　ア　　手塚治虫は「鉄腕アトム」などの漫画やアニメーションで知られる。

7　エ→ア　　⑦の期間は，1950 年(朝鮮戦争開始)から 1972 年(日中共同声明)までである。サンフランシスコ平和条約が結ばれたのは 1951 年，日ソ共同宣言の調印は 1956 年であった。イは 1989 年，ウは 1945 年。

(三)

1　連立　　2024 年現在の政権は，自由民主党と公明党による連立政権である。

3　ウ　　国会は国権の最高機関であり，国の唯一の立法機関である。ア，イ，エは内閣の仕事である。

4　控訴　　第一審の判決に不服がある場合に第二審を求めることを控訴，第二審の判決に不服がある場合に第三審を求めることを上告という。日本では，裁判を慎重に行い国民の権利を守るために，三審制がとられている。

5　①＝ア　②＝エ　　議会の解散請求や首長・議員の解職請求には，有権者の３分の１以上の署名を必要とする。

6　イ　　ア．誤り。25～34 歳は 2012 年の方が大きく，45～54 歳は等しい。ウ．誤り。いずれの年齢層においても，2012 年の就業率が最も低い。エ．誤り。いずれの年においても 45～54 歳の非正規雇用割合が最も大きい。

(四)

1　株主　　株主は，保有する株式の数に応じて株主総会の議決権を持つ。

2　①＝イ　②＝エ　　景気変動については，右図参照。

3　ウ　　国民所得に占める国による社会保障に関する支出の割合が高いほど高福祉，国民負担率が高いほど高負担である。スウェーデンは日本と比べて高福祉高負担，アメリカは低福祉低負担である。

4　国際社会に関する用語として，「南」は主に発展途上国を指す。

5　難民　　難民として国外に脱出している人が多い国として，シリア，ウクライナ，アフガニスタンなどがある。

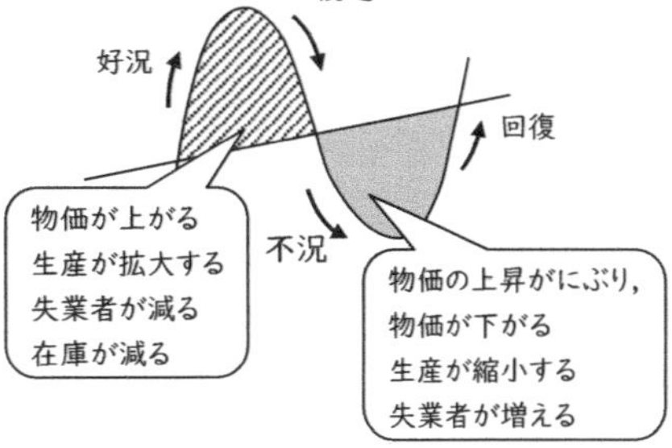

(五)

1(1)　(う)，島根県　　島根県の県庁所在地は松江市である。(あ)は秋田県，(い)は千葉県，(え)は大分県。

(2)　イ　　北西季節風が暖流の対馬海流上空で大量の水分を含み，山地にぶつかるときに日本海側に大雪を降らせる。

2　火砕流　　1991 年，長崎県の雲仙普賢岳で大規模な火砕流が発生し，報道関係者・研究者・警察官・消防団員など 43 人が死亡した。

3　エ　　沖縄県や北海道などの観光地と，東京都や大阪府などの大都市とその周辺の県があることから第３次産業と判断する。建設業は第２次産業に分類される。

4　エ　　２位に栃木県があることから生乳と判断する。栃木県は乳牛の飼育頭数が多い。りんごであれば青森県や長野県，ももであれば山梨県や福島県，さくらんぼであれば山形県が上位にくる。

5　ウ　　すべて内陸部にあることから水力発電所と判断する。ア．誤り。富士山が入っていない。イ．誤り。横浜市や大阪市が入っていない。エ．誤り。群馬県や奈良県には空港がない。

(六)

1　ア　　74 ページのＣ列８行目の北側にあることを示している。

2(1)　エ　　ア．誤り。緯線と経線が直角に交わる地図では，高緯度になるほど実際の長さより長くなるので，ＦＧ間を結ぶ緯線の地球儀上での長さは，ＨＩ間を結ぶ緯線の地球儀上での長さより短くなる。イ．誤り。緯線と経線が直角に交わる地図では，経線上を除く２点間の最短距離は曲線で表される。ウ．誤り。緯線と経線が直角に交わる地図では，方位は正しく表されない。　(2)　イ　　Ｒ国はインドである。

(3)　記号＝(い)　国の名＝スペイン　　地中海沿岸では，乾燥に強いオレンジ・ぶどう・オリーブなどを夏に栽培し，冬に小麦などを栽培する地中海式農業を営む国が多い。　(4)　サヘル　　サヘルにある国は，セネガル・モーリタニア・マリ・ブルキナファソ・ニジェール・チャド・カメルーン・ナイジェリアなどである。

3　サバナ(サバンナ)は，背丈の高い草とまばらな低木からなる土地である。

2023 解答例
令和5年度

愛媛県公立高等学校

《2023　国語　解答例》

(一)　1．異なるものの記号…c　助詞の種類の記号…ウ　　2．ア　　3．エ　　4．a．最初…自分の共感　最後…のかを知る　b．言葉による感情の細分化　　5．イ　　6．他者の内面を想像し、状況を考慮することで、感情や思考を推理し、その感情や思考、価値観の中に、自分と同一なものを見いだす　　7．a．利他的行為　b．冷静に対処する　c．より適切な方向へ導く力　　8．ウ

(二)　1．とうじょう　　2．こうがい　　3．へだ　　4．ほころ

(三)　1．養蚕　　2．宿舎　　3．逆らう　　4．勇ましい

(四)　1．ア　　2．ウ　　3．(1)貴婦人　(2)この国の、自分たちの根源を忘れずに引き継いでいくような建物
4．a．西欧風の建物が増えて江戸の街並みが変わっていく　b．江戸に生まれ育った者が抱く喪失感　　5．イ

(五)　1．おしえまいらせて　　2．呼子鳥のまた鳴くよ　　3．a．名前を昔から何かで見ていた　b．飛ぶ練習に出て帰り道に迷うひなを、巣から呼ぶ親鳥　c．むつかしきことのたまふ人

《2023　作文》

資料にある項目は、趣味に費やす時間や休息する時間、おいしいものを食べる時間など、今を充実させるための時間と、学びを得る時間、自分を見つめる時間、心を整える時間など、将来のために費やす時間に分類される。そして、十八歳、十九歳の人々は、どちらかというと今を充実させるための時間を大切にしたいと考えていることに気づいた。私は、今を充実させるための時間はもちろん大切だが、将来のために費やす時間の大切さを忘れてはならないと考える。

私は、スマホを使用するようになってから、インターネットを利用することが多くなった。インターネットを利用する時間の大半は今を充実させるための時間であり、その分、読書をする時間や学習にあてる時間が減ってしまった。時間には限りがあるので、今後は時間の使い方を見直していきたいと思う。

《2023　数学　解答例》

(一)　1．7　　2．$7x+y-3$　　3．$-\frac{9}{4}xy$　　4．$-\sqrt{6}$　　5．$2x^2-5x-13$

(二)　1．$(2x+3y)(2x-3y)$　　2．$h=\frac{3V}{S}$　　3．エ　　4．$\frac{7}{36}$
5．16　　6．右図　※7．6，7，8

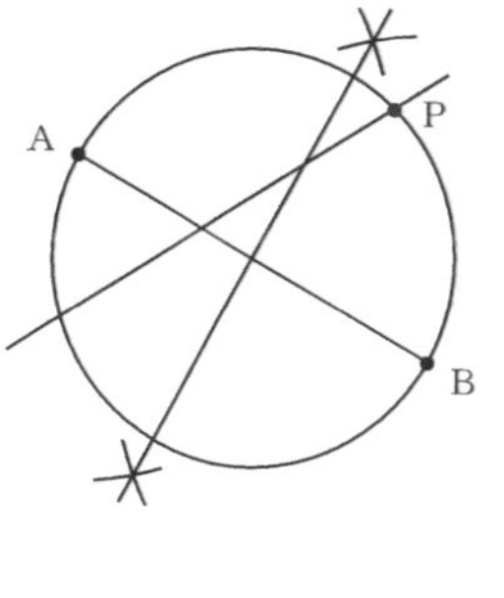

(三)　1．(1)イ　(2)①イ　②ウ　　2．(1)9，15　(2)右グラフ　(3)9，31，40

(四)　1．$2 \leqq y \leqq \frac{9}{2}$　　2．$\frac{1}{2}$　　3．(1)10　(2)6

(五)　1．△ACGと△ADEにおいて，
共通な角だから，∠CAG＝∠DAE…①
仮定より，AB＝AC…②　AB＝AD…③　②，③から，AC＝AD…④
$\overset{\frown}{AF}$に対する円周角だから，∠ACG＝∠ABF…⑤
△ABDはAB＝ADの二等辺三角形だから，∠ABF＝∠ADE…⑥
⑤，⑥から，∠ACG＝∠ADE…⑦
①，④，⑦で，２つの三角形は，１辺とその両端の角がそれぞれ等しいことがいえたから，△ACG≡△ADE
2．(1)3　(2)$\frac{3\sqrt{15}}{5}$

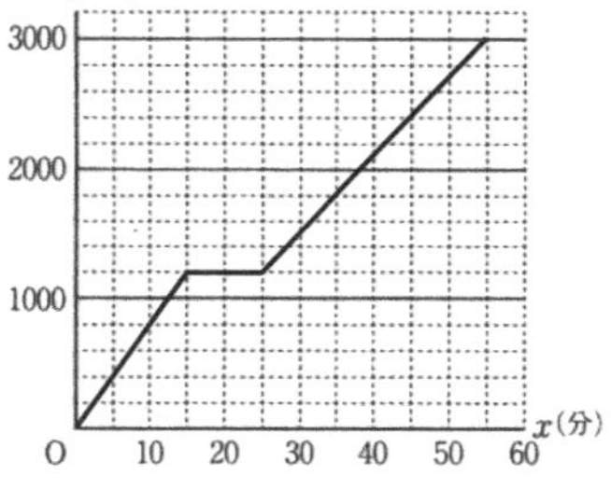

※の解は解説を参照してください。

《2023　英語　解答例》

(一)　1．エ　　2．ウ　　3．ア

(二)　1．ア　　2．エ

(三)　1．ウ　　2．イ　　3．ア　　4．エ

(四)　1．(1)エ，イ，ア，ウ　(2)ウ，イ，エ，ア　　2．(1)①Japan has its own food culture.　②I will read books about traditional Japanese food.　(2)What school events does your school have?

(五)　1．①ア　②イ　③ア　　2．(ア)We will try something new during the summer vacation.　(イ)I am not good at speaking English.　　3．エ　　4．(1)エ　(2)ウ　(3)イ

(六)　1．イ　　2．be more interested in　　3．(C)asking　(D)seen　　4．①困難なことが起こったら　②お互いに話し合うように言う　　5．ウ　　6．ウ，オ

《2023　理科　解答例》

(一)　1．(1)0.25　(2)エ　　2．(1)誘導電流　(2)イ

3．(1)右図　(2)20.0　(3)①ア　②ウ

(二)　1．(1)$Cu^{2+}+2Cl^{-}$　(2)塩素　(3)①イ　②エ　(4)ウ

2．(1)溶媒　(2)S　(3)イ　(4)24　(5)イ

(三)　1．(1)Ⅰ．A，C　Ⅱ．B，D　(2)ア　(3)①柔毛　②ア　③エ

2．(1)同じ遺伝子を持つため，親と同じ形質が現れる。

(2)①ア　②イ　③ア　(3)右図

(四)　1．(1)①ア　②津波　(2)C　(3)43，44　(4)ウ　　2．(1)d　(2)エ　(3)イ

(五)　1．(1)右図　(2)①イ　②ウ　　2．(1)地点Xより標高が高い　(2)240

3．(1)質量…小さくなった　理由…容器の外へ出ていったから。

(2)法則…質量保存　理由…エ

4．(1)イモリ　(2)①イヌ／ニワトリ　②恒温

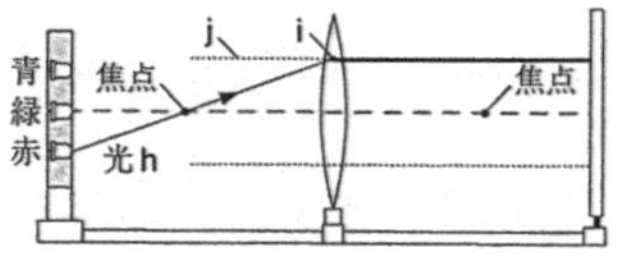

(一) 3(1)の図

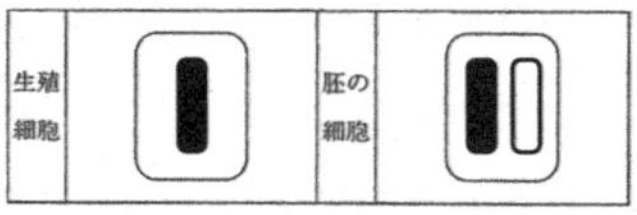

(三) 2(3)の図

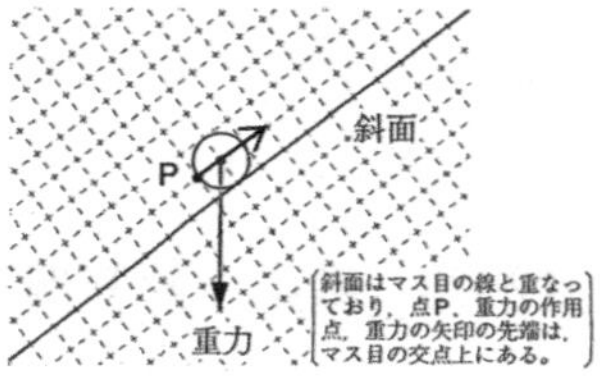

(五) 1(1)の図

《2023　社会　解答例》

(一)　1．エ　　2．戸籍に登録されている6歳以上の全ての人々　　3．ア→エ　　4．北条泰時　　5．ア　6．解体新書　　7．イ

(二)　1．ウ　　2．ウ→エ→ア→イ　　3．甲午農民戦争　　4．ラジオ　　5．リットン　　6．治安維持法が廃止され，政治活動の自由が認められた　　7．ア

(三)　1．(1)日照権を守ろうとしている　(2)公共の福祉　　2．PKO　　3．A党…3　B党…1　C党…1　4．イ　　5．ウ

(四)　1．卸売業者を通さず，生産者から直接買い付ける　　2．発券　　3．①ア　②エ　4．マイクロクレジット　　5．イ，オ

(五)　1．(1)奥羽　(2)記号…㋑　県名…新潟　(3)黒潮と寒流の親潮がぶつかる潮目になっている　　2．ウ　　3．ア　4．イ

(六)　1．(1)ウ　(2)エ　(3)①インド洋　②ウ　(4)記号…㋐　国の名…イラン　　2．イ　　3．工業生産が減少し，失業者が増加した

《2023　国語　解説》

(一)　１　ｃは、用言や助動詞に付いて後の語句とつなげる、「接続助詞」。ａ、ｂ、ｄは、主に体言に付いて文節と文節との関係を表す「格助詞」。

２　「相互」とア「陰影」は、似た意味の字を組み合わせた熟語。イ「往復」は反対の意味を表す字を組み合わせた熟語、ウ「俊足」は上の字が下の字を修飾している熟語、エ「遷都」は「都を遷《うつ》す」のように下の漢字から上の漢字に返って読むと意味がわかる熟語。

４ａ　5段落にあるように、人間は、言葉によって「自分の共感による他者理解が正しいのか間違っているのかを知る、というフィードバックの経験」を繰り返して共感の精度を高める。　ｂ　6段落にあるように、人間は言葉の使用により「微妙な感情の違い」や「自我に関わる感情」を共有することが可能なため、動物と比べて「共感の対象は複雑になる」が、それは「言葉による感情の細分化を経ているからこそ生じ得る」ことである。

５　5段落の前半より、言葉がなければ(＝「言葉による相互理解がなければ」)「相手と自分の感情が同じである」かどうかを確認できず、他者の感情を一方的に判断するほかなくなる。よって、イ「独善的」が適する。

６　「想像力と推論する理性の力」は、9段落にあるように「当然、他者の内面世界にまで及び、私たちは他者の内面を想像し、他者の状況を考慮することで、他者の感情や思考を推理することができ」、「他者の感情や思考、価値観の中に自分と同一なもの、重なるものを見いだ」すことによって、「さらに複雑な共感が可能になる」。

７ａ　10段落にあるように、「共感が道徳的行為の動機」となり、「認知的共感」ではなく「情動的共感」であっても「相手のための行動」、つまり「利他的行為」を引き起こす。「利他」は、自分のことよりも相手の利益や幸福を考えること。　ｂ　11段落にあるように、「認知的共感」は「相手の立場、状況を考慮して行動でき」、「情動的共感ほど熱くならず、比較的冷静に対処することもできる」。　ｃ　11段落にあるように、「認知的共感は利他的行為をより適切な方向へ導く力をもっている」。

８　1段落の冒頭に「共感という経験は対人関係における感情共有の確信であり、共有が生じると多くの場合、相手に対して親和的な感情が生じ」とある。また、5段落に「共感は相手と自分の感情が同じであるという確信」、10段落に「共感は相手に対して親和的な感情を生み」とある。よって、ウが適する。「嫉妬や怒りは喜びと比べてより大きな共感を生じさせる」わけではないので、アは適さない。「人間は他者の感情状態に没入すると自我がめばえ」るわけではないので、イは適さない。10段落より、動物や幼児のような「情動的共感であっても、利他的行為引き起こされる」ので、エは適さない。

(四)　１　「口走る」は「無意識に言う・調子に乗って余計なことを言う」という意味の慣用表現。

３(1)　ミナは大審院の洋風建築物を見て、――線②の 10〜11 行前にあるように「貴婦人のように凛《りん》と美しいたたずまいなのに、どこか親しみやすく、温かみすら感じる建物だった」という感想を抱いている。　(2)　妻木《つまき》は――線②の 21〜23 行後にあるように、大審院を「僕が設計するからには、新たな技術を取り入れながらも、この国の、自分たちの根源を忘れずに引き継いでいくような建物にしたいと思って」設計している。

４ａ　ミナは以前「どんどん変わっていく街並が寂しく思え」て、妻木に「江戸には、いいところがたくさんあったのに」「みんなおとぎ話のようだ」と言ったことがある。その言葉を、妻木は「西欧風の建物が建ってしまうと、江戸の頃はまた遠くに行っちまうような気がする」からではないかと解釈している。　ｂ　ミナは、自分を気遣うような妻木の言葉を聞いて、――線③の２〜３行後にあるように、「私が、哀《かな》しそうに見えたのだろうか。江戸に生まれ育った者が抱く喪失感を、夫は私の中にも見ていたのだろうか」と戸惑っている。

5　ミナは「濁りのない健やかな笑みを、大審院に向けている」妻木の「自らの仕事を愛《いと》おしみ、楽しんでいる顔」を見て、「心の底から安堵《あんど》した。同時に、私がどう支えても、こんな笑顔にさせることはできなかったな、と不甲《ふが》斐《い》なさも覚え」ている。しかし妻木が「哀しい思いをするのは、もうたくさんだろう？」と、ミナの気持ちに答えようとしていたことに気づき、それまでのことを振り返って「これまでふたりで歩いた道程が、目の前に浮かんでは消えて」いっている。よって、イが適する。妻木は「妻である自分のことを顧みること」がなかったわけではないので、アは適さない。妻木は「何とかして自分の功績を後世に残そう」としていたわけではなく、ミナは「そのような妻木のことを夫として頼もしく思っている」わけでもないので、ウは適さない。妻木は「新たな技術を取り入れながらも、この国の、自分たちの根源を忘れずに引き継いでいく」ことで、東京を後世まで「誇りになるような街」にしたいと思っており、また、「ミナは、建築のことに関心がもて」ないとは本文で述べられていないので、エは適さない。

(五)　1　古文の「わゐうゑを」は、「わいうえお」に直す。また、古文で言葉の先頭にない「はひふへほ」は、「わいうえお」に直す。

2　――線①の３行前で、童は、老婆に「呼子鳥《よぶこどり》のまた鳴くよ」と告げている。

3 a　浪花《なにわ》の人は、「呼子鳥という名は昔より物に見えたれど、何といふこと定《さだ》かなら」なかったので、老婆に呼子鳥のことを尋ねている。「物」はここでは「何か（の書物）」という意味。　b　老婆は浪花の人に対し、「ひなの、羽ならはしに出でて、おのが巣にかへる道にまどふを、親鳥の、巣より呼ぶをおしなべて呼子鳥とは言ふ」と答えている。　c　老婆は、呼子鳥は特定の鳥ではなく、迷ったヒナを呼ぶ親鳥の声の総称だと知っていたので、「（呼子鳥の）姿もよく見置きて」おこうとした浪花の人のことを「あな、むつかしきことのたまふ人かな」と感じている。

【古文の内容】

鶴丸翁《つるまるおう》の知り合いの浪花の人が、石見《いわみ》国に行ったときに、何かは知らないが、周辺の梢《こずえ》で鳥がこぼこぼと鳴いていた。遊んでいた子供が、老婆に、「呼子鳥がまた鳴いているよ」と知らせたのを、その浪花の人はすぐ聞きつけて、老婆に、「子供が言っていた呼子鳥というのは、今、梢でこぼこぼ鳴いている鳥のことか」と尋ねたところ、（老婆は）「全くその通りです」と答えた。（浪花の人は）「呼子鳥という名は昔から何か（の書物）で見たものの、何のことかよくわからなかったが、今、子供がこのように言ったのはこの辺りでは、いつものことか」と問うと、（老婆は）「珍しいことをお尋ねになりますね。ここでは子供までがよく知って、（呼子鳥と）言っております」と答えたところ、（浪花の人は）「ならばその今鳴く鳥の梢はどこにある。（呼子鳥の）姿もよく見ておいて、友人への旅の土産として語ろう」と（老婆に）頼んだ。老婆は、「ああ、面倒なことをおっしゃるお方ですね。ひなが、飛ぶ練習に出て、自分の巣に帰る道に迷っているのを、親鳥が、巣から呼ぶのを全て呼子鳥と言うので、特にこの鳥だとお教えしても、何の意味がございましょう」と答えた。（浪花の人は）初めて呼子鳥は鳥の種類の一つではなかったと、理解したと語ったそうだ。

《2023　数学　解説》

(一)

1　与式＝3＋4＝**7**

2　与式＝$4x-8y+3x+9y-3=$ $\mathbf{7x+y-3}$

3　与式$=-\frac{15x^2y}{8}\times\frac{6}{5x}=\boldsymbol{-\frac{9}{4}xy}$

4　与式$=6+3\sqrt{6}-2\sqrt{6}-6-\frac{4\sqrt{3}\times\sqrt{2}}{2}=\sqrt{6}-2\sqrt{6}=\boldsymbol{-\sqrt{6}}$

5　与式$=3x^2-12x+x-4-(x^2-6x+9)=3x^2-11x-4-x^2+6x-9=\boldsymbol{2x^2-5x-13}$

(二)

1　与式$=(2x)^2-(3y)^2=\boldsymbol{(2x+3y)(2x-3y)}$

2　与式より，$3V=Sh$　　$Sh=3V$　　$\boldsymbol{h=\frac{3V}{S}}$

3　ア．3の絶対値は3だから，正しくない。　　イ．$m=2$，$n=3$のとき，$m-n=2-3=-1$となり自然数にならないので，正しくない。　　ウ．$\sqrt{25}=5$だから，正しくない。　　エ．分母が0以外の整数で，分子が整数の分数で表される数が有理数なので，正しい。

よって，**エ**が正しい。

4　**【解き方】さいころを2つ使う問題では，右のような表にまとめて考えるとよい。**

		2つ目					
		1	2	3	4	5	6
1つ目	1				○		
	2			○			
	3		○				
	4	○					○
	5					○	
	6				○		

2つのさいころの目の出方は全部で$6\times6=36$(通り)ある。そのうち条件に合う出方は表の○印の7通りだから，求める確率は，$\boldsymbol{\frac{7}{36}}$である。

5　**【解き方】相似な図形の体積比は相似比の3乗に等しくなることを利用する。**

AとBの容積の比は，$2^3:5^3=8:125$だから，Aの容積を8，Bの容積を125とすると，$125\div8=15$余り5となる。よって，求める回数は**16**回である。

6　ABを直径とする円の周上にPをとると，$\angle APB=90°$となる。したがって，ABの垂直二等分線を引いてこの円の中心をとってからこの円を作図すると，円と直線ℓの交点がPである(Pは2つとれるが問題の指示にあるように1つだけ作図すること)。

7　連続する3つの自然数のうち最も小さい数をxとすると，連続する3つの自然数はx，$x+1$，$x+2$となるので，$x^2+(x+1)^2=10(x+2)+5$　　$x^2+x^2+2x+1=10x+20+5$　　$2x^2-8x-24=0$

$x^2-4x-12=0$　　$(x-6)(x+2)=0$　　$x=6,\ -2$

xは自然数だから$x=6$なので，連続する3つの自然数は，**6，7，8**である。

(三)

1(1)　**【解き方】箱ひげ図からは，右図のようなことがわかる。半分にしたデータ(記録)のうち，小さい方のデータの中央値が第1四分位数で，大きい方のデータの中央値が第3四分位数となる(データ数が奇数の場合，中央値を除いて半分にする)。**

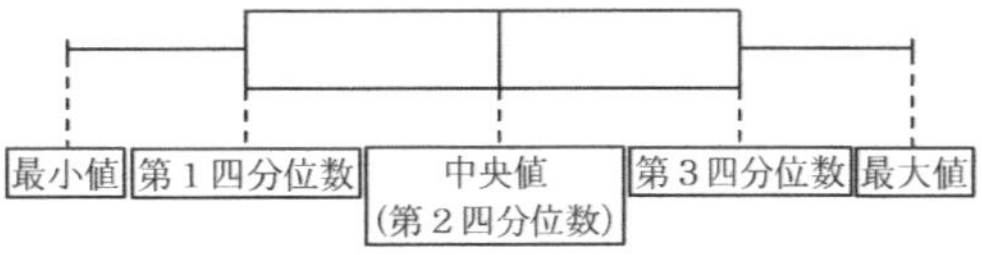

ヒストグラムより，最小値は30点以上40点未満，最大値は90点以上100点未満である。これに合う箱ひげ図は，ア，イ，エである。

30個のデータを半分に分けると$30\div2=15$(個)ずつになるから，小さい方から15番目と16番目のデータの平均が中央値である。15番目も16番目もともに60点以上70点未満だから，中央値もこの階級に含まれる。ア，イ，エの箱ひげ図はすべてこの条件に合う。

$15\div2=7$余り1だから，15個のデータの中央値は小さい方(または大きい方)から8番目のデータである。したがって，第1四分位数は小さい方から8番目なので50点以上60点未満，第3四分位数は大きい方から8番目なので70点以上80点未満である。ア，イ，エのうちこの条件に合うのは**イ**だけである。

⑵　①四分位範囲は箱の長さで表されるから，２組の方が小さいとわかる。よって，「**イ**　正しくない」。

②45 点は２組でも３組でも最小値と第１四分位数の間にある。最小値と第１四分位数の間の具体的な分布はわからないから，「**ウ**　この箱ひげ図からはわからない」。

２⑴　太郎さんは学校から公園まで 1200÷80＝15(分)かかったから，公園に到着したのは午前**９**時 **15** 分である。

⑵　**【解き方】太郎さんは休憩する前も後も一定の速さで進んでいるので，グラフは直線をつないだ形(折れ線)になる。したがって，グラフが折れるところの点の座標がわかればよい。**

太郎さんが公園を出発したのは，出発してから 15＋10＝25(分後)である。

太郎さんは公園から図書館まで 1800÷60＝30(分)かかったので，図書館に着いたのは 25＋30＝55(分後)である。

よって，点(０，０)(15，1200)(25，1200)(55，3000)を順に直線で結べばよい。

⑶　**【解き方】花子さんの移動の様子をグラフにかきこむと右図のようになる。２つのグラフが交わるところが２人が出会うことを表しているから，２人が出会ったのは太郎さんが休憩を終えた後だとわかる。求める時刻を９時 25 分のｔ分後だとし，ｔの方程式を立てる。**

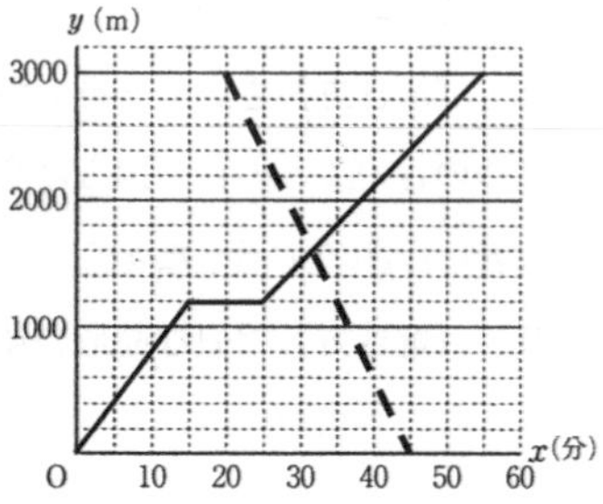

９時 25 分の時点で，太郎さんは学校から 1200m の地点にいる。

花子さんは図書館から学校までの 3000m の道のりを，

９時 45 分－９時 20 分＝25 分で進んだから，花子さんの速さは，

3000÷25＝120(m/分)　　したがって，９時 25 分の時点で花子さんは学校から，3000－120×５＝2400(m)の地点にいる。よって，９時 25 分からのｔ分間で，太郎さんは 60ｔm《メートル》，花子さんは 120ｔm 進み，この合計が 2400－1200＝1200(m)だから，60ｔ＋120ｔ＝1200 より，ｔ＝$\frac{20}{3}$＝６$\frac{2}{3}$

６$\frac{2}{3}$分＝６分($\frac{2}{3}$×60)秒＝６分 40 秒だから，求める時刻は，午前９時 25 分＋６分 40 秒＝午前**９**時 **31** 分 **40** 秒

(四)

１　**【解き方】xの最小値がＡのx座標，xの最大値がＢのx座標だから，線分ＡＢ上におけるyの変域を求めればよい。**

$y=\frac{1}{2}x+3$ にＡのx座標のx＝－２を代入すると，$y=\frac{1}{2}\times(-2)+3=2$ となるから，Ａ(－２，２)である。

$y=\frac{1}{2}x+3$ にＢのx座標のx＝３を代入すると，$y=\frac{1}{2}\times3+3=\frac{9}{2}$ となるから，Ｂ(３，$\frac{9}{2}$)である。

よって，求めるyの変域は，$\mathbf{2 \leqq y \leqq \frac{9}{2}}$

２　$y=ax^2$ のグラフはＡ(－２，２)を通るから，$y=ax^2$ にＡの座標を代入すると，$2=a\times(-2)^2$ より，$a=\mathbf{\frac{1}{2}}$

３⑴　**【解き方】ＡＣがx軸と平行だから，▱ＡＣＢＤの底辺をＡＣとしたときの高さは「ＢとＣのy座標の差」である。**

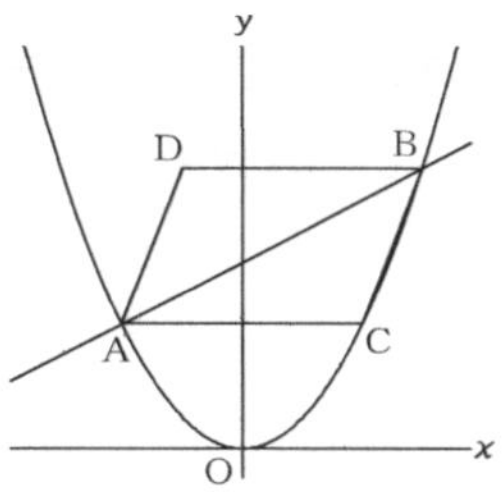

ＣはＡとy軸について対称だから，Ｃ(２，２)である。よって，▱ＡＣＢＤの面積は，ＡＣ×(ＢとＣのy座標の差)＝{２－(－２)}×($\frac{9}{2}$－２)＝４×$\frac{5}{2}$＝**10**

⑵　**【解き方】平行四辺形の２本の対角線は互いの中点で交わることを利用する。**

ＡＢおよびＣＤの中点をＭとする。

Ｍのx座標は，$\frac{(\text{ＡとＢの}x\text{座標の和})}{2}$または$\frac{(\text{ＣとＤの}x\text{座標の和})}{2}$だから，

(ＣとＤのx座標の和)＝(ＡとＢのx座標の和)＝－２＋３＝１

したがって，Ｃのx座標は１－(Ｄのx座標)＝１－０＝１である。

$y=\frac{1}{2}x^2$ の式とＣのx座標から，Ｃ(１，$\frac{1}{2}$)とわかる。

Ｍのy座標についても同様に考えることができるので，

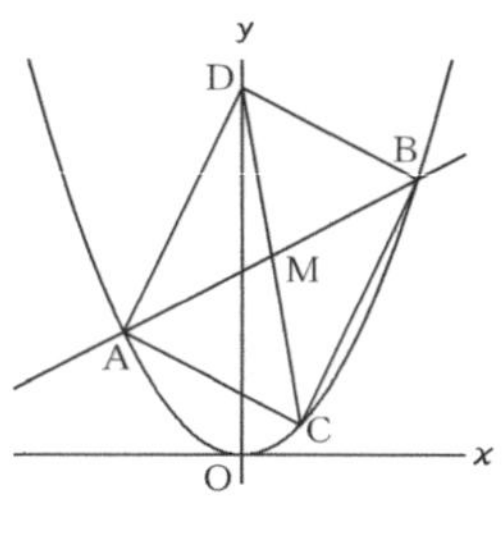

（CとDのy座標の和）＝（AとBのy座標の和）＝$2+\frac{9}{2}=\frac{13}{2}$
よって，Dのy座標は，$\frac{13}{2}-$（Cのy座標）＝$\frac{13}{2}-\frac{1}{2}=$ **6** である。

（五）

1　まず，問題文の仮定を図にかきこんで，証明のために必要な条件を探そう。条件が足りない場合は，問題の内容に応じて，図形の性質，平行線の同位角・錯角，円周角の定理などからわかることもかきこんでみよう。

2⑴　【解き方１】１で示したことと平行線の錯角は等しいことから，右図のように等しい角がわかるので，△ＢＣＥ∽△ＣＡＧである。

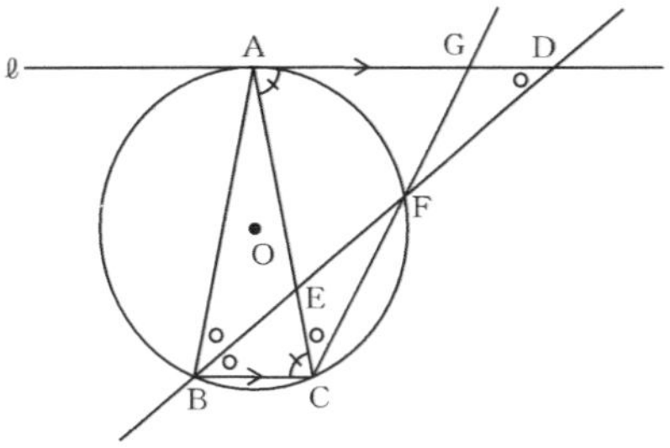

ＡＣ＝ＡＤ＝４＋２＝６（cm），△ＡＣＧ≡△ＡＤＥより
ＡＥ＝ＡＧ＝４cmだから，ＣＥ＝６－４＝２（cm）
△ＢＣＥ∽△ＣＡＧより，ＢＣ：ＣＡ＝ＣＥ：ＡＧ
ＢＣ：６＝２：４　　ＢＣ＝$\frac{6\times2}{4}=$ **3**（cm）

【解き方２】三角形の内角の二等分線の定理を利用する。
ＢＥが∠ＡＢＣの二等分線だから，ＡＢ：ＢＣ＝ＡＥ：ＥＣより，６：ＢＣ＝４：２　　ＢＣ＝$\frac{6\times2}{4}=$ **3**（cm）

⑵　【解き方】右のように作図する。まず，ＧＤとＡＨの長さから△ＤＧＣの面積を求める。そのあと，△ＤＧＣと△ＤＧＦの面積比を求める。

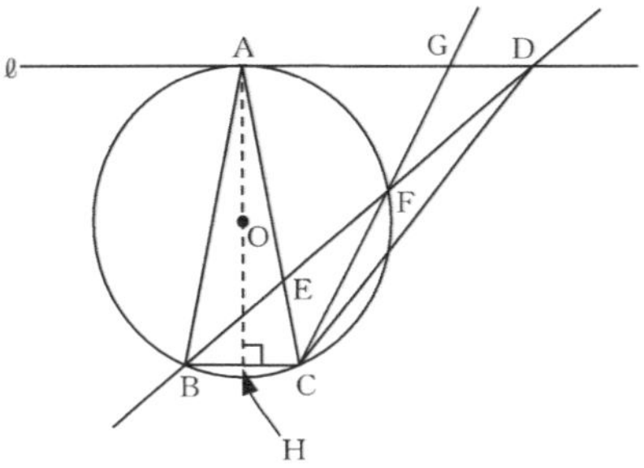

△ＡＢＣは二等辺三角形だから，ＢＨ＝$\frac{1}{2}$ＢＣ＝$\frac{3}{2}$（cm）なので，
三平方の定理より，
ＡＨ＝$\sqrt{AB^2-BH^2}=\sqrt{6^2-(\frac{3}{2})^2}=\sqrt{\frac{135}{4}}=\frac{3\sqrt{15}}{2}$（cm）
△ＤＧＣ＝$\frac{1}{2}\times$ＧＤ×ＡＨ＝$\frac{1}{2}\times2\times\frac{3\sqrt{15}}{2}=\frac{3\sqrt{15}}{2}$（cm²）
ℓ//ＢＣより，△ＤＧＦ∽△ＢＣＦだから，ＧＦ：ＣＦ＝ＧＤ：ＣＢ＝２：３
△ＤＧＦと△ＤＧＣは，底辺をそれぞれＧＦ，ＧＣとしたときの高さが等しいから，面積比はＧＦ：ＧＣ＝２：（２＋３）＝２：５となるので，△ＤＧＦ＝$\frac{2}{5}$△ＤＧＣ＝$\frac{2}{5}\times\frac{3\sqrt{15}}{2}=$ $\mathbf{\frac{3\sqrt{15}}{5}}$（cm²）

《2023　英語　解説》

（一）

1　質問「彼らはどこで話していますか？」…Ａ「これはとてもおいしそうです。それをいただけますか？」→Ｂ「かしこまりました。ご注文は以上ですか？」→Ａ「はい」より，エが適当。

2　質問「アキラは昨年，誕生日プレゼントで父に何をあげましたか？」…Ａ「お父さんの誕生日プレゼントは決まった，アキラ？」→Ｂ「いや，まだだよ。ユミは決まったの？」→Ａ「ええ。お父さんのために誕生日ケーキを作るよ。アキラ，去年あなたがお父さんに帽子をあげたとき，とてもうれしそうだったよ。だから，何か着るものをあげたらいいと思うよ」→Ｂ「じゃあ，Ｔシャツをあげることにするよ。いい店を知っているんだ」より，ウが適当。

3　質問「明日，彼らが３番目に訪れる予定の場所はどこですか？」…Ａ「明日，博物館に行く前に書店に行ってもいい？」→Ｂ「まずは博物館を訪れた方がいいと思うよ。書店ではいつも本をたくさん買うよ。買った重い本を

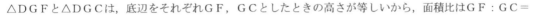

持っていろんな場所に行きたくないよ」→A「うん，そうだね」→B「書店に行く前に博物館の近くの新しい喫茶店に行きたい？」→A「うん。明日はいい日になるといいな」→B「そうだね」より，アが適当。

(二)

1　A「雨が降っているから，車で送るよ」→B「親切だね。ありがとう」に続くのは，ア「どういたしまして」が適当。

2　A「サヤカ，今朝は具合が悪いと言ったじゃないか。今の気分はどう？」→B「寒気がするの。何も食べたくないよ」に続くのは，エ「君は病院へ行くべきだね」が適当。

(三)【放送文の要約】参照。

1　質問「英語の先生として日本に来たとき，ジョンは何歳でしたか？」…ウ「29 歳」が適当。

2　質問「スタジアムでジョンと野球の試合を見たのは誰ですか？」…イ「マキの父です」が適当。

3　質問「なぜマキはたくさんジョンに話しかけようとしたのですか？」…ア「彼女は英語が上手になりたかったからです」が適当。

4　質問「ジョンは生徒たちに何をしてもらいたいですか？」…エ「彼は彼らに英語を通じてたくさん友達を作ってほしいです」が適当。

【放送文の要約】

こんにちは，みなさん。私の名前はジョンです。アメリカ出身です。1ウ私は 32 歳です。私は３年前に英語教師として来日しました。日本に滞在するのは２回目です。今日は１回目の来日のことをお話しします。

15 歳の時，父と一緒に日本に来ました。父には日本に住む友人がいます。彼の名前は木村さんです。私たちは彼の家に３週間滞在しました。彼の好きなスポーツは野球で，私も大好きです。私は彼と野球の話をたくさんしました。2イある日，木村さんと私は野球の試合を見にスタジアムへ行きました。それは私の最高の経験でした。

2イ木村さんにはマキという子供がいます。3ア彼女は英語が好きで，もっと上手に英語を話したかったのです。それで彼女は私に何度も英語で話しかけました。彼女は私の日本語の勉強も手伝ってくれました。その日本語を使って，私は日本でたくさんの友達を作りました。

外国語を学ぶのは楽しいです。4エ私はみなさんに英語を使ってたくさん友達を作ってほしいです。そうすれば，みなさんの人生はもっとわくわくするものになるでしょう。英語の授業を楽しんでください。

(四)

1(1)「○○と同じくらい…に」は〈as＋…＋as ○○〉と表す。　(2)「AをBと呼ぶ」＝call A B

2　自信のある表現を使ってミスのない英文を作ろう。それぞれ６語以上の１文で答えること。

(1)①（例文）「日本には独自の食文化があります」　②（例文）「私は伝統的な和食についての本を読みます」

(2)（例文）「あなたの学校にはどんなイベントがありますか？」

(五)【本文の要約】参照。

2(ア)「何か新しいこと」＝something new　「夏休みに」＝during the summer vacation

(イ)「～することが得意ではない」＝be not good at ～ing

3　「奈美は最終的に１日目と２日目にどのコースを選ぶつもりですか？」…「彼女は１日目に (a)エ Speaking コースを選び，２日目に (b)エ Writing コースを選びます」

4(1)「スミス先生は英語キャンプで」…スミス先生の５～７回目の発言などから，エ「何をするかを綾と奈美に伝えます」が適当。　(2)「綾と奈美は」…スミス先生の５回目の発言の１～３行目より，ウ「先生によって作られた英語クイズを楽しむでしょう」が適当。　(3)「チラシは(　　)ということを示している」…チラシの Visit our website の You can learn more about the English Camp and how to join it.「英語キャンプとその参加方法についてさらに学ぶことができる」より，イ「ウェブサイトでは英語キャンプのより詳しい情報が得られる」が適当。

【本文の要約】

スミス先生：こんにちは，綾，奈美。何をしているの？

綾　　　　：こんにちは，スミス先生。私たちは夏の計画を考えています。

奈美　　　：私たちは，夏休み中に，何か新しいことに挑戦するつもりです。

スミス先生：それはすばらしい！良い知らせがあるよ。私たちの市では今年の８月に英語キャンプが開催されるよ。私は先生として参加するんだ。君たちが英語がとても好きなのは知っているよ。ぜひ参加してほしいよ。

綾　　　　：面白そうですね。もう少し詳しく教えていただけませんか？

スミス先生：もちろん。それについてのチラシがこれだよ。８月１日から３日までワカバ学習センターで開催されるよ。生徒たちは３日間そこに滞在するんだ。

奈美　　　：①ア彼らは夜，そこで眠るのですか？

スミス先生：そうだよ。彼らは家を離れて２泊するために必要なものを持って来なければならないよ。また，英語キャンプの費用も必要なんだ。君たちは英語キャンプを楽しめると思うし，英語が上達すると思うよ。

綾　　　　：そのプログラムは，生徒たちが多くの英語活動をすることを示しています。１日目はゲームや外国の文化で何をするのですか？

スミス先生：4⑵ウゲームでは，先生が作った英語のクイズを楽しむよ。ゲームを通じて他の学校の生徒たちとお互いに良い関係を築くことができると思うんだ。外国文化では，さまざまな国の先生がそれぞれの国の文化について話すよ。

奈美　　　：なるほど。②イ２日目はどうですか？ロールプレイについて教えてください。

スミス先生：うん。買い物や道案内など，いくつかのシーンの役柄を通して，生徒たちはシーンごとに英語で何と言えばいいかを学ぶよ。

奈美　　　：いいですね。その晩，生徒たちは夕食を作るのですか？

スミス先生：そうだよ。彼らは先生たちと一緒に外国料理を作るんだ。その活動の中で，③ア先生は生徒たちにそれらの料理の仕方を伝えるよ。

奈美　　　：素晴らしいです！興味深い活動がたくさんあります。英語キャンプに参加しようよ，綾。

綾　　　　：わかったわ！スミス先生，特別活動について質問があります。私たちは１日目に１コースだけを選び，２日目にもう１コース選ぶのですか？

スミス先生：うん。英語キャンプに参加する前に，それぞれの日にどちらのコースにするか決めておく必要があるよ。

綾　　　　：わかりました。１日目はスピーキングコースを選びたいと思います。奈美はどのコースを選ぶの？

奈美　　　：そうね…。私は英語を話すのが得意じゃないから，リスニングコースを選ぼうかな。

スミス先生：それでもいいけど，スピーキングコースを選ぶべきだと思うよ。自分の弱点を克服することが大切だよ。

奈美　　　：なるほど，スミス先生，先生の言いたいことはわかります。じゃあ,私はそのコースを選びます。綾，２日目はどのコースを選ぶの？

綾　　　　：海外の友達にメールを送ることがあるから，ライティングコースを選ぶよ。

奈美　　　：わかったわ。私も同じにするよ。スミス先生，３日目は何をしますか？

スミス先生：各グループが先生たちから与えられたテーマについて英語で発表するよ。

綾　　　　：それはわくわくしますね。奈美，今から一緒に英語キャンプのホームページを見てみよう。ありがとうございました，スミス先生。

奈美　　　：ありがとうございました，スミス先生。英語キャンプが待ち遠しいです。

スミス先生：私もだよ。では，またね。

(六)【本文の要約】参照。

1　直後の１文より，父がミカに伝えた言葉は写真の力を伝えるものであったと考えられる。イ「お前が撮る写真は人を幸せにする」が適当。

2　第５段落４行目より，be more interested in を抜き出す。

3 (C)　直前の enjoy に動詞を重ねて使うときは，動名詞にする。　(D)　「山から見られるたくさんの島々」とつながるので，〈過去分詞(＝seen)と語句(＝from the mountain)〉が後ろから名詞(＝islands)を修飾する形にする。

4　下線部(E)の直後の１文に，彼女独自の方法の内容が書かれている。

・talk with each other「お互いに話し合う」

5　第４段落３～４行目に，サキがボランティア活動に参加する理由は２つあると書かれている。[ウ]の２文前に，First ～. の形で１つ目が書かれているので，Second ～.「２つ目は～」の文が[ウ]に入る。

6　ア「拓海は×ボランティア活動の経験がない人のためのイベントに参加しました」　イ「ミカは町の観光名所で観光客の写真を×彼女のカメラで撮ります」　ウ〇「ミカは観光客の写真が良いものになるよう，彼らとふれ合うことで笑顔を見せてほしいと思っています」　エ「ダイスケは，タナカさんとその友人たちから×自分の学校で茶道を習っています」　オ〇「ダイスケは老人ホームでのボランティア活動を通じて成長できると考えています」　カ「サキはボランティアスタッフとして子供たちと×その家族と一緒に島に滞在します」　キ×「サキは彼女にとって最高のボランティア活動を選ぶのを手伝ってくれる人が必要です」…本文にない内容。

【本文の要約】

1　ボランティア活動が好きです。ボランティア活動を頑張っている人たちと交流することは私にとって楽しいことです。２週間前に，私のような人のためのイベントに参加しました。このイベントでは多くの人が私に話しかけてくれ，彼らから面白い話を聞くことができました。今日は，それらの話の中のいくつかをみなさんにお伝えします。

2　最初の話はミカさんからです。彼女は 20 歳です。今，彼女は美術学校で写真の技術を学んでいます。彼女は 14 歳のときに父親からカメラをもらい，写真を撮り始めました。彼女の父親は彼女が撮った写真を気に入っていて，彼はよく彼女に「(A)イお前が撮る写真は人を幸せにする」と言いました。父の言葉は彼女が写真の力を理解するのに役立ちました。そして，彼女は写真を通してどうやって他の人の役に立つことができるのだろうかと思いました。毎週末，彼女は多くの観光客に会い，彼らのカメラで彼らの写真を撮るために町の観光名所を訪れます。6ウ写真を撮る前に，彼女はいつも彼らと話す時間をとり，彼らを笑顔にしようとします。彼女はそれが良い写真のために必要だと信じています。そして，彼女が撮る写真が，観光客が彼女の町で過ごした楽しい時間を思い出すのに役立つことを願っています。また，彼女は彼らに彼女の町(B)にもっと興味をもって(＝be more interested in)ほしいと思っています。実際に，彼女は出会った多くの観光客から，よくメールを受け取ります。そして，彼らは彼女の町をもっと知るために再び訪れると言います。彼女はそのことをとても喜んでいます。

3　次の話はダイスケさんからです。彼は 17 歳です。彼はインターネットで，若者と交流する機会がない老人もいることを知りました。そこで彼は老人ホームのボランティア活動に参加し，そのような人々のために何かすることにしました。今，彼はそこの老人たちに愛されています。まず，彼は彼らと話をしたり軽い運動をしたりする時間をとり，それから彼らのために抹茶を作ります。彼は高校の茶道部に入っています。老人ホームのお年寄りの１人には，長年の茶道経験があります。彼女の名前はタナカさんです。彼女は彼に良い助言をします。老人ホームを訪れるとき，彼はいつも彼女に茶道について(c)質問することを楽しんでいます(＝enjoy asking)。6オ彼はそこでのボランティア活動が自分の成長に役立っていると言います。

4　最後の話はサキさんからです。彼女は 22 歳です。毎年夏，彼女はボランティアスタッフの一員として子供たちを島に連れて行き，子供たちが野外活動を楽しめるようにしています。彼女はこのボランティア活動に参加することを決めるのにそれほど時間がかかりませんでした。彼女には２つの異なる理由があります。１つ目は，彼女は子供たちとの交流が大好きだからです。彼女は彼らの笑顔を見るといつも幸せな気分になります。[ウ]２つ目は，彼女は自分自身を変えたいと思っているからです。彼女は恥ずかしがり屋で，人前ではうまく話せないことがあります。彼女はボランティア活動を通じて自分が別人になることを願っています。島で，子供たちは海で泳いだり，山でハイキングをしたりして楽しい時間を過ごします。山から見えるたくさんの島はとても美しいです。子供たちは家族と一緒に島に来ることができないので，自分のことは自分でしなければなりません。彼女は子供たちと交流するとき，自分のやり方で行動します。4困難なことが起こったら，子供たちに助言を与える前に，お互いに話し合うように言います。彼女は彼らに，他の人たちの役に立つ方法を知ってもらいたいと思っています。彼女は今，自分の中で何かが変わりつつあることを実感しています。

5　これらの話についてどう思いますか？ボランティア活動を通じて，多くの人生を豊かにするような体験ができます。母はよく「他人を助けることは自分自身を助けることだ」と言います。本当にその通りです。そしてボランティア活動がすべての人にとってより良い未来を作ることに役立つと信じています。より多くの人がボランティア活動に興味を持つようになることを願っています。

《2023　理科　解説》

(一)

1(1)　〔$電流(A)=\frac{電圧(V)}{抵抗(\Omega)}$〕より，$\frac{5.0}{20}=0.25(A)$となる。　(2)　コイルに流れる電流が磁界から受ける力は，コイルに流れる電流の大きさ，コイルの巻き数，U字形磁石の磁界の強さに比例する。この実験ではコイルの巻き数とU字形磁石の磁界の強さは一定だから，コイルに流れる電流が大きいほど，コイルの動きが大きくなる。よって，コイルが最も大きく動くのは２個の抵抗器全体の抵抗が最も小さいエである。それぞれの抵抗の和が小さいほど２個の抵抗器全体の抵抗は小さくなり，直列つなぎよりも並列つなぎの方が２個の抵抗器全体の抵抗は小さくなる。

2(2)　誘導電流の向きは，棒磁石のコイル側の極(N極かS極か)，コイルに対する棒磁石の動き(近づけるか遠ざけるか)，位置(コイルの上か下か)，の３つの要素によって決まる。１つまたは３つ反対にすると誘導電流の向きは反対に，２つ反対にすると誘導電流の向きは同じになる。実験３では棒磁石のN極を上から近づけるとKが点灯したから，実験４でS極を上から近づけるとLが点灯し，S極を上に遠ざけるとKが点灯する。よって，イが正答となる。

3(1)　焦点を通ってから凸レンズに入る光は，凸レンズで屈折して，凸レンズの軸に平行に進む。　(2)　光源を凸レンズの焦点距離の２倍の位置に置くと，反対側の凸レンズの焦点距離の２倍の位置のスクリーンに物体と同じ大きさの実像ができる。表１より，測定２のときにYがXの２倍になっており，光源や凸レンズは焦点距離の２倍の位置に置かれていることがわかる。よって，焦点距離はXの半分の 20.0 cmである。　(3)　Xを焦点距離よりも短くすると，スクリーンに実像はできず，凸レンズをのぞきこんだときに虚像が見える。虚像は実物(光源)と同じ向きに見え，実物より大きい。

(二)

1(1)　電離するときに起こる化学変化を表す化学反応式では，陽イオンが失った電子の数と陰イオンが得た電子の数が等しくなるように係数をつける。　(2)　実験１で塩化銅水溶液に電流を流すと，陽極から塩素が発生し，陰極に銅が付着する。また，実験２で塩酸に電流を流すと，陽極から塩素が発生し，陰極から水素が発生する。よって，Ｘは塩素である。　(3)　図１の装置をＭとＮが逆になるようにつなぎかえると，電極が逆になるので，Ｍ(陽極)付近から塩素が発生し，Ｎ(陰極)に銅が付着する。　(4)　Ｙ(水素)を確かめるには，気体に火のついたマッチを近づけて，音を出して燃えることを確かめればよい。

2(2)　100ｇの水に溶ける物質の質量を溶解度という。Ｐ～Ｓを同じ質量ずつ加えたので，溶け残った質量が最も大きいのは，図３で 60℃での溶解度が最も小さいＳである。　(3)　図３でＰの溶解度が 30ｇになるのは水の温度が 15℃～20℃の間だから，この間の温度でＰの結晶が出始める。　(4)　表１より，Ｐの 20℃での溶解度は 32ｇである。物質が溶解度まで溶けている飽和水溶液の質量パーセント濃度は水の質量によらず一定だから，100ｇの水に 32ｇのＰが溶けている水溶液の質量パーセント濃度を求めればよい。〔質量パーセント濃度(%)＝$\frac{溶質の質量(g)}{水溶液の質量(g)}$×100〕より，$\frac{32}{100+32}$×100＝24.2…→24%となる。　(5)　20℃の水 25ｇにＰは 32×$\frac{25}{100}$＝８(ｇ)溶けるので 15－8＝7(ｇ)の結晶が出てくる。

(三)

1(1)　調べたい条件だけが異なる２本の試験管を選ぶ。Ⅰ，Ⅱともにだ液のはたらきを確認するので，だ液の条件だけが異なる２本の試験管を選ぶ。Ⅰではデンプンの有無を確認するので，ヨウ素液を加えたＡとＣ，Ⅱでは麦芽糖の有無を確認するので，ベネジクト液を加えて加熱したＢとＤを比べる。　(2)　デンプンはアミラーゼによって麦芽糖などに分解される。なお，ペプシン，トリプシンはタンパク質，リパーゼは脂肪にはたらく消化酵素である。　(3)　②たん汁は肝臓でつくられて胆のうにたくわえられる。　③脂肪は消化酵素などのはたらきで脂肪酸とモノグリセリドに分解される。

2(2)　花粉はおしべのやくでつくられ，めしべの柱頭につくことで受粉する。　(3)　精細胞や卵細胞などの生殖細胞は，染色体の数が半分になる減数分裂によってつくられるので，他の細胞と比べて染色体数が半分になる。Ｅの生殖細胞は黒色の染色体が１本で，Ｇの生殖細胞は白色の染色体が１本になり，それらが受精してできるＨの染色体は白色と黒色が１本ずつになる。

(四)

1(1)①　Ｘ．地下の地震が発生した場所を震源，震源の真上の地表部分を震央という。　Ｙ．マグニチュードは地震の規模，震度は地震によるゆれの程度を表す数値である。　②　海底を震源とする地震では，津波が発生することがある。　(2)　図２より，初期微動継続時間は 10 秒だから，図１より，Ｃとわかる。　(3)　図ｉのように，図１でＡ～Ｄの点を直線で結び，初期微動継続時間が０のところまで伸ばしたときの交点が，地震発生時刻である。よって，Ｊの地震発生時刻は９時 43 分 44 秒である。　(4)　図１より，Ｂで初期微動が始まったのは緊急地震速報の１秒後，初期微動継続時間は８秒だから，主要動が始まるのは緊急地震速報が発表されてから１＋８＝９(秒)後である。

図ｉ

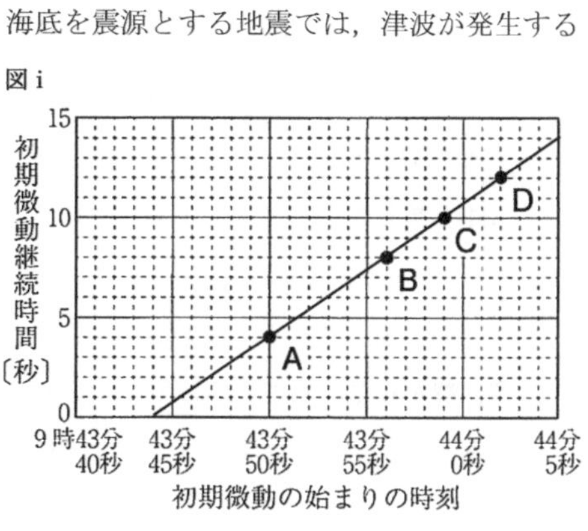

2(1)　太陽は東の地平線からのぼり，南の空で最も高くなって，西の地平線に沈むので，ａが南，ｂが東，ｃが北，ｄが西である。　(2)　図３の地軸の傾きから，Ｅが夏至，Ｆが秋分，

Gが冬至，Hが春分とわかる。よって，エのように，春分から１か月の間に太陽の日の出の位置が北寄りになり，南中高度が高くなる。　(3)　南極点で白夜が見られるのは，図３で南半球に太陽がたくさん当たる時期，つまり日本が冬の時期である。よって，イが正答となる。

(五)

図ⅱ

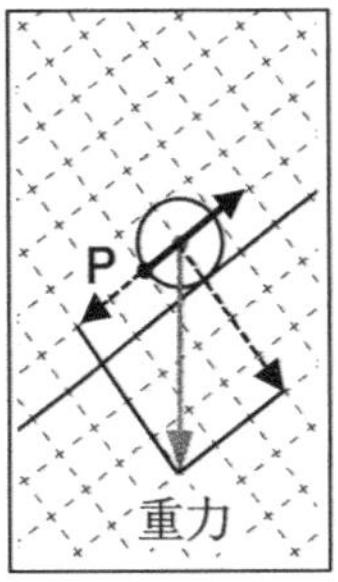

1(1)　手が小球を静止させる力は，小球の重力の斜面に平行な分力とつり合う力である。図ⅱのように，小球の重力の斜面に平行な分力は重力を対角線とする長方形の斜面に平行な方向の辺の長さと等しい。Pが作用点になるので，Pから右上に３マス分の矢印をかく。
(2)　小球には重力の斜面に平行な分力が運動と反対向きにかかる。同じ角度の斜面を運動する小球の重力の斜面に平行な分力の大きさは，斜面のどの部分でも一定だから，小球の速さは一定の割合で小さくなる。

2(1)　標高が高い場所ほど，上にある空気の重さが軽くなるので，気圧が小さくなる。　(2)　〔圧力(Pa)$=\frac{\text{力(N)}}{\text{面積(m}^2\text{)}}$〕，XとYの気圧の差は1020−940=80(hPa)→8000 Paより，２つの力の大きさの差は8000×0.03=240(N)となる。

3(1)　うすい塩酸と炭酸水素ナトリウムの反応によって二酸化炭素が発生する。発生した二酸化炭素によって容器内の気体の圧力が大きくなるので，ふたを開けると二酸化炭素が外に出て質量は小さくなる。　(2)　化学反応式の反応の前後で，原子の組み合わせは変わるが，原子の種類と数が変わらないのも，質量保存の法則によるものである。

4(1)　背骨を持つのは脊椎動物のイヌ，イモリ，ニワトリ(イカは無脊椎動物)，卵を産むのは両生類のイモリと鳥類のニワトリ(哺乳類のイヌは胎生)，卵に殻がないのは両生類のイモリ(鳥類のニワトリは殻がある)である。　(2)　周囲の温度が変化しても体温が一定に保たれる恒温動物は，哺乳類のイヌと鳥類のニワトリである。なお，周囲の温度が変化すると体温も変化する動物を変温動物という。

《2023　社会　解説》

(一)

1　①のできごとが起こった頃は，古墳時代である。アは室町時代，イは江戸時代，ウは平安時代のできごと。

2　班田収授法により，良民の男子には２段(約 2300 ㎡)の口分田が与えられ，女子にはその３分の２，奴婢には良民男女のそれぞれ３分の１が与えられた。

3　③の期間は奈良時代～平安時代である。ア(平安時代前期　9世紀)→エ(平安時代中期　10世紀)　イは飛鳥時代(663年)，ウは鎌倉時代(1192年)。

5　アは，足利義満が京都の北山に建てた金閣である。イは平等院鳳凰堂(平安時代の国風文化)，ウは姫路城(安土桃山時代の桃山文化)，エは東大寺南大門(鎌倉時代の鎌倉文化)。

6　『解体新書』は杉田玄白や前野良沢らがオランダ語で書かれた解ぼう書『ターヘル・アナトミア』を翻訳したものであり，杉田玄白が記した『蘭学事始』には，翻訳の苦労などが書かれている。

7　1792年，ロシアのラクスマンは根室に来航し，日本人漂流民を送り届けるとともに，日本との通商を要求した。江戸幕府はラクスマンに対し，長崎に来るよう指示し，長崎への通行許可証を交付したが，ラクスマンは長崎には向かわず，許可証をもって帰国した。その後，ラクスマンが交付された許可証の写しをもったレザノフが，長崎に入港し通商を求めた。1853年に浦賀に来航し，日本の開国を求めてアメリカ大統領の国書を幕府に渡したのはペリーである。

(二)

1　日米和親条約では下田・函館の２港が開かれ，ハリスが下田駐在の初代アメリカ総領事となった。1858 年には，江戸幕府の大老井伊直弼とハリスの間で日米修好通商条約が結ばれ，函館・神奈川(横浜)・新潟・兵庫(神戸)・長崎の５港が開かれた。アは函館，イは横浜，エは長崎。

2　ウ(1871 年)→エ(1877 年)→ア(1880 年)→イ(1889 年)　年号を覚えていなくても，自由民権運動が始まるきっかけから大日本帝国憲法の発布，国会開設までのできごとの流れは覚えておきたい。

3　東学党の乱でもよい。朝鮮で甲午農民戦争(東学党の乱)が起きると，朝鮮は宗主国である清に援軍を要請した。日本は天津条約に基づいて朝鮮に出兵すると，朝鮮政府は反乱軍と和議を結んだ。その後も清軍と日本軍は緊張状態にあったが，1894 年７月，豊島沖の海戦で日本軍が清の戦艦を沈めたことから日清戦争が始まった。

4　大正時代末の 1925 年にラジオ放送が開始されたことは覚えておきたい。

5　満州事変は 1931 年，柳条湖事件をきっかけに関東軍が満州全土を支配し，翌年満州国を建国したできごと。中国が国際連盟に訴えると，国際連盟はリットン調査団を満州に派遣した。リットン調査団の報告を受けて，国際連盟で満州国建国についての採決が行われ，満州国建国を認めないこと，日本軍の満州からの撤退が，圧倒的多数によって決定した。これに対して日本は，国際連盟からの脱退を決めた。

6　治安維持法は，大正時代の普通選挙法と同時(直前)に制定され，社会主義の動きを取り締まった。

7　八幡製鉄所は，下関条約で得た賠償金の一部を使って 1901 年に設立されたので，Ｂより後である。Ｃの普通選挙法は 1925 年だから，ＢとＣの間が適切である。Ｄは 1931 年，Ｅは 1945 年，Ｆは 1964 年。

(三)

1(1)　日本国憲法に規定されていない新しい人権には，環境権・知る権利・プライバシーの権利・自己決定権などがあり，日照権は環境権の一つである。　(2)　公共の福祉とは，社会全体の共通の利益を意味する。国民の基本的人権，特に自由権は，公共の福祉によって制限を受ける場合がある。

2　Peacekeeping Operations の略である。

3　ドント方式は表のように，１，２，３…と整数で割って求めた商に対し，大きい順に議席を与える方法である。定数が５人なので，各党の獲得議席は右表の○のようになる。

	A党	B党	C党
得票数	1500	900	600
÷１	1500	900	600
÷２	750	450	300
÷３	500	300	200

4　内閣総理大臣の任命は天皇の国事行為であり，憲法改正の発議は国会が行うものである。日本国憲法は，衆議院と参議院の各議院の総議員の３分の２以上の賛成をもって憲法改正の発議が行われ，国民投票で有効投票の過半数の賛成を得られれば改正することができる。

5　地方交付税交付金，国庫支出金，地方債などの自主財源以外の財源を依存財源という。依存財源のうち，国から支給されるもので，使い道を指定されるのが国庫支出金，使い道を指定されないのが地方交付税交付金である。

(四)

1　直後の会話文に「小売業者は，商品を安く仕入れ」とあるので，図中の生産者と小売業者の間の卸売業者を通さない経路と考える。小売業者が生産者から直接買い付けると，卸売業者を通さない分，より安く商品を仕入れることができるが，生産者や小売業者は数多く存在するので，それら全てが直接取引を行うと流通経路は複雑化し，多くの時間や労力が必要となってしまう。卸売業者は生産者と小売業者の間にたち，それらの流通をまとめる役割がある。

2　日本銀行には，発券銀行，銀行の銀行，政府の銀行の３つの役割がある。

3　景気の浮き沈みを減らすために政府が行う政策を財政政策という。好景気のときは逆に，公共事業を減らし，増税を行う。

4　マイクロクレジットは，バングラデシュのグラミン銀行が始めた融資制度で，貧困層を対象にした無担保・少額の融資である。

5　ア．日本とアメリカ合衆国は石油・天然ガスの割合が最も大きく，イギリスについては，石炭の割合が最も小さい。ウ．発電に用いられる石油・天然ガスの割合は，日本はほとんど変わらず，アメリカ合衆国とイギリスは増加している。エ．2020年において，発電に用いられる原子力の割合は日本が最も小さい。

(五)

1(2)　新潟県が米の収穫量第一位であることは覚えておきたい。

(3)　三陸海岸沖には，寒流の親潮(千島海流)と暖流の黒潮(日本海流)がぶつかり，好漁場となる潮目(潮境)が形成される。海面上の境界を潮目，境界面全体を潮境という。また，三陸海岸南部は土地が沈降することで山地の谷であった部分に海水が入りこんでできたリアス海岸で，波が穏やかであるため，養殖に適していることもあわせて覚えておきたい。

2　図から，日本の河川は河口からの長さが短く，標高差が大きいことが読み取れる。標高差が大きいことから，勾配は急となり，流れは急となる。

3　現在の日本の工業製品出荷額のうち，機械工業が圧倒的に多いことは覚えておきたい。たくさんの労働力を必要とする繊維工業は，安価な労働力を求めて工場が海外に進出していることから，出荷額は最も少ない。

4　65歳以上の高齢者の割合に注目する。高齢者の割合は，ア＞イ＞ウ＞エの順に多いから，少子高齢化がかなり進んでいるアは2050年，イは2010年，ウは1970年，エは1930年である。人口全体に占める65歳以上の人の割合を高齢化率といい，高齢化率が７％を超えると高齢化社会，14％を超えると高齢社会，21％を超えると超高齢社会と呼ぶ。2023年現在の日本は，高齢化率が29％程度の超高齢社会である。

(六)

1(1)　緯度０度の赤道は，アフリカ大陸のビクトリア湖，マレー半島の南端，南アメリカ大陸のアマゾン川河口付近を通る。　(2)　気温が高い熱帯地域では，じゃがいも，ぶどう，小麦の栽培は不向きである。　(3)　太平洋・大西洋・インド洋の３つを三大洋と呼び，太平洋＞大西洋＞インド洋の順に広い。　(4)　イスラム教徒の割合が多い国は，聖地メッカのある西アジアを中心として，アフリカ北部，中央アジア，東南アジアに分布していることは覚えておきたい。㋑は南アフリカ共和国，㋒はブラジル，㋓はアルゼンチン。

2　サウジアラビア，イラクなどの西アジアの産油国が上位になっているⅠは原油，インドネシア，オーストラリアが上位になっているⅡは石炭である。資源の生産上位国には，それぞれの資源の日本の輸入先上位国が含まれていることが多いので，生産・輸入先で共通する国は覚えておきたい。

3　貿易摩擦…２国間貿易において，輸出量と輸入量に大きな隔たりが生じること。特に日米間の貿易において，日本からアメリカへの自動車の輸出量が増えたことで，日本の輸出量が輸入量を大幅に上回る輸出超過となった。これによってアメリカの自動車産業が打撃を受け，そこで働く労働者たちによるジャパンバッシングが起きた。そこで日本の自動車メーカーは，貿易摩擦の解消と現地の労働者の雇用対策として，組み立て工場をアメリカに移転させた。

2022 解答例 愛媛県公立高等学校
令和４年度

《2022　国語　解答例》

(一)　１．は／まで／から　　２．ア　　３．エ　　４．ａ．個人への刷り込みによって内面化される　ｂ．より拘束力が強い　ｃ．文化としてより根深い　　５．ウ　　６．ａ．複雑な文化的行為の全体　ｂ．具体的な形　ｃ．永続的に目に見える　　７．飲食行為を支える感性や心性が、飲食行為そのものによって形づくられる　　８．イ

(二)　１．どんてん　　２．かっとう　　３．うる　　４．い

(三)　１．警笛　　２．破竹　　３．編む　　４．反る

(四)　１．頭　　２．明らかに整備に集中できていない　　３．エ　　４．ａ．一つのけが　ｂ．行動一つ一つに責任が生じる　　５．マネージャーだった経験を生かして、選手がどうしてほしいかを想像しながら、試行錯誤を繰り返すこと　　６．ウ

(五)　１．さいわいなり　　２．イ　　３．最初…昨日の　最後…さうな　　４．ａ．包みのまま　ｂ．驚く　ｃ．今は夏で涼しい風を引き入れるのによく、外へ出るときに戸を開ける煩わしさがない

《2022　作文》

(例文)

私は、創造力とは、資料で最も回答の多かった「自分なりの個性を自由に表現する力」だと考える。また、資料では「全ての人に備わった力」だと考えている人は少ないが、私はみんなが持っている力だと思う。だから、機会さえ得られれば、創造力を開花させることができると思う。

小学生の頃は、図工の授業でなるべく人と同じような絵を描こうと思っていた。私の絵は、面白みのない作品だった。中学生になり、美術の授業で体育祭の絵を描くことになった。私は、綱引きをしている時の腕の筋肉が一番印象に残っていたため、腕から描き始めた。すると、腕の筋肉が絵の中心になり、画用紙からはみ出してしまった。しかし、その絵は、先生や友達から迫力があるとほめられた。その時から、人と違うことを怖れず、自分の感動を表現しようと思うようになった。この体験が、私にとって、「創造力」の意味を自分なりに理解するきっかけとなった。

《2022　数学　解答例》

(一)　１．-9　　２．$\frac{7x-y}{6}$　　３．$3x-2y$　　４．$5\sqrt{5}-9$　　５．$2a^2+10a+15$

(二)　１．$x=\frac{1}{5}$，-1　　２．75　　３．イ　　４．$\frac{8}{15}$　　５．90π

６．右図　※７．９月に図書館を利用した男子100人，９月に図書館を利用した女子120人

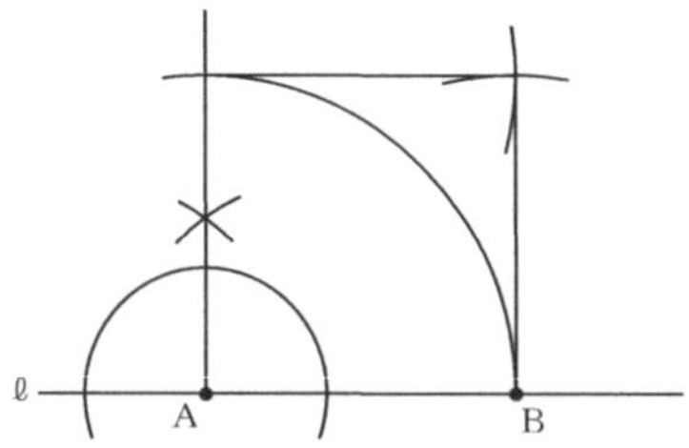

(三)　１．495　　２．イ．$100c+10b+a$　ウ．99

３．(1)15　(2)495，594，693

(四)　１．$\frac{9}{2}$　　２．(1)$y=\frac{1}{2}x^2$　(2)$a=4$　$b=\frac{11}{2}$

(五)　１．△ＡＢＣと△ＢＤＣにおいて，

線分ＡＢは直径だから，∠ＡＣＢ＝∠ＢＣＤ＝90°…①

△ＡＢＣで∠ＡＣＢ＝90°だから，∠ＢＡＣ＝90°－∠ＡＢＣ…②

また，∠ＡＢＤ＝90°だから，∠ＤＢＣ＝90°－∠ＡＢＣ…③

②，③から，∠ＢＡＣ＝∠ＤＢＣ…④

①，④で，２つの三角形は，２組の角がそれぞれ等しいことがいえたから，△ＡＢＣ∽△ＢＤＣ

２．(1)$\sqrt{3}$　(2)$\frac{5\sqrt{3}}{4}-\frac{\pi}{2}$　※の解は解説を参照してください。

《2022　英語　解答例》

(一)　１．エ　２．イ　３．ア

(二)　１．ア　２．エ

(三)　１．イ　２．ウ　３．ウ　４．エ

(四)　１．(1)エ，ウ，イ，ア　(2)ウ，ア，エ，イ　２．(1)①We should study English hard every day.
②Because we can talk with many foreign people.　(2)We will sing your favorite songs in English together.

(五)　１．①イ　②エ　③ウ　２．(ア)What are you talking about?　(イ)The player I want to meet lives there.
３．エ　４．(1)ウ　(2)イ　(3)ア

(六)　１．(A)borrowed　(B)making　２．ウ　３．small sea animals　４．①卵を持つ魚　②稚魚
③人々に知ってもらう　５．ア，カ　６．イ

《2022　理科　解答例》

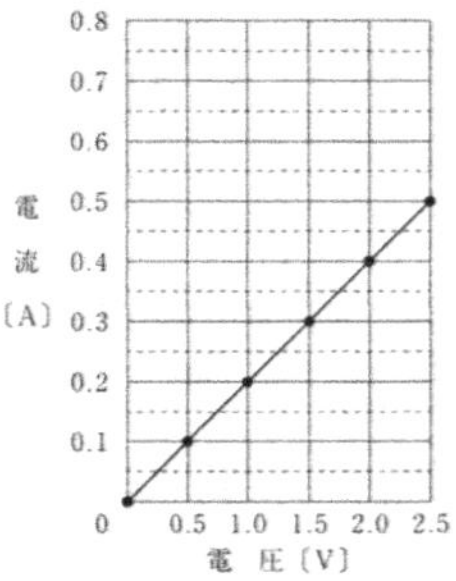

(一)　１．(1)20　(2)①イ　②エ　(3)0.40　(4)右グラフ　２．(1)1.5　(2)４：１：３
３．(1)7.2　(2)60

(二)　１．(1)マグネシウム→亜鉛→銅　(2)マグネシウムがマグネシウムイオンとなるときに放出した電子を，亜鉛イオンが受け取り亜鉛となる。　(3)①ア　②ウ　(4)ウ
(5)①ア　②エ　２．(1)$2Mg+O_2 \rightarrow 2MgO$　(2)1.5　(3)ウ

(三)　１．(1)空気の泡が入らない　(2)①維管束　②ア　③ウ　(3)ユリ…エ　ブロッコリー…ア
２．(1)消費　(2)①イ　②ウ　(3)菌類・細菌類…Ａ　カビ…菌類　(4)肉食動物…Ｋ　数量の変化…イ

(四)　１．(1)12　(2)ア　(3)斑状　(4)①イ　②エ　(5)①ア　②ウ　２．(1)①イ　②エ　(2)イ　(3)①ア　②エ

(五)　１．(1)エ　(2)40　２．(1)ウ　(2)①ア　②ウ　３．(1)①ア　②エ　③14　(2)NH_3
４．(1)金星とおとめ座の位置関係が変わっている　(2)ウ

《2022　社会　解答例》

(一)　１．イ　２．ア→エ→イ→ウ　３．ウ　４．武士や農民が，守護大名を追放　５．エ　６．徳川綱吉
７．寛政

(二)　１．関税　２．廃藩置県　３．ア　４．イギリス　５．納税額による制限がなくなり，25歳以上の全ての男子が有権者の資格を持つことになった。　６．ウ→エ　７．エ

(三)　１．①ア　②エ　２．(1)臨時会　(2)エ　(3)Ｘ．ア　Ｙ．比例代表　３．憲法に違反していないかどうか
４．イ

(四)　１．ウ　２．(1)イ　(2)社会保障費の支出が，少子高齢化に伴って増えた　３．公海　４．パリ

(五)　１．(1)カルデラ　(2)記号…う　県名…福井　２．(1)夏に北東から吹く冷たい風。　(2)エ　３．ウ　４．ア

(六)　１．(1)赤道から離れる　(2)記号…う　国の名…オーストラリア　(3)Ｃ→Ａ→Ｂ→Ｄ　(4)環太平洋　２．イ
３．イ，ウ，エ

←解答例は前ページにありますので，そちらをご覧ください。

《2022　国語　解説》

(一)

1　助詞は活用しない付属語である。一文を文節に分けてから、さらに単語に分け、自立語の下にある単語で活用しないものを選ぶ。

4 a　「目に見えない文化」が、意識されることが少ない理由を読み取る。　b　意識されることが少ないこと以外の「目に見えない文化」の特質を読み取る。　c　意識されることが少ないこと、また、より拘束力が強いことから、「目に見えない文化」についてどのようなことが言えるのかを読み取る。

5　B と C のあとに、「個人的な好悪《こうお》の原因となる感性に比べて、アナール派的な心性は、ある時代を通じて見られる集団的に共有された持続的な心の状態である」とあるのに着目する。　B．前述の内容をふまえて考えると、「より個人的でより個別的な意味合いの強い」のは、「感性」。　C．直後の「ある文化でより永続性があり、より普遍性のある、主体の対象に対する内面的な価値観を指し示すのに適している」は、前述の「集団的に共有された持続的な心の状態」とほぼ同じことを言っているので、「心性」が適する。　D．直前に「個人」とあり、ご飯にマヨネーズを好むのは「個人的な好悪《こうお》」の一つであるため、「感性」が入る。　E．この前に「日本人なら～好きだ」とあり、日本人という集団の好みを言っているので、「心性」が入る。

6 a　「飲食」とはどういうものかをまとめて述べた部分を読み取る。　b　飲食の一部である「料理」は何を持っているかを読み取る。　c　「飲食」とはどのような文化とはならないのかを読み取る。

7　「感性や心性」と「飲食行為」の関係を読み取る。すると、まず「文化的行為としての飲食を支えるのは～感性であり～心性なのである」と述べられている。また、「飲食行為における感性や心性は」「繰り返される飲食行為そのものによって形づくられる」とも述べられている。この２点が「堂々めぐり」の関係にある。

8　ア．3段落に「目に見える文化」は「研究の対象にもなりやすい」とあることと矛盾する。　イ．10・11段落にある内容と合っているため、適する。　ウ．「うまさを見いだす感性も磨くべき」という内容が本文にない。エ．このような内容は本文に述べられていない。

(四)

2　島さんが思う、雨宮《あめみや》がローラーの運転操作を誤った理由を読み取る。すると、16 行目に「集中できてへんのは、明らかや」という言葉がある。その部分を用いて、解答をまとめる。

3　野球のできない雨宮は、「プレーヤーの気持ちは、プレーヤーにしかわからへん」という長谷《はせ》の言葉が気にかかり、選手の視点に立った整備ができないのではないかと自信をなくしていた。そんなときに、島さんに整備のミスを指摘されたので、さらに落ち込み、「打ちひしがれた」のである。よってエが適する。

4 a　プロの選手がどのようなことによって「選手生命が絶たれることもある」のかは、島さんの「一つのけがが命とりや。それで選手生命絶たれたら」という言葉からわかる。　b　設問にある「島さんが雨宮に考えてもらおうとしたこと」を読み取る。 b の直前にある「社会人としての」という語句が手がかりとなる。

5　「選手の気持ちは、選手を経験した人にしかわからないんでしょうか」という雨宮の質問に対して、島さんが「雨宮だからこそできること」「グラウンドを整備する技術の上達」のために必要なことについてどのように語っているかを読み取る。まず、「雨宮だからこそできること」については、「雨宮はマネージャーやったんやろ」だからこそ、「選手がどうしてほしいか、想像してみることくらいできるやろ」と言っている。また、「グラウンドを整備する技術の上達」のためには「試行錯誤の繰り返しで、上達していくんやないんか」と言っている。

6　ア「比喩表現の多用」、イ「擬態語の効果的な使用」は本文にない。　ウ.「短文による会話」は――線①、――線③の後の会話に見られる。また方言も用いられ、「リアリティや臨場感」を高めているので、適する。エ.「雨宮の視点を通して」という部分は適切であるが、雨宮の主観で書かれているので「客観的に描かれている」の部分が適さない。

(五)

1　古文で言葉の先頭にない「はひふへほ」は、「わいうえお」に直す。

3　【古文の内容】を参照。古文においては、「と言ふ」の前までが発言であることが多い。

4 a　3行目に「包みのまま床の上に置きたり」とある。　b　6行目に「さらに驚く気色《けしき》なく」とある。「気色」は「様子」という意味である。　c　切り抜かれた壁について、「かへつてさいはひなり」(かえって幸いなり)と大雅が前向きに捉えていることがわかる。具体的には 10～11 行目の「時は今、夏日にて～戸を開くのうれへなし」の部分。

【古文の内容】

池大雅《いけのたいが》は、以前淀侯《よどこう》の金屏風《きんびょうぶ》を描いた。謝礼を渡すために使者が来たところ、台所の入り口から古紙や書物などが散らかった状態で置いてあり、まったく足を踏み入れる隙間もない。古紙をかたづけ、使者を通したところ、(淀侯からの)謝礼として三十金をお与えになる。大雅は、礼を述べて、(その金を)包みのまま床の上に置いた。その夜、盗人が、床の側《そば》の壁を切り抜いて、包んだ金を持ち去ってしまった。

翌朝、妻が、壁が切り抜いてあるのを見て、「きっと盗人のしわざでしょう。昨日、淀侯からいただいた金は、どこへお置きになったのですか」と言う。大雅は、まったく驚く様子がなく、「床の上に置いた。ないならば、盗人が持ち去ったのだろう」と言う。門人たちが来て、このありさまを見て、「先生はどうしてこのように壁を切り抜きなさったのですか」と言うと、(大雅は)「昨日の夜、盗人が入って、淀侯から謝礼としていただいたお金を持ち去ったようだ」と言う。門人が、「壁があの様子では見苦しいです。修繕なさってください」と言うと、(大雅は)「かえって良い。ちょうど今、夏で、涼風を引き入れるのによい。また、外へ出るときに、戸を開ける煩わしさがない」と言ったとか。

《2022　数学　解説》

(一)

2　与式$=\dfrac{2(2x-5y)+3(x+3y)}{6}=\dfrac{4x-10y+3x+9y}{6}=\dfrac{7x-y}{6}$

3　与式$=\dfrac{3x^2y}{xy}-\dfrac{2xy^2}{xy}=3x-2y$

4　与式$=\sqrt{5}-(5-4\sqrt{5}+4)=\sqrt{5}-(9-4\sqrt{5})=\sqrt{5}-9+4\sqrt{5}=5\sqrt{5}-9$

5　与式$=a^2-9+a^2+10a+24=2a^2+10a+15$

(二)

1　2次方程式の解の公式より，$x=\dfrac{-4\pm\sqrt{4^2-4\times5\times(-1)}}{2\times5}=\dfrac{-4\pm\sqrt{36}}{10}=\dfrac{-4\pm6}{10}$

$x=\dfrac{-4+6}{10}=\dfrac{1}{5}$，$x=\dfrac{-4-6}{10}=-1$

2　【解き方】右のように作図し，平行線の錯角が等しいことを利用する。

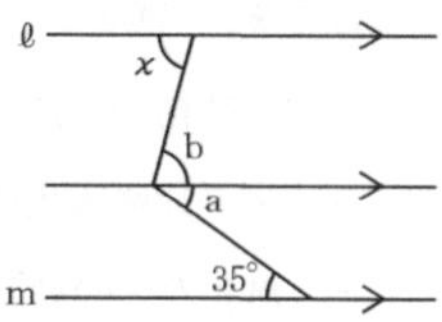

$\angle a=35°$ だから，$\angle b=110°-35°=75°$　　$\angle x=\angle b=75°$

3　以下，例えば「４時間以上５時間未満の階級」を「４～５」と表す。

ア．度数分布表から最頻値を求めるときは，最も度数が大きい階級の階級値を最頻値とする。最も度数が大きい階級は，Ａ中学校が６～７，Ｂ中学校が７～８だから，最頻値は異なるので正しくない。

イ．（相対度数）＝$\dfrac{\text{（その階級の度数）}}{\text{（度数の合計）}}$だから，Ａ中学校が$\dfrac{7}{30}$，Ｂ中学校が$\dfrac{21}{90}=\dfrac{7}{30}$なので，正しい。

ウ．Ａ中学校で７時間未満の人数は$3+10=13$(人)だから，その割合は$\dfrac{13}{30}\times100=43.33\cdots$(%)なので，正しくない。

エ．90 人の中央値は，$90\div2=45$ より，大きさ順で並べたときの 45 番目と 46 番目の平均である。どちらも７～８に含まれるから，中央値もこの階級に含まれるので，正しくない。

4　【解き方】すべての場合の樹形図をかく。

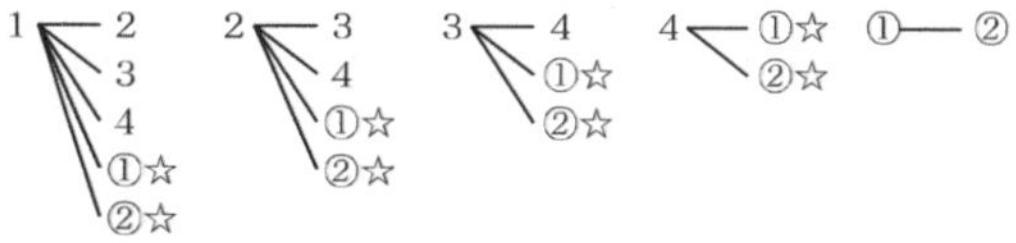

４個の赤玉を１，２，３，４とし，２個の白玉を①，②とすると，すべての取り出し方は右図のように 15 通りある。そのうち，赤玉１個と白玉１個の取り出し方は，☆印の８通りだから，求める確率は，$\dfrac{8}{15}$

5　立面図から，底面の半径が$6\div2=3$(cm)，高さが 10 cmとわかるので，体積は，$3^2\pi\times10=90\pi$(cm³)

6　Ａを通る直線ℓの垂線を引き，その直線上にＡＣ＝ＡＢとなる点Ｃをとる。Ｂを中心とする半径ＡＢの円と，Ｃを中心とする半径ＡＢの円の交点のうちＡ以外の点をＤとすると，四角形ＡＢＤＣは正方形となる。

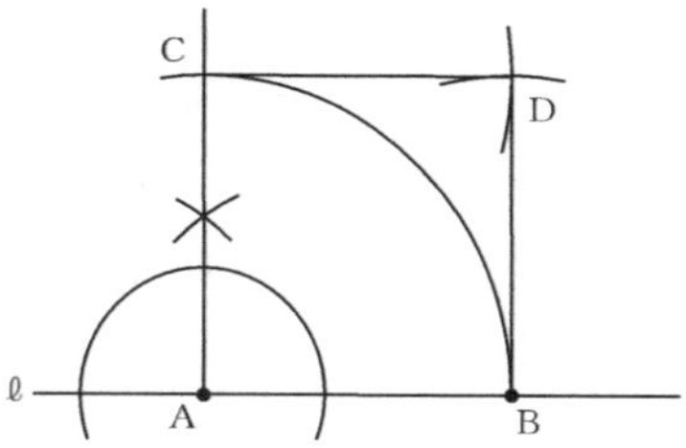

7　【解き方】10 月の利用者数の増加率は９月の利用者数をもとにしているので，９月の利用者数について，男子をx人，女子をy人とする。

９月の利用者数の合計について，$x+y=253-33$　　$x+y=220\cdots①$

９月と比べて 10 月は，男子が$\dfrac{21}{100}x$人，女子が$\dfrac{10}{100}y$人，合計で 33 人増えたから，

$\dfrac{21}{100}x+\dfrac{10}{100}y=33$　　$21x+10y=3300\cdots②$

②－①×10 でyを消去すると，$21x-10x=3300-2200$　　$11x=1100$　　$x=100$

①に$x=100$ を代入すると，$100+y=220$　　$y=120$

よって，９月に図書館を利用した男子は 100 人，９月に図書館を利用した女子は 120 人である。

(三)

1　できる３けたの整数のうち，最も大きい整数は 762，最も小さい整数は 267 だから，$Q=762-267=495$

2　選んだ３つの数をａ，ｂ，ｃ（$a>b>c$）とすると，

$Q=(100a+10b+c)-({}_{イ}\underline{100c+10b+a})=100a+10b+c-100c-10b-a=99a-99c={}_{ウ}\underline{99}\times(a-c)$

3(1)　【解き方】２より，$Q=99\times(a-c)$だから，$396=99\times(a-c)$より，$a-c=4$

$a-c=4$ となるａとｃの組み合わせを考える。次に，$a>b>c$ となることに注意して，それぞれの場合に考えられるｂの値を考える。まとめると右表のようになり，ａとｃの組み合わせは５通りあって，その１通りごとにｂの値が３通りあるから，ａ，ｂ，ｃの選び方は全部で，$5\times3=15$(通り)

a	b	c
5	2～4	1
6	3～5	2
7	4～6	3
8	5～7	4
9	6～8	5

(2)　【解き方】３と８をａ，ｂ，ｃに割りふるが，その割りふり方によって場合を分けて考える。

$a=8$，$c=3$ の場合，$Q=99\times(8-3)=495$

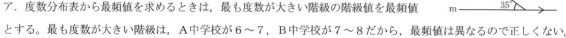

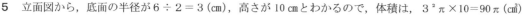

$b=8$，$c=3$の場合，$a=9$だから，$Q=99\times(9-3)=594$

$a=8$，$b=3$の場合，cは1か2である。

$c=1$のとき，$Q=99\times(8-1)=693$，$c=2$のとき，$Q=99\times(8-2)=594$

よって，求めるQの値は，495，594，693

(四)

1　$x=3$のとき，重なっている部分は，等しい２辺が３㎝の直角二等辺三角形になるから，$y=\frac{1}{2}\times3\times3=\frac{9}{2}$

2⑴　【解き方】放物線の式は$y=mx^2$と表すことができる。この放物線は，点(４，８)を通る。

$y=mx^2$に$x=4$，$y=8$を代入すると，$8=m\times4^2$より，$m=\frac{1}{2}$　　よって，求める式は，$y=\frac{1}{2}x^2$

⑵　【解き方】重なっている部分が直角二等辺三角形のうちは，$y=\frac{1}{2}\times x\times x=\frac{1}{2}x^2$となるので，グラフは放物線になる。放物線の変域が$0\leqq x\leqq4$だから，$x=4$のときの図を考える。

$x=4$のとき，右図①のように△ＰＱＲがすべて長方形ＡＢＣＤと重なっているとすると，このあとyの値はしばらく一定だから，グラフはx軸に平行な直線になる。しかし，実際のグラフはそうなっていないので，$x=4$のとき図②のように，△ＰＱＲの一部しか長方形ＡＢＣＤと重なっていないとわかる。したがって，$a=4$

図①

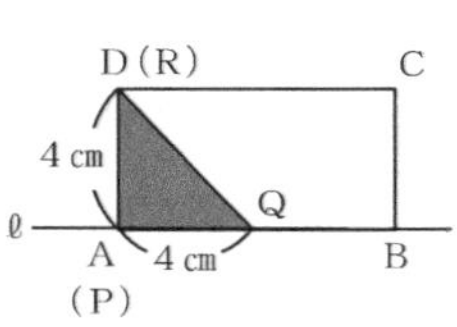

図②

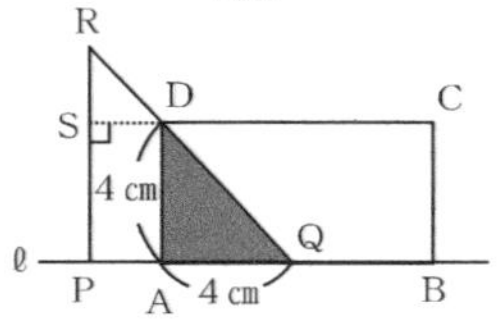

$y=14$となるのは，このあとさらに図②の長方形ＰＡＤＳが長方形ＡＢＣＤと重なるときだから，長方形ＰＡＤＳの面積は，$14-\triangle AQD=14-\frac{1}{2}\times4\times4=6$(㎠)　　よって，$PA=6\div4=\frac{3}{2}$(㎝)だから，$b=\frac{3}{2}+4=\frac{11}{2}$

(五)

1　まず，問題文の仮定を図にかきこんで，証明のために必要な条件を探そう。条件が足りない場合は，問題の内容に応じて，図形の性質，平行線の同位角・錯角，円周角の定理などからわかることもかきこんでみよう。

2⑴　【解き方】$BC=x$㎝とし，$\triangle ABC\backsim\triangle BDC$から$x$の方程式を立てる。

$\triangle ABC\backsim\triangle BDC$より，$AC:BC=BC:DC$　　$3:x=x:1$　　$x^2=3$　　$x=\pm\sqrt{3}$

$x>0$より，$x=\sqrt{3}$だから，$BC=\sqrt{3}$㎝

⑵　【解き方】△ＡＢＣにおいて，$\angle ACB=90°$，$BC:AC=\sqrt{3}:3=1:\sqrt{3}$だから，△ＡＢＣは３つの内角が30°，60°，90°で，３辺の比が$1:2:\sqrt{3}$の直角三角形である。△ＢＤＣ＋△ＯＢＣ－(おうぎ形ＯＢＣの面積)を計算する。

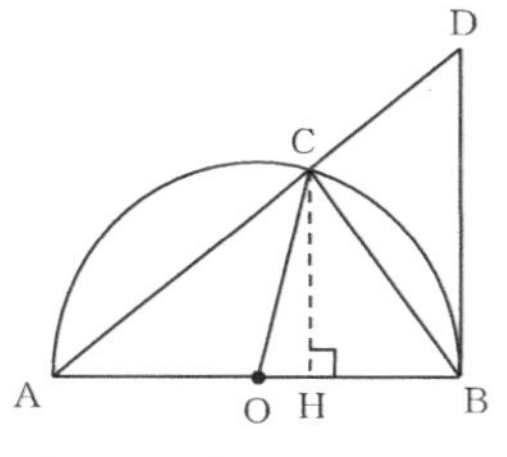

$\triangle BDC=\frac{1}{2}\times BC\times CD=\frac{1}{2}\times\sqrt{3}\times1=\frac{\sqrt{3}}{2}$(㎠)

$AB=2BC=2\sqrt{3}$(㎝)だから，$OB=\frac{1}{2}AB=\sqrt{3}$(㎝)

$\angle BAC=30°$だから，△ＡＣＨも３辺の比が$1:2:\sqrt{3}$の直角三角形なので，$CH=\frac{1}{2}AC=\frac{3}{2}$(㎝)

$\triangle OBC=\frac{1}{2}\times OB\times CH=\frac{1}{2}\times\sqrt{3}\times\frac{3}{2}=\frac{3\sqrt{3}}{4}$(㎠)

中心角は，同じ弧に対する円周角の２倍の大きさだから，$\angle BOC=2\angle BAC=2\times30°=60°$

おうぎ形ＯＢＣの面積は，$(\sqrt{3})^2\pi\times\frac{60°}{360°}=\frac{\pi}{2}$(㎠)

よって，求める面積は，$\frac{\sqrt{3}}{2}+\frac{3\sqrt{3}}{4}-\frac{\pi}{2}=\frac{5\sqrt{3}}{4}-\frac{\pi}{2}$(㎠)

《2022　英語　解説》

(一)

1　質問「ケイコは昨日の放課後何をしましたか？」…A「昨日の放課後は何をしたの，サトシ？」→B「友達と野球をしたよ。君は，ケイコ？」→A「私はピアノを練習したわ」より，エが適当。

2　質問「タロウはユカに何を見せていますか？」…A「見て，ユカ。母は僕の誕生日にこれをくれたよ」→B「いいわね，タロウ。あなたは山で鳥を見るのが好きよね。あなたがそれを使って鳥を見れば，鳥についてもっと学べるわ」→A「その通り。ずっとこれがほしいと思っていたよ」より，イが適当。

3　質問「カズヤは宿題を終えたあとどうしますか？」…A「カズヤ，部屋の掃除はしたの？」→B「うん，お母さん」→A「じゃあ，一緒に買い物に行ってくれない？買うものがたくさんあるから，あなたに運んでほしいわ」→B「いいよ。でも，その前に英語の宿題を終わらせてもいい？」→A「もちろんよ」より，アが適当。

(二)

1　A「ああ，この数学の問題は私にはとても難しいわ」→B「ヨーコに聞くべきだよ。彼女は数学が好きで，彼女にとっては簡単だよ」に続くのは，ア「ええ，そうするわ」が適当。

2　A「東京に行ったことはある？」→B「いいえ，ないわ。でも友達のひとりが東京に住んでいて，来年の春休みに彼女を訪ねるつもりよ。その日がすぐに来ることを願っているわ」に続くのは，エ「それはいいね」が適当。

(三)【放送文の要約】参照。

1　質問「ジュディはどこでクミに質問しましたか？」…イ「病院のそば」が適当。

2　質問「マイクはいつ来日しましたか？」…ウ「3年前」が適当。

3　質問「ジュディは昼食後，マイクと何をしますか？」…ウ「彼女は彼と一緒に有名な寺院を訪れます」が適当。

4　質問「クミは将来何をしたいですか？」…エ「彼女は日本に住む外国人を助けたいです」が適当。

【放送文の要約】

先週の日曜日，私は図書館に勉強に行きました。勉強した後，1イ病院のそばを歩いていると，外国人女性が英語で話しかけてきました。彼女は「シマナミレストランがどこにあるか知っていますか？そこで兄に会い，一緒に昼食をとるつもりです」と言いました。私は言いました。「レストランまでお連れしますね。私の家の近くです」彼女はうれしそうでした。

私たちはレストランに向かって歩きながら，たくさん話しました。彼女の名前はジュディで，アメリカから来ました。彼女は2週間前に英語の先生として来日しました。彼女の兄の名前はマイクです。2ウ彼は3年前に来日しました。彼は日本語を学んでおり，アメリカで日本語を教えることを夢見ています。彼らは4年間会っていません。彼らは写真を撮るのが好きです。彼らは日本の寺院の写真を撮りたいと思っています。そこで私はこの町で有名な寺院について彼女に話しました。3ウ彼女は「昼食後に兄と一緒に行きます」と言いました。

私たちがレストランに着いたとき，彼女は言いました。「ありがとう，クミ。あなたはとても親切です」私はそれを聞いてうれしかったです。いい日でした。4エ将来，私は日本に住む外国人のために働きたいです。

(四)

1(1)　・need to ～「～する必要がある」　・get up「起きる」　・at＋時刻「(時刻)に」

(2)　現在完了進行形〈have/has＋been＋～ing〉「ずっと～している」の疑問文にする。

2　自信のある表現を使ってミスのない英文を作ろう。(1)は6語以上，(2)は8語以上の1文にすること。

(1)①　(例文)「私たちは毎日英語を一生懸命勉強するべきです」　We should ～.のような文を書くとよい。

② （例文）「なぜなら多くの外国人と話すことができるからです」　because を使った理由を答える文にする。

(2) （例文）「私たちはあなたのお気に入りの歌をみんなで一緒に英語で歌うつもりです」　案内状「こんにちは，私たちは来週の金曜日にあなたのためにパーティーを開くつもりです。(　　　)あなたにパーティーを楽しんでほしいです」

(五) 【本文の要約】参照。

2 (ア) 〈be 動詞＋~ing〉「～している」の現在進行形の疑問文にする。　・talk about ～「～について話す」

(イ) 目的格の関係代名詞は省略してもよい。語句(＝I want to meet)が後ろから名詞(＝player)を修飾する形にする。主語が三人称単数で現在形だから，動詞(＝live)に s を付ける。

3　グラフAについて，武史の4回目の発言より，留学したくない学生が最も多い(b)が日本，残る(a)が中国だとわかる。また，グラフBについて，友紀の5回目の発言より，中国の割合が最も大きい(X)が「先進的な知識を得たい」，アメリカの割合が最も大きい(Y)が「新しい友達を作りたい」である。

4(1) 「武史は～と言っている」…武史の2回目の発言より，ウ〔友紀にとって留学するのはよいことだ〕が適当。ア〔ジョーンズ先生にグラフについて説明するのは難しい〕，イ〔友紀はどの国を訪れるべきか彼に尋ねるべきだ〕，エ〔ジョーンズ先生はグラフを見つけるためにインターネットを使うべきだ〕は不適当。

(2) 「友紀は」…友紀の5回目の発言より，イ〔ジョーンズ先生のように外国での滞在を楽しみたい〕が適当。ア〔仕事を見つけるためにアメリカに行かなければならない〕，ウ〔オーストラリアでテニスについてたくさん学ぶつもりだ〕，エ〔アメリカで友達を作ることに興味がない〕は不適当。

(3) 「グラフAは～と示している」…ア〔韓国は留学したい学生の割合が最も高い〕が適当。イ〔それぞれの国の学生が留学するのにはさまざまな理由がある〕，ウ〔50％以上のアメリカ人学生は留学したくない〕，エ〔留学したい学生の割合は増加している〕は不適当。

【本文の要約】

ジョーンズ先生：こんにちは，友紀，武史。元気ですか？

武史：元気です，ありがとうございます。先生は？

ジョーンズ先生：私も元気です。あなたたちは，何について話しているのですか？

友紀：留学についてです。私は来年留学する予定です。

ジョーンズ先生：本当ですか？どこに行きますか？

友紀：アメリカに行きます。そこで英語力を伸ばしたいです。

ジョーンズ先生：①イどのくらいの間，そこに滞在するつもりですか？

友紀：1年間です。

武史：4(1)ウ彼女は英語を使う仕事に就きたいと言っています。ですから，留学は彼女にとってよいことです。

友紀：人は留学することでたくさん学ぶことができると思います。でも留学に興味を持っている日本人の割合は減少しています。

武史：留学についての2つのグラフがあります。インターネットで見つけました。

ジョーンズ先生：なるほど，私に説明してください。

武史：わかりました。それらは日本，アメリカ，中国，韓国の高校生が留学についてどのように感じているかを示しています。3エグラフAは「留学したいですか？」という質問の結果を示しています。日本は，留学したくない学生の割合が最も大きいです。

ジョーンズ先生：なぜ日本人学生が留学したくないのかわかりません。

武史：インターネットで理由をいくつか見つけました。その1つをお話しします。彼らは外国で1人暮らしをするのは難しいと思っています。

ジョーンズ先生：それは難しいことではありません。②エ彼らはそれについて心配する必要はありません。私は若い頃，勉強のために1人で外国に行きました。現地のたくさんの人が親切にしてくれて，楽しい時間を過ごしました。

友紀：4(2)イ私もアメリカでそんな素敵な時間を過ごせることを願っています。ジョーンズ先生，グラフBを見てください。「なぜ留学したいのですか？」という質問の結果を示しています。日本，アメリカ，韓国で最も一般的な理由は「語学力を伸ばしたい」です。3エ中国で最も一般的なのは「先進的な知識を得たい」です。理由について言えば「新しい友達を作りたい」というのは，他の国よりもアメリカの方が割合が大きいです。

ジョーンズ先生：③ウこれは興味深いですね。国ごとに特徴が違うことがわかります。

友紀：私もアメリカで新しい友達を作りたいです。武史，あなたは留学したいですか？

武史：はい。将来，オーストラリアに行きたいです。

友紀：なぜですか？

武史：そこでテニスについてたくさん学ぶことができるからです。多くの若者がそれを学ぶためにそこに行きます。僕の夢はテニスの世界チャンピオンになることです。また，もう1つ理由があります。僕が会いたい選手がそこに住んでいます。僕は彼のようになれたらいいなと思います。僕はそこで英語力も伸ばしたいです。

ジョーンズ先生：あなたには大きな夢がありますね！留学することはたくさんのことを学ぶ機会になると思います。

武史：僕もそう思います。ジョーンズ先生，どうもありがとうございました。

(六)【本文の要約】参照。

1(A)〈関係代名詞と語句〉が後ろから名詞を修飾する形にする。「図書館で借りた本」という意味にする。borrowed が適当。(B)前置詞の後ろに動詞が続く場合は動名詞にする。making が適当。・make＋もの＋状態「(もの)を(状態)にする」

2　前後のつながりから，ウが適当。that は直前の1文「珊瑚は赤土に埋もれてしまうと，死んでしまうことが多い」を指している。

3　指示語の指す内容は直前に書かれていることが多い。ここでは3文前の small sea animals を指している。

4　下線部Dの段落から必要な言葉を日本語で答える。

5　ア○「健太は海が大好きで，彼の人生で大切なものだと思っています」　イ×「オーストラリアのアオウミガメは，×産卵時に海から出てきません」　ウ×「アマモは，他の海の植物よりも多くの酸素を必要とする種類の植物です」…本文にない内容。　エ×「千葉の漁師は，多くの人に健康のためにたくさんの魚を食べてほしいと思っています」　…本文にない内容。オ×「沖縄のサンゴは海に流入する赤土がなくては生きていけません」…本文にない内容。　カ○「根が強い植物は，赤土を畑にとどめるのに役立ちます」　キ×「健太は多くの人々が自分のプロジェクトで彼を必要とすることを望んでいます」…本文にない内容。

6　ア×「将来，よい漁師になる方法」　イ○「よりよい海洋生態系のために協力すること」　ウ×「絶滅した多くの種類の植物」　エ×「世界でアオウミガメと泳ぐこと」

【本文の要約】

5ア私は海が好きです。私は美しい海の近くで生まれました。子どもの頃はよく，海の動物と一緒に泳いだり遊んだりして楽しみました。5ア海のない生活は考えられません。しかし，現在，海洋生態系は良い状態ではありません。私はそのことを危惧しています。それについて何ができるでしょうか？多くの人々が協力して海洋生態系を保護しています。私が先週図書館で(A)借りた(＝borrowed)本の例をいくつか紹介します。

オーストラリアでは，人々はある島のアオウミガメのためのプロジェクトを開始しました。彼らは砂浜に卵を産むためにそこに行きます。問題があります。海面が高くなっています。彼らの卵が水中にあると，赤ちゃんは卵から出ることができません。そこで人々はアオウミガメのために何をすべきかを考え，より島の砂浜を高く(B)すること(＝making)によってアオウミガメを守ろうとしました。

日本でも海洋生態系を守る計画が見られます。愛知県では，人々がアマモプロジェクトを始めました。アマモは植物の一種です。それは海の小さな動物にとって非常に重要です。アマモは彼らに酸素を与えます。また，アマモは彼らが海にいるより大きな動物から逃れるのに役立ちます。安全な場所なので，アマモは彼ら(＝small sea animals)のすみかであると言えます。しかし，アマモの量は少なくなりました。それで人々は海底にアマモを植えはじめました。人々はそれが海の小さな動物に良い暮らしをもたらすことを望んでいます。多くのこのようなプロジェクトが日本の他の地域でも行われています。

千葉では，ある漁師が「持続可能な漁業」プロジェクトを開始しました。彼は東京近郊の海に生息する数種類の魚が少なくなっていることを心配しています。ですから彼は，①卵を持つ魚や②稚魚を捕まえることはありません。それらは海に戻されます。また，彼は自分のやっていることを③人々に知ってもらうために，色々なところに足を運んでいます。彼は未来の人々も東京近海のたくさんの種類の魚を食べて楽しめることを願っています。

沖縄では，人々はサンゴを保護する計画を始めました。赤土のために死んだサンゴもあります。強い台風が度々島にやってきて，畑の赤土が海に流れ込みます。珊瑚は赤土に埋もれてしまうと，死んでしまうことが多いです。[ウ]それを食い止めるために，中学生が現地の人々によいアイデアを授けました。5カ畑が根の強い植物に囲まれていれば，赤土を畑にとどまらせることができます。多くの人々がこの計画に参加し，今では多くのサンゴが赤土から守られています。

私は将来，海洋生態系に関する仕事がしたいです。多くの種類の海の動物が絶滅しました。私はそれがとても悲しいです。私は独自のプロジェクトを始めることに関心があり，たくさんの人に参加してもらいたいです。私たちが協力すれば，海洋生態系を保護するためにより多くのことができます。海洋生態系のために何をすべきか，みなさんに考えてほしいです。

《2022　理科　解説》

(一)

1(1)　〔抵抗(Ω)＝$\frac{電圧(V)}{電流(A)}$〕より，$\frac{4}{0.2}$＝20(Ω)となる。　(2)　電流計の－端子を 500mA につないだので，最大目盛りが 500mA であり，図4は 350mA を示している。図2より，このときの電圧は3Vよりも大きいので，電圧計の－端子は 15Vにつなぐ。　(3)　cは 10Ωだから，〔電圧(V)＝抵抗(Ω)×電流(A)〕より，Xを流れる電流が 0.20Aのときの電圧は 10×0.2＝2.0(V)である。よって，〔電力(W)＝電圧(V)×電流(A)〕より，2.0×0.20＝0.40(W)となる。　(4)　bを流れる電流は，Yを流れる電流とXを流れる電流の差だから，Xを流れる電流が 0.20Aのとき，bを流れる電流は 0.60－0.20＝0.40(A)となる。このときbに加わる電圧はcに加わる電圧と等しく 2.0Vだから，この点を通る比例のグラフをかく。

2(1)　地球がSを引く力の大きさ(Sの重力)はばねばかりの示す値と等しいので，1.5Nである。　(2)　ばねばかりが引く力の大きさは物体Tが引く力と地球が引く力(Sの重力)の和と等しいので，(1)よりSの重力が 1.5Nであることから，物体Tが引く力は 2.0−1.5=0.5(N)である。よって，ばねばかりが引く力：物体Tが引く力：地球が引く力=2.0：0.5：1.5=4：1：3となる。

3(1) $\frac{36}{5.0}$=7.2(秒)　(2)〔仕事(J)=力(N)×力の向きに動かした距離(m)〕，1.5kg→1500g→15Nより，図7で手がした仕事は 15×0.36=5.4(J)である。仕事の原理より，斜面や滑車を用いても仕事の大きさは変わらないので，糸を引いた距離は$\frac{5.4}{4.5}$=1.2(m)→120 cmとなる。図8では動滑車を1つ使っているので，Xが斜面に沿って移動した距離は120÷2=60(cm)となる。

(二)

1(1)(2) 表1より，マグネシウムが電子を放出してイオン(Mg^{2+})となってとけ出し，かわりに硫酸亜鉛水溶液中の亜鉛イオン(Zn^{2+})や硫酸銅水溶液中の銅イオン(Cu^{2+})が電子を受け取って原子となって金属板に付着することがわかるので，マグネシウムは3種類の金属の中で最もイオンになりやすい。同様に考えて次にイオンになりやすいのは亜鉛である。　(3) 図1のような電池をダニエル電池という。この電池では，亜鉛板で亜鉛が電子を失って亜鉛イオンとなる。このとき電子は導線中を亜鉛板から銅板へ移動し，銅板の表面で銅イオンが電子を受け取って銅原子となる。電子は−極から＋極へ流れ，電流の向きと反対だから，電流の向きはaで，−極は亜鉛板である。

(4) ウ○…(3)解説より，図1の亜鉛板では亜鉛イオンがとけ出すので，硫酸亜鉛水溶液中の陽イオンが増える。一方，銅板では銅イオンが銅原子となって付着するので，硫酸銅水溶液中の陽イオンが減る。これらの電気的なバランスを整えるために，亜鉛イオン(Zn^{2+})と硫酸イオン (SO_4^{2-}) がセロハンを通って移動する。

(5) (1)解説より，マグネシウムは亜鉛よりもイオンになりやすいので，亜鉛板に亜鉛が付着し，亜鉛板が＋極，マグネシウム板が−極になる。つまり，電流の向きが反対になるので，モーターは実験2と反対向きに回転する。

2(1) 化学反応式をかくときは矢印の左右で原子の種類と数が等しくなるように注意しよう。　(2) Yは銅と酸化物(酸化銅)の質量比が 2.0：2.5=4：5となっているので，銅と酸素の質量比は4：(5−4)=4：1である。よって，Xがマグネシウムであり，マグネシウム 1.5gから酸化マグネシウムが 2.5gできるので，酸素 2.5−1.5=1.0(g)と反応するマグネシウムは 1.5gである。　(3) 金属の質量が 2.0gのとき，反応する酸素は銅が 0.5g，マグネシウムが$1.0\times\frac{2.0}{1.5}=\frac{4}{3}$(g)だから，$\frac{4}{3}\div0.5=\frac{8}{3}$(倍)となる。

(三)

1(2) 維管束の内側は根から吸い上げた水や養分が通る管(道管)，外側は葉で作られた栄養分が通る管(師管)である。　(3) ユリは単子葉類で，根はひげ根になっている。一方，ブロッコリーは双子葉類で，根は主根と側根に分かれている。

2(2) 光合成では，根から吸い上げた水と空気中からとりこんだ二酸化炭素といった無機物を材料にして，有機物のデンプンを作る。　(3) 植物，B，Cからの矢印がAに入っていることから，Aは分解者である。菌類・細菌類は分解者である。カビ，キノコのなかまは菌類に含まれる。　(4) 最も数量が多いLが植物，最も数量が少ないKが肉食動物である。草食動物の数量が急激に減ると，草食動物をえさとする肉食動物(K)の数量は減り，草食動物に食べられる植物(L)の数は増える。

(四)

1(1) 有色鉱物である角閃《かくせん》石，輝石の割合の合計だから，7＋5=12(%)である。なお，長石と石英は無色鉱物である。　(3) 地表や地表付近でマグマが急に冷えて固まると，小さな結晶やガラス質からなる部分(石基)のところどころに大きな結晶(斑晶)が見られる斑状組織をもつ火山岩ができる。　(4) 花こう岩は等粒状組織をもつ深成岩だから，Cである。地下深くでマグマがゆっくり冷えて固まると，大きな結晶だけからなる等粒状組織をもつ深成岩ができる。　(5) 爆発的な噴火をした火山のマグマの粘りけは強く，火山灰や岩石の色は白っぽい。

2(1) 高気圧が海上にあるので，そこから吹く風は湿っている。また，等圧線の間隔がせまいほど，気圧の変化が大きく，強い風が吹くので，日本付近で吹く季節風の強さは，夏と冬で比べると，冬が強い。　(2)　イ○…高気圧におおわれた夏の日の午後に，強い太陽の光によって激しい上昇気流が生じ，積乱雲が発生することがある。

(3)　晴れた日の昼間は，陸の方が海よりもあたたまりやすいから，陸上の空気は温度が高くなって上にあがり，そこに海上の空気が流れこんで海風が吹く。一方，夜間は海の方が陸よりも冷えにくいから，海上の空気の方が温度が高くなって陸風が吹く。表２より，昼間(９時～18 時)の海風は西寄り，夜間(21 時～６時)の陸風は東寄りの風が吹いているので，表２はＱの風向と風力をまとめたものである。

(五)

１(1)　光が水面で反射しているので，水面に対して上下対称の像が見える。　(2)　屈折角は水面に対して引いた垂線と光の間の角だから，130－90＝40(度)である。

２(1)　ア×…光の刺激を受け取る器官は感覚器官である。　イ×…位置を判断する神経は中枢神経である。エ×…中枢神経からの命令を受けて反応する器官は運動器官(筋肉)である。　(2)　表１より，両目で見たときの方がさし込めた回数が多いことから，物との距離をはかるのに適しているのは，両方の目で見たときと考えられる。肉食動物のライオンの目は顔の前面についており，草食動物のシマウマと比べて，物との距離をはかりやすい。

３(1)　ＢＴＢ溶液は酸性で黄色，中性で緑色，アルカリ性で青色を示す。表３より，Ｃは黄色(酸性)を示したので，二酸化炭素である。また，Ｃの注射器の目盛りは 36 ㎤だったので，50－36＝14(㎤)が溶けたことがわかる。

(2)　酸性の水溶液は青色リトマス紙を赤色に変え，アルカリ性の水溶液は赤色リトマス紙を青色に変えるので，Ｄはアルカリ性を示すアンモニア(NH_3)だとわかる。

４(1)　金星が恒星であれば，８月 30 日には地平線の下にあって見えなくなっているはずである。　(2)　図８は肉眼で見る場合と，上下左右が逆になっているので，図９の金星の位置はアである。11 月 30 日には地球が 90 度反時計回りに回転する。先生の言葉より，年末まではよいの明星として確認できるので，11 月 30 日の金星は地球と太陽を結ぶ直線よりも左側にあるはずである。金星の公転周期は地球よりも短く，金星と地球の距離は近くなると考えらえられることから，11 月 30 日の金星はウの位置にくる。

《2022　社会　解説》

(一)

１　イが正しい。倭の奴国の王が後漢に使いを送り，「漢委奴国王」と刻まれた金印を授かったのは，弥生時代の57 年のことであった。アは旧石器時代，ウは奈良時代，エは古墳時代のことである。

２　ア(平城京の遷都・710 年)→エ(墾田永年私財法・743 年)→イ(遣唐使の停止・894 年)→ウ(藤原頼通の関白就任・1019 年)

３　ウが正しい。源氏の将軍が３代で途絶えたのを契機に，後鳥羽上皇が政権を奪還するために，北条義時打倒を掲げて挙兵したのが承久の乱(1221 年)である。北条政子の呼びかけのもとに集まった関東の御家人の活躍によって，幕府方が勝利し，西国の武士と朝廷の監視のために，京都に六波羅探題が設置された。また，活躍した御家人は，西国の武士から取り上げた土地の地頭に任じられた。

４　山城国(現在の京都府)の南部で，武士と農民が協力して，守護大名の畠山氏を追い出し，８年間に渡って自治を行ったのが山城国一揆である。正長の土一揆・加賀一向一揆とともに覚えておきたい。

５　エが正しい。室町幕府の第八代将軍である足利義政の治世の頃の文化を東山文化と呼び，雪舟の水墨画，東求堂同仁斎に代表される書院造などが知られている。資料の屏風絵は，狩野永徳の『唐獅子図屏風』である。

６　「貨幣の質を落とした」「新井白石が貨幣の質をもどした」から，徳川綱吉(第五代将軍)を導く。元禄時代に貨幣の質を落としたことで混乱した経済を，家宣(第六代)・家継(第七代)に仕えた新井白石が立て直そうとした政治を正徳の治という。

7　寛政の改革では，幕府の学校で朱子学以外の学問を禁止する「寛政異学の禁」や，出かせぎに出ていた農民を村に返す「旧里帰農令」，ききんに備えて倉を各地に築かせる「囲い米」などが行われた。

(二)

1　1911年，小村寿太郎外務大臣によって，アメリカとの間で関税自主権の回復に成功した。

2　廃藩置県が正しい。大名に，土地と人民を政府に返させる「版籍奉還」の後，廃藩置県が行われて，中央集権が確立した。

3　アが正しい。言文一致とは，話し言葉(口語)で文章をつづる文体である。十返舎一九は，江戸時代の文化文政期に「東海道中膝栗毛」を書いた人物である。「東海道中膝栗毛」は，当時の旅の案内書として民衆に広まった。

4　イギリスとの間に日英同盟を締結した。目的は，ロシアの南下政策をけん制するためであった。

5　納税額による制限がなくなったこと，25歳以上のすべての男子に選挙権が与えられたことを盛り込む。第1回帝国議会の際の選挙権の要件「直接国税 15 円以上を納める満 25 歳以上の男子」，普通選挙法によって変わった要件「満 25 歳以上のすべての男子」，敗戦による民主化によって変わった要件「満 20 歳以上の男女」，平成時代に変わった要件「満 18 歳以上の男女」を必ず覚えておきたい。

6　ウ→エが正しい。中華人民共和国の成立は 1949 年，中華民国の成立は 1911 年のことである。ニューディール政策は，世界恐慌を乗り切るためにアメリカのF・ローズベルト大統領が行った政策で，1933 年から行われた。
独ソ不可侵条約は，第二次世界大戦の始まりであるドイツのポーランド侵攻前に，ドイツとソ連の間で結ばれた条約である。

7　エが正しい。1960 年代から 1973 年までは，経済成長率が 10%近い高度経済成長期であった。その後，1973 年に起きた第一次オイルショック(石油危機)によって，急激に経済成長率は下がったが，日本は省エネルギー技術の開発などでのりきり，経済大国となっていった。

(三)

1　①＝ア　②＝エ　　世界人権宣言に法的拘束力をもたせたものが国際人権規約である。国際連合憲章は 1945 年，権利章典は名誉革命後の 1689 年に発表された。

2(1)　臨時会が正しい。毎年1月から 150 日間以上開かれるのが常会，衆議院の解散による衆議院議員総選挙後に召集されるのが特別会である。臨時会は，いずれかの議院の総議員の4分の1以上の要求があれば開かれる。よって，は常会，は臨時会，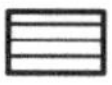は特別会である。　(2)　エが正しい。衆議院の任期は4年，参議院の任期は6年だからアは誤り。参議院には解散はないからイは誤り。内閣不信任決議権は衆議院だけが持つ権限だからウは誤り。　(3)　アと比例代表が正しい。1つの選挙区から1名を選出するのが小選挙区制，2以上を選出するのが大選挙区制である。

3　裁判所には，憲法に違反していない法令かどうかを審議する違憲立法審査権(法令審査権)があり，その最終的な決定権が最高裁判所にあるため，最高裁判所は「憲法の番人」と呼ばれる。

4　イが正しい。リアルタイム視聴と録画視聴とを合わせたテレビの利用時間は，平日の 10 歳代が 83.7 分，20 歳代が 117.4 分，休日の 10 歳代が 108.7 分，20 歳代が 161.5 分だから，インターネットの利用時間の方が長い。

(四)

1　ウが正しい。利潤の追求をすることは消費者のためとは言えないからアは誤り。競争を避けて話し合いで価格を決めると，高い金額で設定されて消費者のためとは言えない場合があるからイは誤り。話し合いによる価格決定はカルテルと言い，禁止されている。安い労働力を求めて海外に工場を移すと，国内で働いていた労働者によっては仕事をうしなうことになるからエは誤り。

2(1)　イが正しい。所得税・法人税・相続税などは国税の直接税，消費税・たばこ税などは国税の間接税である。住民税・固定資産税などは地方税の直接税，　(2)　「少子高齢化」＝高齢者の割合が増えて，「年金や医療保険」＝社会保障費にかかる費用が増えること，の２つを盛り込もう。

3　公海が正しい。領土・領空・領海・排他的経済水域・公海の位置関係は右図を参照。

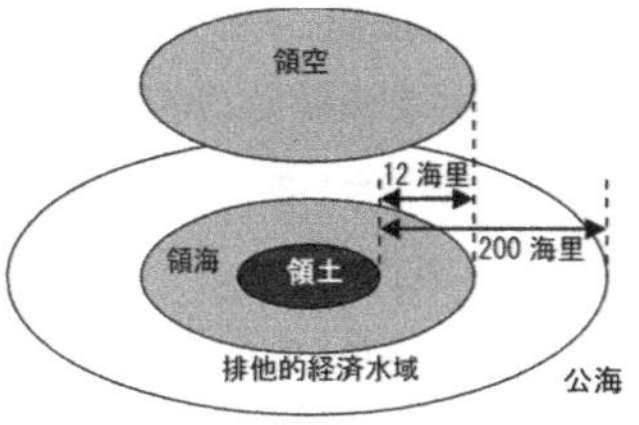

4　パリ(協定)が正しい。京都議定書で，発展途上国に温室効果ガスの削減目標は課されなかったが，すべての国に削減目標を設定する義務を課したことが，京都議定書とパリ協定の大きな相違点である。

(五)

1(2)　(う)の福井県を選ぶ。(あ)の山形県は東北地方，(い)の群馬県は関東地方，(え)の奈良県は近畿地方にある。

2(1)　夏に千島海流上空を北東の方向から吹いてくる，冷たく湿った風をやませという。やませが吹くと，雲や霧が発生し，日照時間が短く低温になることで，作物が実らない冷害が起きる。　(2)　エ．東北地方は米どころである。秋田県は全国３位，山形県は全国４位であり，残りの県も生産量では上位にある。

3　ウが正しい。我が国は，燃料や原料を輸入して製品を輸出する加工貿易だから，Ｐが輸入，Ｑが輸出，ｒは石油，ｓが自動車である。

4　アが正しい。等高線が10m間隔で描かれることで，等高線の間隔が広ければ緩やかな傾斜，等高線の間隔がせまければ急な傾斜と読み取れる。

(六)

1(1)　緯線と経線が直角に交わる地図(メルカトル図法やミラー図法)では，低緯度(赤道に近い)ほど正確な割合で表され，高緯度(極に近い・赤道から離れる)ほど大きく拡大されて表される。　(2)　(う)のオーストラリアを選ぶ。人口密度が小さいということは，面積当たりの人口が少ないことを意味する。ａは(い)の日本，ｂは(あ)のインドネシア，ｃは(え)アメリカ合衆国である。　(3)　東京からの距離は，地図２の正距方位図法で読み取る。Ａ～Ｄの位置関係は右図を参照。よって，Ｃ→Ａ→Ｂ→Ｄの順になる。

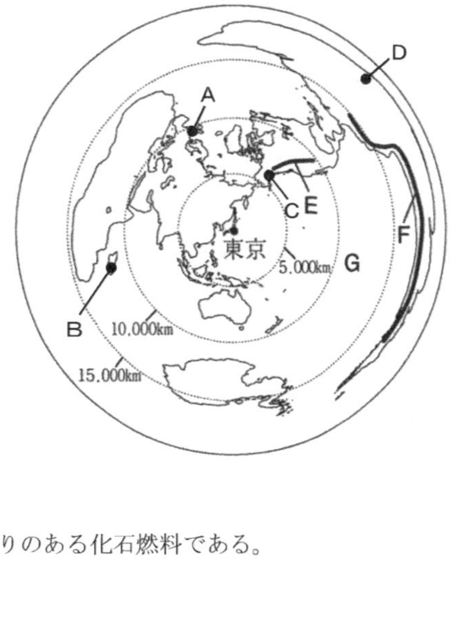

(4)　環太平洋造山帯が正しい。Ｇは太平洋，Ｅはロッキー山脈Ｆはアンデス山脈である。日本列島や南北に連なるロッキー山脈，アンデス山脈は火山活動が活発な環太平洋造山帯に位置する。

2　イが正しい。原油生産は西アジアで多いからＸを原油，北アメリカではとうもろこしの生産がさかんだから，Ｚが北アメリカ，フランスなどで小麦生産がさかんだからＹがヨーロッパである。ロシアのウクライナ軍事侵攻によって，小麦の生産に変化が見られることは今後の問題点となってくる。

3　イ，ウ，エが再生可能エネルギーである。石炭や天然ガスは，限りのある化石燃料である。

■ ご使用にあたってのお願い・ご注意

（1）問題文等の非掲載

著作権上の都合により，問題文や図表などの一部を掲載できない場合があります。

誠に申し訳ございませんが，ご了承くださいますようお願いいたします。

（2）過去問における時事性

過去問題集は，学習指導要領の改訂や社会状況の変化，新たな発見などにより，現在とは異なる表記や解説になっている場合があります。過去問の特性上，出題当時のままで出版していますので，あらかじめご了承ください。

（3）配点

学校等から配点が公表されている場合は，記載しています。公表されていない場合は，記載していません。

独自の予想配点は，出題者の意図と異なる場合があり，お客様が学習するうえで誤った判断をしてしまう恐れがあるため記載していません。

（4）無断複製等の禁止

購入された個人のお客様が，ご家庭でご自身またはご家族の学習のためにコピーをすることは可能ですが，それ以外の目的でコピー，スキャン，転載（ブログ，ＳＮＳなどでの公開を含みます）などをすることは法律により禁止されています。学校や学習塾などで，児童生徒のためにコピーをして使用することも法律により禁止されています。

ご不明な点や，違法な疑いのある行為を確認された場合は，弊社までご連絡ください。

（5）けがに注意

この問題集は針を外して使用します。針を外すときは，けがをしないように注意してください。また，表紙カバーや問題用紙の端で手指を傷つけないように十分注意してください。

（6）正誤

制作には万全を期しておりますが，万が一誤りなどがございましたら，弊社までご連絡ください。

なお，誤りが判明した場合は，弊社ウェブサイトの「ご購入者様のページ」に掲載しておりますので，そちらもご確認ください。

■ お問い合わせ

解答例，解説，印刷，製本など，問題集発行におけるすべての責任は弊社にあります。

ご不明な点がございましたら，弊社ウェブサイトの「お問い合わせ」フォームよりご連絡ください。迅速に対応いたしますが，営業日の都合で回答に数日を要する場合があります。

ご入力いただいたメールアドレス宛に自動返信メールをお送りしています。自動返信メールが届かない場合は，「よくある質問」の「メールの問い合わせに対し返信がありません。」の項目をご確認ください。

また弊社営業日（平日）は，午前９時から午後５時まで，電話でのお問い合わせも受け付けています。

2025 春

株式会社教英出版

〒422-8054　静岡県静岡市駿河区南安倍３丁目 12-28

TEL　054-288-2131　　FAX　054-288-2133

URL　https://kyoei-syuppan.net/

MAIL siteform@kyoei-syuppan.net

教英出版

学校別問題集

北海道
①札幌北斗高等学校
②北星学園大学附属高等学校
③東海大学付属札幌高等学校
④立命館慶祥高等学校
⑤北海高等学校
⑥北見藤高等学校
⑦札幌光星高等学校
⑧函館ラ・サール高等学校
⑨札幌大谷高等学校
⑩北海道科学大学高等学校
⑪遺愛女子高等学校
⑫札幌龍谷学園高等学校
⑬札幌日本大学高等学校
⑭札幌第一高等学校
⑮旭川実業高等学校
⑯北海学園札幌高等学校

青森県
①八戸工業大学第二高等学校

宮城県
①聖和学園高等学校(A日程)
②聖和学園高等学校(B日程)
③東北学院高等学校(A日程)
④東北学院高等学校(B日程)
⑤仙台大学附属明成高等学校
⑥仙台城南高等学校
⑦東北学院榴ケ岡高等学校
⑧古川学園高等学校
⑨仙台育英学園高等学校(A日程)
⑩仙台育英学園高等学校(B日程)
⑪聖ウルスラ学院英智高等学校
⑫宮城学院高等学校
⑬東北生活文化大学高等学校
⑭東北高等学校
⑮常盤木学園高等学校
⑯仙台白百合学園高等学校
⑰尚絅学院高等学校(A日程)
⑱尚絅学院高等学校(B日程)

山形県
①日本大学山形高等学校
②惺山高等学校
③東北文教大学山形城北高等学校
④東海大学山形高等学校
⑤山形学院高等学校

福島県
①日本大学東北高等学校

新潟県
①中越高等学校
②新潟第一高等学校
③東京学館新潟高等学校
④日本文理高等学校
⑤新潟青陵高等学校
⑥帝京長岡高等学校
⑦北越高等学校
⑧新潟明訓高等学校

富山県
①高岡第一高等学校
②富山第一高等学校

石川県
①金沢高等学校
②金沢学院大学附属高等学校
③遊学館高等学校
④星稜高等学校
⑤鵬学園高等学校

山梨県
①駿台甲府高等学校
②山梨学院高等学校(特進)
③山梨学院高等学校(進学)
④山梨英和高等学校

岐阜県
①鶯谷高等学校
②富田高等学校
③岐阜東高等学校
④岐阜聖徳学園高等学校
⑤大垣日本大学高等学校
⑥美濃加茂高等学校
⑦済美高等学校

静岡県
①御殿場西高等学校
②知徳高等学校
③日本大学三島高等学校
④沼津中央高等学校
⑤飛龍高等学校
⑥桐陽高等学校
⑦加藤学園高等学校
⑧加藤学園暁秀高等学校
⑨誠恵高等学校
⑩星陵高等学校
⑪静岡県富士見高等学校
⑫清水国際高等学校
⑬静岡サレジオ高等学校
⑭東海大学付属静岡翔洋高等学校
⑮静岡大成高等学校
⑯静岡英和女学院高等学校
⑰城南静岡高等学校
⑱静岡女子高等学校
⑲常葉大学附属常葉高等学校
常葉大学附属橘高等学校
常葉大学附属菊川高等学校
⑳静岡北高等学校
㉑静岡学園高等学校
㉒焼津高等学校
㉓藤枝明誠高等学校
㉔静清高等学校
㉕磐田東高等学校
㉖浜松学院高等学校
㉗浜松修学舎高等学校
㉘浜松開誠館高等学校
㉙浜松学芸高等学校
㉚浜松聖星高等学校
㉛浜松日体高等学校
㉜聖隷クリストファー高等学校
㉝浜松啓陽高等学校
㉞オイスカ浜松国際高等学校

愛知県
①[国立]愛知教育大学附属高等学校
②愛知高等学校
③名古屋経済大学市邨高等学校
④名古屋経済大学高蔵高等学校
⑤名古屋大谷高等学校
⑥享栄高等学校
⑦椙山女学園高等学校
⑧大同大学大同高等学校
⑨日本福祉大学付属高等学校
⑩中京大学附属中京高等学校
⑪至学館高等学校
⑫東海高等学校
⑬名古屋たちばな高等学校
⑭東邦高等学校
⑮名古屋高等学校
⑯名古屋工業高等学校
⑰名古屋葵大学高等学校
(名古屋女子大学高等学校)
⑱中部大学第一高等学校
⑲桜花学園高等学校
⑳愛知工業大学名電高等学校
㉑愛知みずほ大学瑞穂高等学校
㉒名城大学附属高等学校
㉓修文学院高等学校
㉔愛知啓成高等学校
㉕聖カピタニオ女子高等学校
㉖滝高等学校
㉗中部大学春日丘高等学校
㉘清林館高等学校
㉙愛知黎明高等学校
㉚岡崎城西高等学校
㉛人間環境大学附属岡崎高等学校
㉜桜丘高等学校

㉝光ヶ丘女子高等学校
㉞藤ノ花女子高等学校
㉟栄徳高等学校
㊱同朋高等学校
㊲星城高等学校
㊳安城学園高等学校
㊴愛知産業大学三河高等学校
㊵大成高等学校
㊶豊田大谷高等学校
㊷東海学園高等学校
㊸名古屋国際高等学校
㊹啓明学館高等学校
㊺聖霊高等学校
㊻誠信高等学校
㊼誉高等学校
㊽杜若高等学校
㊾菊華高等学校
㊿豊川高等学校

三重県

①暁高等学校(3年制)
②暁高等学校(6年制)
③海星高等学校
④四日市メリノール学院高等学校
⑤鈴鹿高等学校
⑥高田高等学校
⑦三重高等学校
⑧皇學館高等学校
⑨伊勢学園高等学校
⑩津田学園高等学校

滋賀県

①近江高等学校

大阪府

①上宮高等学校
②大阪高等学校
③興國高等学校
④清風高等学校
⑤早稲田大阪高等学校
(早稲田摂陵高等学校)
⑥大商学園高等学校
⑦浪速高等学校
⑧大阪夕陽丘学園高等学校
⑨大阪成蹊女子高等学校
⑩四天王寺高等学校
⑪梅花高等学校
⑫追手門学院高等学校
⑬大阪学院大学高等学校
⑭大阪学芸高等学校
⑮常翔学園高等学校
⑯大阪桐蔭高等学校
⑰関西大倉高等学校
⑱近畿大学附属高等学校
⑲金光大阪高等学校
⑳星翔高等学校
㉑阪南大学高等学校
㉒箕面自由学園高等学校
㉓桃山学院高等学校
㉔関西大学北陽高等学校

兵庫県

①雲雀丘学園高等学校
②園田学園高等学校
③関西学院高等部
④灘高等学校
⑤神戸龍谷高等学校
⑥神戸第一高等学校
⑦神港学園高等学校
⑧神戸学院大学附属高等学校
⑨神戸弘陵学園高等学校
⑩彩星工科高等学校
⑪神戸野田高等学校
⑫滝川高等学校
⑬須磨学園高等学校
⑭神戸星城高等学校
⑮啓明学院高等学校
⑯神戸国際大学附属高等学校
⑰滝川第二高等学校
⑱三田松聖高等学校
⑲姫路女学院高等学校
⑳東洋大学附属姫路高等学校
㉑日ノ本学園高等学校
㉒市川高等学校
㉓近畿大学附属豊岡高等学校
㉔夙川高等学校
㉕仁川学院高等学校
㉖育英高等学校

奈良県

①西大和学園高等学校

岡山県

①[県立]岡山朝日高等学校
②清心女子高等学校
③就実高等学校
(特別進学コース〈ハイグレード・アドバンス〉)
④就実高等学校
(特別進学チャレンジコース・総合進学コース)
⑤岡山白陵高等学校
⑥山陽学園高等学校
⑦関西高等学校
⑧おかやま山陽高等学校
⑨岡山商科大学附属高等学校
⑩倉敷高等学校
⑪岡山学芸館高等学校(1期1日目)
⑫岡山学芸館高等学校(1期2日目)
⑬倉敷翠松高等学校
⑭岡山理科大学附属高等学校
⑮創志学園高等学校
⑯明誠学院高等学校
⑰岡山龍谷高等学校

広島県

①[国立]広島大学附属高等学校
②[国立]広島大学附属福山高等学校
③修道高等学校
④崇徳高等学校
⑤広島修道大学ひろしま協創高等学校
⑥比治山女子高等学校
⑦呉港高等学校
⑧清水ヶ丘高等学校
⑨盈進高等学校
⑩尾道高等学校
⑪如水館高等学校
⑫広島新庄高等学校
⑬広島文教大学附属高等学校
⑭銀河学院高等学校
⑮安田女子高等学校
⑯山陽高等学校
⑰広島工業大学高等学校
⑱広陵高等学校
⑲近畿大学附属広島高等学校福山校
⑳武田高等学校
㉑広島県瀬戸内高等学校(特別進学)
㉒広島県瀬戸内高等学校(一般)
㉓広島国際学院高等学校
㉔近畿大学附属広島高等学校東広島校
㉕広島桜が丘高等学校

山口県

①高水高等学校
②野田学園高等学校
③宇部フロンティア大学付属香川高等学校
(普通科〈特進・進学コース〉)
④宇部フロンティア大学付属香川高等学校
(生活デザイン・食物調理・保育科)
⑤宇部鴻城高等学校

徳島県

①徳島文理高等学校

香川県

①香川誠陵高等学校
②大手前高松高等学校

愛媛県

①愛光高等学校
②済美高等学校
③FC今治高等学校
④新田高等学校
⑤聖カタリナ学園高等学校

福岡県

①福岡大学附属若葉高等学校
②精華女子高等学校(専願試験)
③精華女子高等学校(前期試験)
④西南学院高等学校
⑤筑紫女学園高等学校
⑥中村学園女子高等学校(専願入試)
⑦中村学園女子高等学校(前期入試)
⑧博多女子高等学校
⑨博多高等学校
⑩東福岡高等学校
⑪福岡大学附属大濠高等学校
⑫自由ケ丘高等学校
⑬常磐高等学校
⑭東筑紫学園高等学校
⑮敬愛高等学校
⑯久留米大学附設高等学校
⑰久留米信愛高等学校
⑱福岡海星女子学院高等学校
⑲誠修高等学校
⑳筑陽学園高等学校(専願入試)
㉑筑陽学園高等学校(前期入試)
㉒真颯館高等学校
㉓筑紫台高等学校
㉔純真高等学校
㉕福岡舞鶴高等学校
㉖折尾愛真高等学校
㉗九州国際大学付属高等学校
㉘祐誠高等学校
㉙西日本短期大学附属高等学校
㉚東海大学付属福岡高等学校
㉛慶成高等学校
㉜高稜高等学校
㉝中村学園三陽高等学校
㉞柳川高等学校
㉟沖学園高等学校
㊱福岡常葉高等学校
㊲九州産業大学付属九州高等学校
㊳近畿大学附属福岡高等学校
㊴大牟田高等学校
㊵久留米学園高等学校
㊶福岡工業大学附属城東高等学校
(専願入試)
㊷福岡工業大学附属城東高等学校
(前期入試)
㊸八女学院高等学校
㊹星琳高等学校
㊺九州産業大学付属九州産業高等学校
㊻福岡雙葉高等学校

佐賀県

①龍谷高等学校
②佐賀学園高等学校
③佐賀女子短期大学付属佐賀女子高等学校
④弘学館高等学校
⑤東明館高等学校
⑥佐賀清和高等学校
⑦早稲田佐賀高等学校

長崎県

①海星高等学校(奨学生試験)
②海星高等学校(一般入試)
③活水高等学校
④純心女子高等学校
⑤長崎南山高等学校
⑥長崎日本大学高等学校(特別入試)
⑦長崎日本大学高等学校(一次入試)
⑧青雲高等学校
⑨向陽高等学校
⑩創成館高等学校
⑪鎮西学院高等学校

熊本県

①真和高等学校
②九州学院高等学校
(奨学生・専願生)
③九州学院高等学校
(一般生)
④ルーテル学院高等学校
(専願入試・奨学入試)
⑤ルーテル学院高等学校
(一般入試)
⑥熊本信愛女学院高等学校
⑦熊本学園大学付属高等学校
(奨学生試験・専願生試験)
⑧熊本学園大学付属高等学校
(一般生試験)
⑨熊本中央高等学校
⑩尚絅高等学校
⑪文徳高等学校
⑫熊本マリスト学園高等学校
⑬慶誠高等学校

大分県

①大分高等学校

宮崎県

①鵬翔高等学校
②宮崎日本大学高等学校
③宮崎学園高等学校
④日向学院高等学校
⑤宮崎第一高等学校
(文理科)
⑥宮崎第一高等学校
(普通科・国際マルチメディア科・電気科)

鹿児島県

①鹿児島高等学校
②鹿児島実業高等学校
③樟南高等学校
④れいめい高等学校
⑤ラ・サール高等学校

新刊
もっと過去問シリーズ

愛知県

愛知高等学校
7年分(数学・英語)
中京大学附属中京高等学校
7年分(数学・英語)
東海高等学校
7年分(数学・英語)
名古屋高等学校
7年分(数学・英語)
愛知工業大学名電高等学校
7年分(数学・英語)
名城大学附属高等学校
7年分(数学・英語)
滝高等学校
7年分(数学・英語)

※もっと過去問シリーズは入学試験の実施教科に関わらず、数学と英語のみの収録となります。

教英出版
〒422-8054
静岡県静岡市駿河区南安倍3丁目12−28
TEL 054-288-2131
FAX 054-288-2133
詳しくは教英出版で検索
教英出版 検索
URL https://kyoei-syuppan.net/

愛媛県公立高等学校

令和六年度

国語

（45分）

注意

1　問題は1ページから5ページまであり、これとは別に解答用紙が1枚ある。

2　解答は、全て別紙解答用紙の該当欄に書き入れること。

（一）　次の文章を読んで、1〜8の問いに答えなさい。（1〜9は、それぞれ段落を示す番号である。）

1　(注1)枯山水《かれさんすい》庭園において、①縁側に人々が座り込み、ぼーっとその庭をながめている様子はよく見られる。縁側とは、文字通りに建築の縁《へり》であり、そこは建築と庭の境界と言える。以前から私は、人はそこで何に目を向け、何を考えているのか、という疑問を持っていた。龍安寺《りょうあんじ》石庭など最たるものであるが、白砂の上に配置された十五個の石からなるその庭は、それ自体が謎である。その石組は「虎の子渡し」と説明されるほか、多くの解釈がこれまでなされてきたが、この庭は、一意的に解釈が定められるものではない。　A　、そのような多数の解釈を生み出しうるほど汲《く》み尽くせない深み、絶妙な構成を有していることにこそ注目すべきだろう。

2　ところで、現代語の「ながめる」は古語の「ながむ」に相当するが、ながむとは不思議な言葉である。ながむの「なが」は「長い」から来ているらしく、文字通りに「長目」を語源とする説もある。今日ながめるというと、ある風景に漠然と長時間かけて目を向けることを指し、そこにぼんやりと物思いにふけるという意味が加わることもある。古語のながむは、これと同様の意味を持つが、もう一つ、詩歌を詠《よ》むこと、声を長引かせて詩歌を吟じることも言った。和歌などでは②しばしば「ながめ」が「長雨」と掛詞《かけことば》にされる。「ながめる」について考究してゆく中で参考になったのは、臨床心理学者上田琢哉《うえだたくや》氏の研究である。上田氏は、臨床心理学の立場から、ある対象を集中的に分析してゆく「見る」意識に対して、対象を分析しないまま漫然と全体的に捉える「ながめる」意識の積極性を説いている。このことを、上田氏は、(注2)箱庭療法の事例から導き出しており、「ながめる」について以下のように述べる。

それは「分離し、はっきりさせる」という意識態度ではないが、精神科の診断レベルでいう混濁やもうろう状態などとはまったく異なるものである。むしろ、ある面ではぼんやりした状態とクリアな状態とを同時に保持しているような不思議な状態と言えよう。

3　縁側でぼんやりと庭をながめること。それは、目の前の風景に目を向けてはいるが、分析的・集中的に「見る」のではなく、その全体を漫然と捉えており、かつ、同時にほかのことに考えをめぐらし、詩歌などに昇華(注3)されることもある。それは、その場でなくともできそうにも思えるが、しかし、その風景に目を向けていないと起き得ないことである。右に記されているように、③「ながめる」とは不思議な二重の状態である。

4　上田氏は、この「ながめる」を(注4)宮本武蔵《みやもとむさし》が『五輪書《ごりんのしょ》』で述べている「観の目」——それは、遠いものを近くに見、近いものを遠くに見るという——に接続するなど、刺激的な論を展開しており、その中で日本文化の各所に見られる石を取り上げ、龍安寺石庭にも触れている。そして、④庭園の石とは、「意味を問わないでくれという不思議なシンボル」だとし、龍安寺石庭について次のように述べている。

私たちはお金を払って(注5)無自性の背景にある存在感を感じに行っているのである。そして、無自性の背景にある存在感は、意味分節的に「見」てはわからない。ただ座って「ながめ」るほかないのである。わが国の庭において石が主役であることは間違いないが、その石は、配置を象徴的に解釈したり芸術性を云々《うんぬん》するより、「黙ってながめる」ためのものと考えた方がわかりやすいのではないだろうか。

5　⑤龍安寺石庭において人が、ただ座って「ながめ」るほかない要因は様々に考えられるが、一つには、そこが非整形式、非遠近法的な構成を有しているからではないだろうか。ヴェルサイユ庭園のような西洋の整形式庭園は、遠近法によって構成されており、その消失点こそ、王者、具体的にはルイ十四世による至高の視点になる。もちろん、それ以外の場所からも人はその庭園に目を向けることはできるが、庭園全体は、その至高の視点を念頭に置いて構成されている。整形式庭園とは「見る」ための庭と言うことができるかもしれない。

6　対して、日本庭園のような非整形式、非遠近法的な空間においては、そのような至高の視点はない。もちろん、寝殿造庭園であれば、寝殿が最高位の視点であるし、池泉回遊式庭園であっても、視界の良い地点はいくつかあるが、かと言って、そこからの視点を念頭に置いて全ての要素が構成されているわけではない。程度の差こそあれ、そこで見えるのは庭園の一部である。

7　龍安寺石庭は、どの位置から目を向けても、十五個の石全てを視界に入れることはできないとされる。そのことは、この庭が一意的に解釈できないことと通底しているように思われる。白砂のエリアが長方形という整形であるために、その庭園に対する縁側の中央こそが至高の視点であるようにも感じられるが、そこに立ったとき十五の石全てを視界に収めることはできない。しかも、その一つの石を集中的に見ても、自然石があるだけである。

8　人が海や山の風景を「ながめる」のは、それが「見る」ことが難しいからではないだろうか。眺望が開けていればいるほど多くの対象を視野に収めることができるが、その一つ一つの要素、例えば、海であれば波、山であれば木を集中的に「見る」ことはもはやできない。ただ、全体を漫然と視野に入れることしかできない。その現象の縮小版が、庭園においても生じる。

9　このように、日本庭園とは、そこを訪れた人に、「見る」のではなく、「ながめる」ことを促すような空間構成がなされていると考えられる。

（原　瑠璃彦『日本庭園をめぐる　デジタル・アーカイヴの可能性』早川書房による。）

（注1） 枯山水庭園＝水を用いず、石組や砂によって自然の風景を表現した庭園。
（注2） 箱庭療法＝心理療法の一つ。　（注3） 昇華＝物事がさらに高次の状態へ高められること。
（注4） 宮本武蔵＝江戸時代初期の剣術家。　（注5） 無自性＝それ自体に決まった本質がないこと。

1　[1]段落の――線①「縁側」と同じように重箱読みをする熟語を、次のア～エの中から一つ選び、その記号を書け。
ア　傾斜　イ　本棚　ウ　毛玉　エ　場所

2　[1]段落の[A]に当てはまる最も適当な言葉を、次のア～エの中から一つ選び、その記号を書け。
ア　ところが　イ　なぜなら　ウ　むしろ　エ　または

3　[2]段落の――線②「しばしば」について、次の(1)、(2)の問いに答えよ。
(1)　「しばしば」が修飾している一文節として最も適当なものを、次のア～エの中から一つ選び、その記号を書け。
ア　「ながめ」が　イ　「長雨」と　ウ　掛詞に　エ　される
(2)　「しばしば」の品詞名として適当なものを、次のア～エの中から一つ選び、その記号を書け。
ア　副詞　イ　連体詞　ウ　形容詞　エ　感動詞

4　[3]段落の――線③「『ながめる』とは不思議な二重の状態である。」とあるが、「二重の状態」について、本文の趣旨に添って説明した次の文章の[a]、[b]に当てはまる適当な言葉を書け。ただし、[a]は、[2]（引用部分を含む。）・[3]段落の文中の言葉を使って、**二十五字**以上**三十五字**以内で書くこと。また、[b]は、最も適当な言葉を、[2]（引用部分を含む。）・[3]段落の文中から**二十六字**でそのまま抜き出し、その最初と最後のそれぞれ**三字**を書くこと。

> 庭をながめることは、[a]ということである。このように、「ながめる」ときは二つのことを並行して行っており、そのときの意識は、[b]状態にある。

5　[4]段落の――線④「庭園の石とは、『意味を問わないでくれという不思議なシンボル』だ」とあるが、ここでの「石の意味を問う」とは、どうすることを言っているのか。最も適当な言葉を、[4]段落（引用部分を含む。）の文中から**二十字**でそのまま抜き出して書け。

6　[5]・[6]段落に述べられている、西洋と日本における庭園の空間構成の違いについてまとめた次の表の[a]、[b]、[c]に当てはまる最も適当な言葉を、[5]・[6]段落の文中から、[a]、[c]は**五字**で、[b]は**五字**以上**八字**以内で、それぞれそのまま抜き出して書け。

西洋	西洋の整形式庭園は、遠近法によって構成され、庭園全体が[a]を意識して作られていることから、[b]と言うことができる。
日本	日本庭園は、非整形式、非遠近法的な構成で作られ、[a]が想定されておらず、最高位の視点や視界の良い地点であっても[c]しか見えない。

7　[5]段落の――線⑤「龍安寺石庭において人が、ただ座って『ながめ』るほかない要因は様々に考えられる」とあるが、非整形式、非遠近法的な構成を有する龍安寺石庭において、人が、「ながめる」ほかない理由を、龍安寺石庭の石の配置の具体的な特徴に触れながら、[7]・[8]段落の文中の言葉を使って、**四十字**以上**五十字**以内で書け。

8　本文に述べられていることと最もよく合っているものを、次のア～エの中から一つ選び、その記号を書け。
ア　日本人に古くから備わっている「ながめる」意識は、庭園の西洋化によって薄れつつある。
イ　古語の「ながむ」の意味が、日本庭園の空間構成を決定づける中心的な要因となっている。
ウ　「見る」と「ながめる」の違いは、西洋の文化に対する日本の文化の優位性を示している。
エ　人に「ながめる」ことを促す日本庭園は、庭の一意的な解釈が不可能な構成になっている。

(二) 次の文章は、女子全国高校駅伝（通称「都大路《みやこおおじ》」）に出場するチームの補欠だった「坂東《さかとう》（私）」が、「ココミ」先輩の欠場で、大会前日に一年生ながら急遽《きゅうきょ》アンカーを任されることが決まり、当日、中継所に向かう場面から始まっている。これを読んで、1～5の問いに答えなさい。

本当に私、走るんだ――。

スタジアムからこの中継所までの連絡バスに乗っている間も、雪とともに流れていく京都の街並みを眺めながら、いっそこのまま家の前まで走って帰ってくれないかな、と内心、真面目に願っていた私である。

バスから降りたのち、待機所になっている病院のロビーでは、①はじめて留学生のランナーを見た。彼女のことは陸上競技雑誌で見かけたことがあった。私や(注1)咲桜莉《さおり》が得意とする中距離走の高校記録を持つ超有名選手だった。驚いたのは、彼女が自分よりもずっと身長が低かったことだ。

緊張のしすぎで、身体をどこかに置き去りにしてしまったような私に対し、留学生の彼女は同じデザインのベンチコートを着た女の子二人と談笑していた。サポート要員として、中継所まで部員が駆けつけているのだ。呼び出しの寸前まで、留学生は足のマッサージを受けていた。ひとりでやることもなく、キャラメルをなめていた私とはエラい違いだった。

第二集団のトップを切って、その留学生選手がタスキを受けて出発する。

「すごい。」思わず声が漏れてしまうほど、今まで見たことがない走りのフォームだった。周りの選手たちもハッとした表情で彼女の後ろ姿を目で追っていた。走る際の、足のモーションがまるで違った。走るためのマシーンと化した下半身に、全くぶれない上半身がくっついているようだ。跳ねるように地面を蹴る、その歩幅の広さといい、それを支える筋肉のしなやかさといい、何て楽しそうに走るんだろう、とほれぼれしてしまうフォームで、彼女はあっという間に走り去っていった。

彼女の残像を思い浮かべながら、視線を中継所に戻したとき、

「私は好きだよ、サカトゥーの走り方。大きくて、楽しそうな感じがして。」

緊張のしすぎで、全くごはんを食べる気が起きない朝食会場で、正面に座る咲桜莉に突然告げられた言葉が耳の奥で蘇《よみがえ》った。そんなことを彼女から言われたのははじめてだった。私は咲桜莉の機敏で跳ねるような足の運び方や、テンポのよい腕の振り方が、自分にはできない動きでうらやましく、自分の走り方は大雑把で無駄が多いと思っていたから、驚くとともに純粋にうれしかった。おかげで用意された朝食を全部平らげることができた。

私が留学生の彼女を見て楽しそうと感じたように、咲桜莉が私の走りを見て楽しそうと感じてくれている――。

留学生の彼女と私じゃレベルが全く違うけれど、不思議なくらい勇気が太ももに、ふくらはぎに、足裏に宿ったように感じた。気づくと、あれほど我が物顔でのさばっていた緊張の気配が身体から消え去っている。

そうだ、私も楽しまないと――。

こんな大舞台、二度と経験できないかもしれない。もちろん、来年だってここに戻ってきたいけれど、私が走れる保証はどこにもないのだ。ならば、この瞬間をじっくりと楽しまないと。最初で最後のつもりで、都大路を味わわないともったいないぞ、サカトゥー。

ずうずうしい気持ちがじわりじわりと盛り上がってくると同時に、走る前の心構えが整ってきた。さらには、周囲の様子もよく見えてきた。もっともそれは、半分の選手がすでにゼッケン番号を呼ばれ、待機組の人数が減ったせいかもしれないけれど。

②早く、走りたい――。

身体がうずいて、その場で二度、三度とジャンプして、ステップを踏んだ。

すでに先頭が通過してから、五分以上が経過しただろう。ついに、私の番号が呼ばれた。順位に関しては、良いとは言えない。でも、それは(注2)菱《ひし》先生も事前に予想済みのことだった。というのも、各都道府県で行われた予選大会にて、五人のランナーは本番と同じ距離を走る。コースのつくりや、当日の天候の違いによる影響は多少あるだろうが、都大路に③□を進めた各校のタイムは全て公開されるので、その記録をチェックしたら、おのずと全体における自校のだいたいの位置がわかる。私たちの学校の記録は四十七校中三十六位だった。

「全員がはじめての都大路で、いきなりいい成績なんて出ないから。今回はまずは二十位台を目指そう。」

と菱先生はハッパをかけたが、この場に残っているのは十五人くらい。すでに三十位台にいることは間違いなさそうだ。

中継線に並んでいた選手が四人、目の前で次々とタスキを受け取り、一目散に駆け出していく。ベンチコートを脱ぎ、青いキャップをかぶった係員に手渡し、中継線まで進んだ。

私とほぼ同じタイミングで、すぐ隣に赤いユニフォームの選手が立つ。私よりも五センチくらい背が高い。寒さのせいか、緊張のせいか、血の気のない真っ白な肌に、唇だけが鮮やかな赤色を残していた。ぱっつんと一直線にそろえられた前髪と重なるように、きりりと引かれた眉の下

から、切れ長な目が私を見下ろしている。
互いの口から吐き出される白い息を貫き、視線が交わった瞬間――、彼女の目Aと、私の目Bを結ぶ、直線ABの中間点Cにて、何かが「バチンッ」と音を立てて弾《はじ》けるのを聞いた気がした。
相手は目をそらさなかった。
私も目をそらさなかった。
拡声器を手に係員のおじさんが隣を通ったのを合図にしたように、二人して同じタイミングでコースに向き直った。体格を見ても、面構《つらがま》えを見ても、相手は一年生ではなさそうだった。
でも、何年生であっても、④この人には負けたくない――。
むらむらと闘争心が湧き上がってくるのを感じた。
そう言えば、「どうして、私なんですか。」と昨夜、菱先生の部屋で泣きべそをかく寸前の態《てい》で選考の理由をたずねたとき、
「駅伝はみんなで戦うもの。でも、いちばんしんどいときは、誰だってひとりで戦わなくちゃいけない。そこでどれだけ戦えるかは、持ちタイムでは測れない。じゃあ、ひとりで粘り強く戦えるのは一年生で誰かってなったとき、キャプテンもココミも真っ先に挙げたのが、坂東――、アンタの名前だった。」
と告げてから、「鉄のヒシコ」は「私もそう思った。だから、死ぬ気で走ってきな。」と完全に目が据わった表情でニヤリと笑った。
菱先生は勝負師ゾーンに入ってしまった感じで怖すぎるし、二人の先輩が推してくれたことも、それって買いかぶり以外の何物でもない、と今でも思うが、雪が舞う視界の先に自分と同じ黄緑色のユニフォームが見えた途端、全てが頭の中から吹っ飛んだ。
「美莉《みり》センパイ、ラスト！　ファイトですッ。」
目いっぱいの声とともに、私は両手を大きく頭上で振った。
（万城目　学『十二月の都大路上下ル』（『八月の御所グラウンド』所収　文藝春秋刊）による。）

（注1）咲桜莉＝坂東の友人で、同じ陸上部の一年生。　（注2）菱先生＝陸上部の顧問。

1　――線③「□を進めた」が、「次の段階に進んだ」という意味の言葉になるように、□に当てはまる最も適当な言葉を、次のア～エの中から一つ選び、その記号を書け。
ア　膝　イ　話　ウ　席　エ　駒

2　――線①「はじめて留学生のランナーを見た。」とあるが、出番を待つ留学生ランナーを見ている坂東について説明したものとして最も適当なものを、次のア～エの中から一つ選び、その記号を書け。
ア　留学生を見て逃げ出したい気持ちに拍車がかかり、周囲の状況が見えずに慌てふためいている。
イ　不安と緊張で走る準備が整わない自分と、準備が整い余裕がある留学生の差を思い知っている。
ウ　超有名選手である留学生と同じ区間を走る自分が場違いに思えて、現実を直視できないでいる。
エ　高校記録を持つ留学生の存在感に圧倒されて、彼女を遠い存在として憧れの目で見つめている。

3　――線②「早く、走りたい――。」とあるが、坂東がこのような気持ちに至った経緯について説明した次の文章の[a]、[b]、[c]に当てはまる適当な言葉を書け。ただし、[a]は、最も適当な言葉を、文中から**二十四字**でそのまま抜き出し、その最初と最後のそれぞれ**三字**を書き、[b]は、最も適当な言葉を、文中から**二字**でそのまま抜き出して書くこと。また、[c]は、文中の言葉を使って、**三十字**以上**四十字**以内で書くこと。

> 坂東は、走ることに消極的な状態のまま中継所に到着したが、走り去る留学生のほれぼれするようなフォームを見て、[a]ことに思いが至り、[b]が湧いてきた。そして、[c]という、今の状況を肯定的に捉えた開き直りとも取れる大胆な気持ちが徐々に高まり、身体がうずくほど走りたい気持ちになった。

4　――線④「この人には負けたくない――。」とあるが、文中には、坂東が隣の選手を負けたくない相手として初めて意識したときの様子が、比喩を使って表現されている一文がある。その一文として最も適当な**一文**を、文中から抜き出し、その最初の**五字**を書け。

5　本文から読み取れる坂東の人物像について説明したものとして最も適当なものを、次のア～エの中から一つ選び、その記号を書け。
ア　先生やチームメイトからの期待が走る原動力となっていたことから、自分が嫌で納得できないことでも、誰かのためならひたむきになれる人物であることがわかる。
イ　自分をその気にさせるための周囲の言葉を真に受けてしまったことから、周りの人間の影響を受けやすく、簡単に口車に乗せられてしまう人物であることがわかる。
ウ　走る重圧や弱い気持ちがチームメイトとの関わりを通して消え去ったことから、周囲の存在や言葉を前向きに捉え、自分の力に変えられる人物であることがわかる。
エ　先輩と先生が下した決定を断り切れずに走る羽目になってしまったことから、自分の思いを相手にはっきり伝えられず、後悔してばかりの人物であることがわかる。

（三）　次の1〜4の各文の——線の部分の読み方を平仮名で書きなさい。

1　拍手喝采を浴びる。
2　証拠の有無を詮索する。
3　品物を安く卸す。
4　僅かな変化に気づく。

（四）　次の1〜4の各文の——線の部分を漢字で書きなさい。ただし、必要なものには送り仮名を付けること。

1　今年度のそんえきを計算する。
2　外国に行くためにりょけんを取得する。
3　世話がやける。
4　時をきざむ。

（五）　次の文章を読んで、1・2の問いに答えなさい。

（注1）野《や》州《しゅう》糀崎《はなさき》郷のうづら（注2）は鳴くことなし。その隣郷は音を立つることのよし。（注3）土老の言へる、いつの頃にや、糀崎何某《なにがし》といへる人、その地を領し、うづらを好みてあまた飼ひ置き、金銀をちりばめし籠に入れて（注4）寵愛《ちょうあい》せしが、ある時、かのうづらに向かひて、鳥類にても汝《なんぢ》はしあはせなるものなり。金銀をちりばめし籠に入れて心を尽くして飼ひ置くは、うれしかるべきことなりと①たはぶれしに、その夜の夢にうづら来たりて、「いかなればかく心得たまふや。金銀をちりばめし（注5）牢《らう》を作りて御身を入れ置かば、心よきこととなるべきや。」と言ふと見て、夢さめぬ。糀崎何某、感心改節して、うづらを愛することを思ひ止まり、飼ひ置きける鳥を残らず籠を出し、「汝必ず音を立つることあるべからず。音を立てば、また捕られん。」と教化して放しけるが、それよりこの一郷のうづらは、音を立てざると語りし由《よし》。

（『耳嚢《みみぶくろ》』による。）

（注1）野州糀崎郷＝今の栃木県足利《あしかが》市付近。（注2）うづら＝鳥の種類。うずら。
（注3）土老＝その土地に住む老人。（注4）寵愛＝特に大切にしてかわいがること。
（注5）牢＝罪人を閉じ込めておく所。

1　——線①「たはぶれしに」について、次の(1)、(2)の問いに答えよ。

(1)　「たはぶれしに」を現代仮名遣いに直し、**全て平仮名**で書け。

(2)　「たはぶれしに」は、「おどけて言ったところ」という意味であるが、糀崎何某はどのようなことを言ったのか。糀崎何某が言った言葉を文中からそのまま全て抜き出し、その最初と最後のそれぞれ**三字**を書け。

2　次の会話は、この文章を読んだ里奈《りな》さんと拓也《たくや》さんが、夢からさめた後の糀崎何某の行動について話し合った内容の一部である。会話の中の[a]、[b]、[c]に当てはまる適当な言葉を書け。ただし、[a]は、最も適当な言葉を文中から**五字**でそのまま抜き出して書くこと。また、[b]は**七字**以上**十字**以内、[c]は**十五字**以上**二十五字**以内の**現代語**で書くこと。

里奈さん　「糀崎何某は、夢を見たことをきっかけにして変わったよね。」

拓也さん　「そうだね。糀崎何某の夢に出てきたうずらは、『金銀をちりばめし籠』を『牢』にたとえて、あなた自身がそのような場所に置かれたら、それは、『[a]』であるはずがないと言っていたね。」

里奈さん　「糀崎何某は、そのうずらの言葉を聞き、うずらの気持ちになって考えてみて、[b]ことが、うずらを幸せにすることだと考えるようになったのね。」

拓也さん　「野州糀崎郷のうずらが、隣郷のうずらと違って鳴かないのは、糀崎何某が[b]ときの、『[c]』という教えに由来していると土老は言っているよ。」

(三) 次の英文（海外の中学生のオリバーがビデオメッセージで日本の中学生に伝えた内容）が通して２回読まれる。その英文を聞いて，内容についての１～４の英語の質問に対する答えとして最も適当なものを，問題用紙の**ア～エ**の中からそれぞれ一つ選び，その記号を解答欄に記入する。

Hi, everyone. My name is Oliver. Today, I'll tell you about my school life in Australia. My school starts in January and ends in December. My Japanese friend in my school, Ken, told me that schools in Japan start in April and end in March. He also told me that students have school lunch in many schools in Japan. In my school, we don't have school lunch, and I hope school lunches will be given to the students someday. They can keep the students' health good.

I like studying foreign languages. I hear the students in your school study English. In my school, we can choose the Japanese class or the Chinese class. At first, I couldn't decide which class I should choose. One day, Ken said to me, "Oliver, you should take the Japanese class. I can answer your questions about Japanese at any time. Don't worry." I was glad to hear that and took the Japanese class.

My school has a big library. It's my favorite place. After school, I often enjoy reading many books there. I have learned a lot through reading. In the future, I want to be a teacher and help my students realize how wonderful reading is. What are your dreams? And please tell me about your school life.

〔質問〕

1　When does Oliver's school begin?

2　What does Oliver think about school lunches?

3　Why did Oliver take the Japanese class?

4　What does Oliver want his students to do as a teacher?

※教英出版注
音声は，解答集の書籍ＩＤ番号を
教英出版ウェブサイトで入力して
聴くことができます。

聞き取りの問題

(一)　次の１～３の英語による対話とそれについての質問が２回ずつ読まれる。その英文を聞いて，質問に対する答えとして最も適当なものを，問題用紙の**ア**～**エ**の中からそれぞれ一つ選び，その記号を解答欄に記入する。

1
A: Is this your pen, Ayaka?
B: Yes.　Where did you find it?
A: I found it under the chair.

Question: Where was Ayaka's pen?

2
A: Can you help me choose a present for my grandfather?
B: Of course.　How about this, Maya?　It's good for winter.
A: Nice idea!　It will keep his head warm.　I'm sure he will like it.

Question: What is the present for Maya's grandfather?

3
A: Taro, did you watch the baseball game on TV last night?
B: No, I didn't.　I enjoyed reading a science book in my room.　My father bought it for me two days ago.
A: You like baseball, right?
B: Yes.　But actually, the book was so interesting, and I couldn't stop reading it.

Question: What did Taro do last night?

(二)　次の１，２の英語による対話が２回ずつ読まれる。その英文を聞いて，**チャイム**の部分に入る受け答えとして最も適当なものを，問題用紙の**ア**～**エ**の中からそれぞれ一つ選び，その記号を解答欄に記入する。

1
A: Hi, Lucy.　I'm so sorry.　Did you wait for a long time?
B: No problem.　I've just arrived here.
A: (**チャイム**)

【放送

令和6年度

数　学

（50分）

注　意

1　問題は1ページから6ページまであり，これとは別に解答用紙が1枚ある。

2　解答は，全て別紙解答用紙の該当欄に書き入れること。

3　答えに$\sqrt{\quad}$が含まれるときは，$\sqrt{\quad}$を用いたままにしておくこと。
また，$\sqrt{\quad}$の中は最も小さい整数にすること。

(一)　次の計算をして，答えを書きなさい。

1　$-3+8$

2　$\left(-\frac{9}{2}\right) \div \left(-\frac{3}{4}\right)$

3　$(-3a)^2 \times 2a$

4　$(\sqrt{3}+1)^2 - \frac{9}{\sqrt{3}}$

5　$(x+4)(x-4)+(x-5)(x-1)$

(二)　次の問いに答えなさい。

1　$x^2-3x-18$ を因数分解せよ。

2　下の図のように，箱の中に，1，2，3，4の数字が1つずつ書かれた4枚のカードが入っている。この箱の中からカードを1枚取り出し，書かれた数字を見て箱にもどす。このことをくり返し行うときの，カードの出方について述べた文として正しいものを，次の**ア**～**エ**から1つ選び，その記号を書け。ただし，どのカードが取り出されることも同様に確からしいものとする。

ア　カードを4000回取り出したとき，1の数字が書かれたカードは1000回ぐらい出る。
イ　カードを40回取り出したとき，1の数字が書かれたカードは必ず10回出る。
ウ　カードを3回取り出したとき，1の数字が書かれたカードが1回も出なければ，次は必ず1の数字が書かれたカードが出る。
エ　同じ数字が書かれたカードが2回続けて出ることはない。

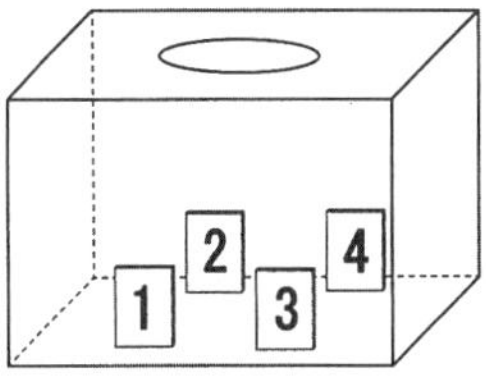

3　下の図において，放物線①，②，③はそれぞれ関数 $y=ax^2$，$y=bx^2$，$y=cx^2$ のグラフである。a，b，c を，値の小さい順に左から並べて書け。

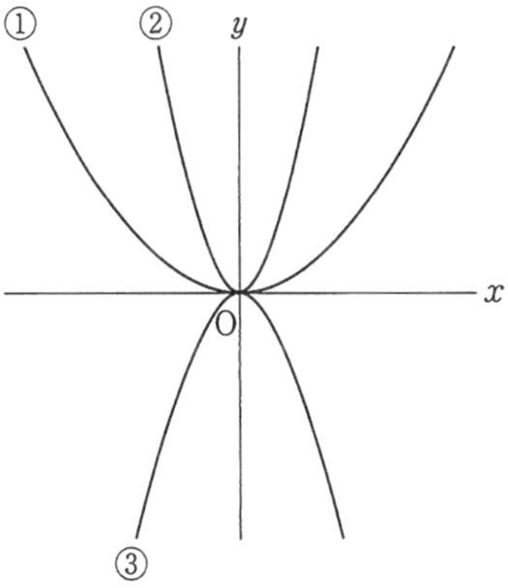

4　下の図は，1辺に4個の碁石を並べた正五角形で，並べた碁石は全部で15個である。1辺に n 個の碁石を並べた正五角形をつくったとき，並べた碁石は全部で何個か，n を使って表せ。ただし，n は2以上の自然数とする。

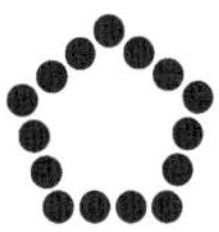

5　下の図のような△ABCがある。辺AC上にあって，∠PBC＝30°となる点Pを解答欄に作図せよ。ただし，作図に用いた線は消さずに残しておくこと。

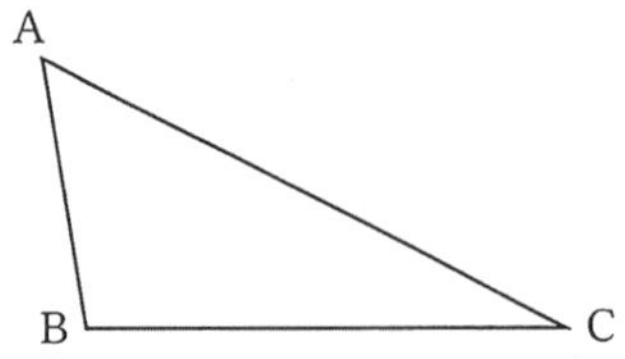

6　下の図のような，底面が直角三角形で，側面が全て長方形の三角柱がある。この三角柱の表面積を求めよ。

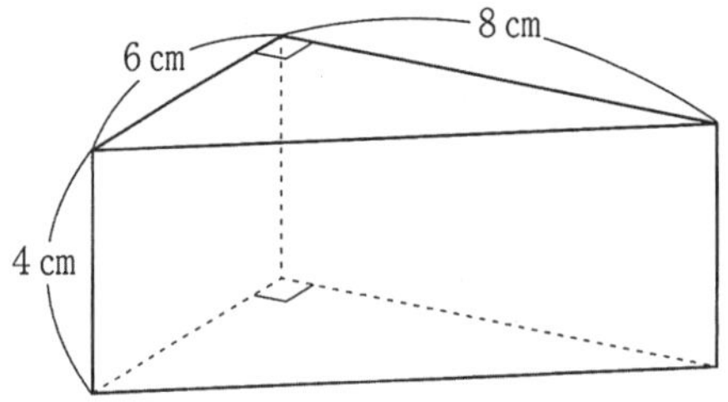

7　ある市のテニス大会は，下のような要項により開催される。今回，73人から参加申し込みがあったので，予選リーグの各組の人数は，4人または5人になった。4人の組と5人の組は，それぞれ何組あるか求めよ。ただし，用いる文字が何を表すかを最初に書いてから連立方程式をつくり，答えを求める過程も書くこと。

○○市テニス大会開催要項

1　日時　○年○月○日（日曜日）9：00 開始

2　場所　○○市総合公園テニス場

3　競技方法

・予選リーグは，参加者を16の組に分けて行う。

・予選リーグの各組の1位が，決勝トーナメントに進出する。

（三）　下の会話文は，花子さんが，総合的な学習の時間に，公園で，身の回りの数学について，太郎さんと話をしたときのものである。

花子さん：　すべり台の斜面にボールを転がすとき，ボールが斜面を転がりはじめてからの時間と，その間に進んだ距離には関係があることを習ったね。

太郎さん：　そうだったね。街灯や木の高さを求める方法も習ったよ。今，高さ1.5mの鉄棒の影の長さは2m，街灯の影の長さは8mだから，街灯の高さは［ア］mと分かるね。

花子さん：　確かにそうなるね。でも，同じ方法で木の高さを求めようとすると，木の影の長さは，花壇などの障害物があって測ることができないね。他に木の高さを求める方法はないか，先生に質問してみよう。

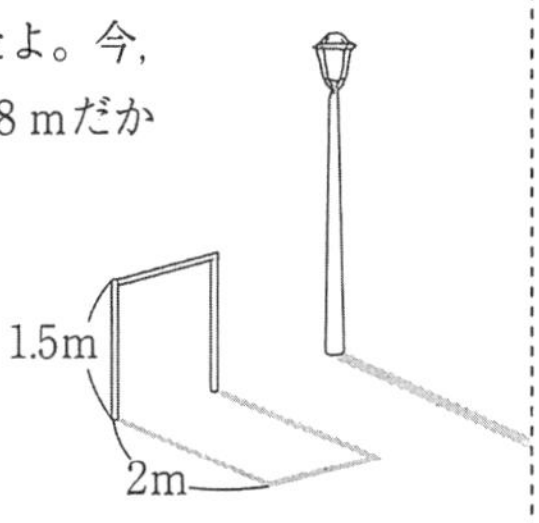

このとき，次の問いに答えなさい。ただし，地面は水平であり，鉄棒，街灯，木は，地面に対して垂直に立っているものとする。

1　ある斜面にそって，ボールが転がりはじめてからx秒間に進んだ距離をy mとすると，yはxの2乗に比例し，$x=2$のとき$y=8$であった。yをxの式で表せ。

2　会話文中の**ア**に当てはまる数を書け。

3　花子さんの質問に対して，先生は，木の高さを求める方法を次のように説明した。説明文中の**イ**に当てはまる数を書け。

右の**図1**のように，木の先端を点Pとし，点Pから地面に垂線をひき，地面との交点をQとします。花子さんが点Pを見上げる角度が水平の方向に対して30°になるときの花子さんの目の位置を点A，その場所からまっすぐ木に近づいていき，点Pを見上げる角度が60°になるときの花子さんの目の位置を点Bとします。また，直線ABと線分PQとの交点をHとすると，∠PHA＝90°です。例えばAB＝10mのとき，PHの長さは［イ］mとなります。花子さんの目の位置の地面からの高さは1.5mなので，木の高さPQは（［イ］＋1.5）mとなります。

図1

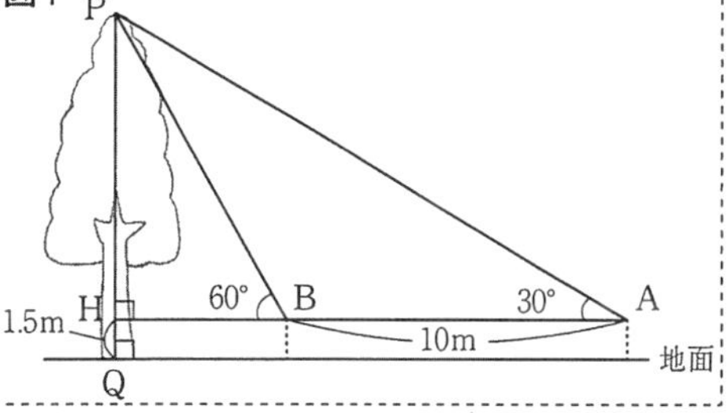

4　公園の花壇は円形であり，下の**図2**のように，同じ形のレンガを並べてつくられている。また，下の**図3**は，花壇を真上から見たときのレンガの1つで，直線ABと直線DCとの交点をOとすると，おうぎ形OBCからおうぎ形OADを取り除いた図形となっている。このとき，花壇の内側の円の直径は何cmか求めよ。

図2

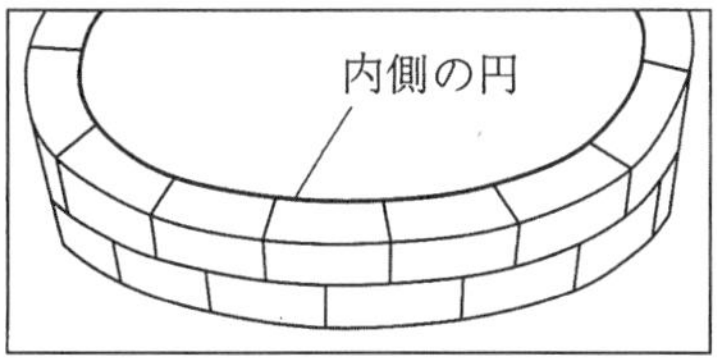

図3

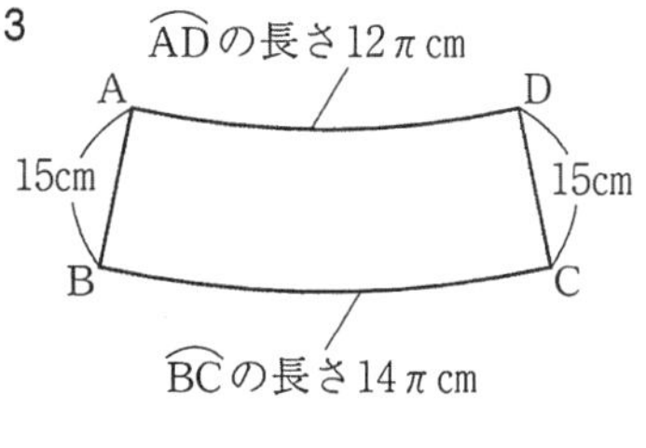

(四)　下の**図１**において，放物線①は関数 $y=\frac{1}{4}x^2$ のグラフであり，①上の x 座標が -4，8 である点をそれぞれA，Bとする。また，直線②は2点A，Bを通る。

このとき，次の問いに答えなさい。

1　関数 $y=\frac{1}{4}x^2$ について，x の値が4から8まで増加するときの変化の割合を求めよ。

2　直線②の式を求めよ。

3　下の**図２**のように，点Pは，放物線①上を，原点Oから点Aまで動く点とする。点Pを通り y 軸に平行な直線と直線②との交点をQとし，点Pから y 軸にひいた垂線と y 軸との交点をR，点Qから y 軸にひいた垂線と y 軸との交点をSとする。また，点Pの x 座標を t とする。

(1)　点Sの y 座標を t を使って表せ。

(2)　四角形PQSRが正方形となるとき，t の値を求めよ。

図１

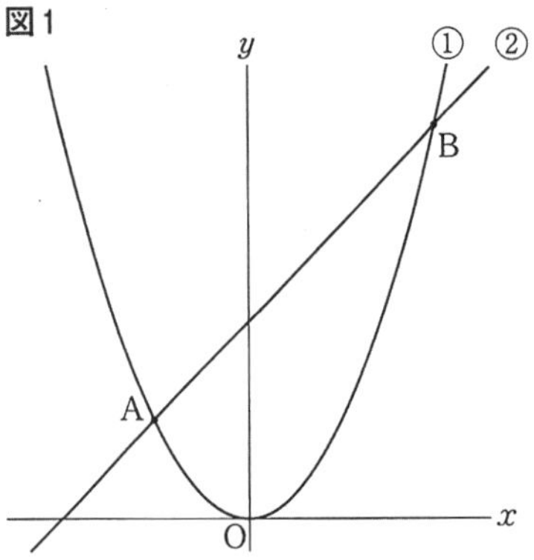

図２

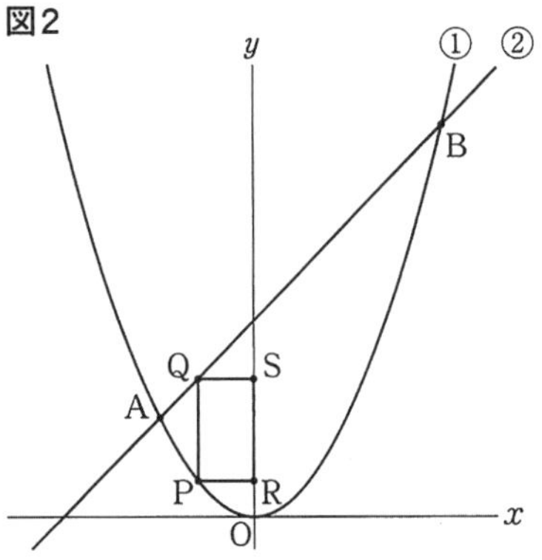

（五） 下の**図1**のように，線分 AB 上に点 C を，AC＞CB となるようにとり，AC，CB をそれぞれ 1 辺とする正三角形 CAD，BCE を，直線 AB について同じ側につくる。この状態から，△BCE を，点 C を回転の中心として時計回りに回転させる。

このとき，次の問いに答えなさい。

1　下の**図2**のように，点 E が線分 BD 上にあるとき，線分 AE と線分 CD との交点を F とする。このとき，

(1)　△CAE ≡ △CDB であることを証明せよ。

(2)　次の**ア**～**エ**のうち，1 つの円周上にある 4 点の組として正しいものを 1 つ選び，**ア**～**エ**の記号で書け。

ア　A，B，C，D　　　**イ**　A，B，C，F

ウ　A，C，D，E　　　**エ**　B，C，E，F

2　下の**図3**のように，点 E が辺 CD 上にある。AC：CB ＝ 5：3 のとき，四角形 ADBC の面積は，△BED の面積の何倍か求めよ。

図1

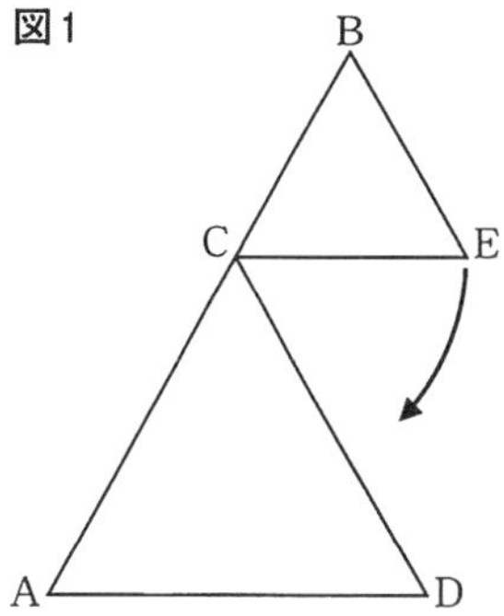

図2

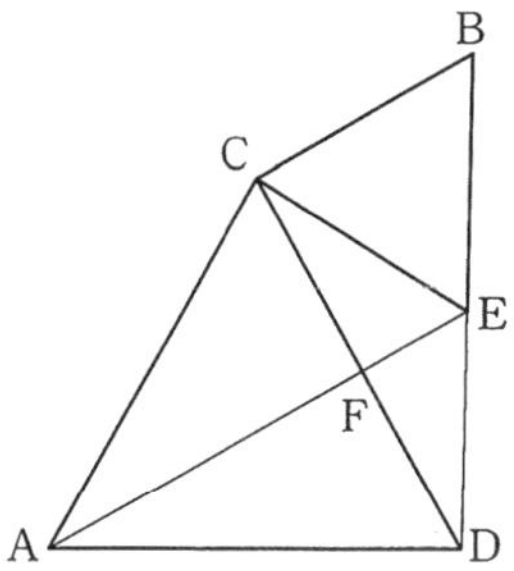

図3

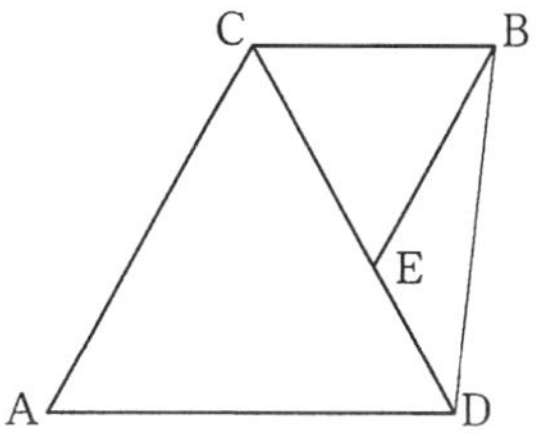

令 和 6 年 度

英　　　　語

（60分）

注　　　　意

1　問題は1ページから6ページまであり，これとは別に解答用紙が1枚ある。

2　解答は，全て別紙解答用紙の該当欄に書き入れること。

(一) 聞き取りの問題

※教英出版注
音声は，解答集の書籍ＩＤ番号を教英出版ウェブサイトで入力して聴くことができます。

	ア	イ	ウ	エ
1				

	ア	イ	ウ	エ
2				

	ア	イ	ウ	エ
3				

(二) 聞き取りの問題

1 ア That's your problem.　　イ I wasn't there.
　ウ That's good.　　エ I waited for an hour.

2 ア It's a Japanese one.　　イ It's not mine.
　ウ It's not so good.　　エ It's on your left.

(三) 聞き取りの問題

1 ア In January. イ In March.
ウ In April. エ In December.

2 ア They won't be popular among students in Japan.
イ They will become more expensive in Japan someday.
ウ They won't be necessary for the students in his school.
エ They will be good for the health of the students in his school.

3 ア Because he wanted to become a Japanese teacher in his country.
イ Because he wanted to make delicious Japanese food with Ken in class.
ウ Because he was sure that he could ask Ken questions about Japanese.
エ Because he was sure that he could help Ken study Japanese.

4 ア He wants them to find their favorite places at school.
イ He wants them to know that reading is wonderful.
ウ He wants them to show him the books they like.
エ He wants them to tell him about their dreams.

(四) 次の1，2の問いに答えなさい。

1 次の(1)，(2)の各対話文の文意が通るように，(　　)の中のア～エを正しく並べかえて，左から順にその記号を書け。

(1) A： Mr. Smith, I'm feeling sick now. Please (ア go イ me ウ let エ home) early.
B： OK. But you shouldn't leave school alone. I'll call your mother.

(2) A： Excuse me. Could you (ア to イ me ウ the way エ tell) Wakaba Station?
B： The station is near my house. So I'll take you there.

2 次の(1)，(2)について，それぞれの指示に従って英語で書け。ただし，(1)の①と②，(2)は，三つとも，それぞれ8語以上の1文で書くこと。(「,」「.」などの符号は語として数えない。)

(1) 次の①，②の質問に答える文を書け。
① あなたは，自分の町をより良くするために，将来，どのようなことをしたいですか。
② また，そうすることで，あなたの町はどのように良くなりますか。

(2) オンライン交流で仲良くなったアメリカ人のトム (Tom) から，次のようなメールが届いた。あなたが，このメールに返信するとすれば，どのような返信をするか。(　　)に当てはまるように文を書け。

【トムからのメール】

Hello. I want to be good at Japanese. However, I don't know what I should do. If you have any good ideas, please tell me about them.

【あなたの返信メール】

Hi, Tom. Thank you for your e-mail. I have a good idea. (　　　　　　　　　　　　　　　　　　　　) I hope you will be good at Japanese.

（五）中学生の陸（Riku）と雄太（Yuta）が留学生のジョン（John）と話をしている。対話文と右のプログラム（program）をもとにして，１～４の問いに答えなさい。

Riku ： Hi, John. Today is your third day at this school. How is your school life?
John ： I'm enjoying it. I like this school very much.
Yuta ： I'm happy to hear that, John. Do you know our school festival will come soon?
John ： Yes, of course. My school in America doesn't have an event like that, so I'm very excited. I've looked at this program of the school festival, but I can't read the Japanese in it.
Riku ： OK. [①].
John ： Thank you. What will be held in the morning?
Riku ： Each grade will do a performance in the gym.
John ： What will we do?
Yuta ： We'll sing some famous English songs with our classmates.
John ： Nice! I don't have to worry about the language. What will we do after that?
Riku ： We'll see other performances in the gym.
John ： Well.... You mean [②], right?
Riku ： Yes. The students won't go anywhere else.
John ： I see. What will we do after the performances?
Yuta ： We'll have a long lunch break. During the break, we can visit some classrooms and enjoy some kinds of events.
John ： (ア)あなたたちは，どこに行くかを決めましたか。
Riku ： Not yet. Let's go together, John.
John ： Thank you, Riku and Yuta.
Riku ： What should we do first?
Yuta ： We should have lunch. On the first floor, we can enjoy dishes made by parents.
John ： Sounds great! After having lunch, what will we do?
Yuta ： On the same floor, we can play some games. [③]. Are you interested in them, John?
John ： Yes. That experience will help me learn more about Japan.
Riku ： OK. After that, let's go to the second floor. We can see a lot of works the students made in some classes, for example, in social studies and science.
John ： Oh, I want to see the scientific works. Where will they be exhibited?
Yuta ： In our classroom. After seeing them, why don't we go to the third floor and enjoy the events by some clubs?
Riku ： I'm a member of the art club. Can we go and see my pictures after seeing the scientific works?
John ： Of course. Oh, our teacher said my calligraphy works would be exhibited.
Yuta ： Well..., they will be on the second floor. Let's go there after seeing Riku's pictures.
Riku ： Wait. The calligraphy works and the scientific works will be exhibited on the same floor. So we should see John's works after seeing the scientific works.
Yuta ： I agree. And then let's go to the third floor to see Riku's pictures.
Riku ： OK. Finally, why don't we have the tea ceremony experience?
John ： Wow! I want to try it.
Yuta ： Sorry, I can't.
John ： Why?
Yuta ： After the lunch break, the English speech contest will be held in the gym. I'll join it, so I have to go back to the gym earlier. Please enjoy the tea ceremony with Riku.
John ： I see. Yuta, your English is very good, and I believe you can give a wonderful speech.
Yuta ： Thank you. All the students will listen to my speech, so I'm excited. (イ)私はそのコンテストで勝つために最善を尽くすつもりです。
John ： Great! After the contest, what will be held?
Riku ： Everyone will enjoy the performances from the dance club and the brass band in the gym.
John ： OK. Let's have a good time together.

（注） be held 行われる　grade(s) 学年　gym 体育館　break 休憩　floor 階
work(s) 作品　social studies 社会科　scientific 理科の
exhibit～ ～を展示する　why don't we～? ～しませんか　calligraphy 書写
tea ceremony 茶道　brass band 吹奏楽部

Program

《文化祭プログラム》

〈スケジュール〉

開始時刻	発表者	内容
8:50	開会式	
9:10	1年生(各クラス)	合唱
10:10	2年生(全体)	演劇
11:10	3年生(代表)	郷土芸能発表
12:00	昼休み（展示見学・体験等）	
13:30	各クラス(代表)	英語スピーチコンテスト
14:20	ダンス部	ダンス
15:00	吹奏楽部	演奏
15:40	閉会式	

〈会場案内図〉

体育館

ステージ発表

本館

3階	茶道部体験	美術部作品展示	文芸部作品展示	華道部作品展示・体験
2階	総合的な学習の時間作品展示	社会科作品展示	国語科書写作品展示	理科作品展示
1階	〈保健室〉	〈職員室〉	PTAバザー	文化体験（ゲーム）

PTAバザーでは，うどんなどの食事を提供しています。

1　対話文中の①～③に当てはまる最も適当なものを，それぞれ次のア～エの中から一つずつ選び，その記号を書け。

①　ア　You should study hard　　イ　We can't make it in English
　　ウ　You aren't so excited　　エ　We'll help you

②　ア　everyone has to choose the best one
　　イ　everyone can see them in other places
　　ウ　everyone will stay there in the morning
　　エ　everyone may go out without seeing them

③　ア　They are different from Japanese ones
　　イ　They are traditional Japanese ones
　　ウ　They are popular in John's country
　　エ　They are all from John's country

2　対話文中の（ア），（イ）の日本語の内容を英語に直せ。

3　陸，雄太，ジョンは，3人一緒に，どのような順番で，昼休みの展示見学や体験等をすることにしたか。対話文の内容に合うように，次の(a)～(d)にそれぞれ当てはまる最も適当なものを，下の〔　　〕のア～カの中から一つずつ選び，その記号を書け。

PTAバザー　→　(a)　→　(b)　→　(c)　→　(d)

〔ア　文化体験（ゲーム）　イ　社会科作品展示　ウ　国語科書写作品展示
　エ　理科作品展示　オ　茶道部体験　カ　美術部作品展示〕

4　次の(1)～(3)の英文の内容が，対話文，Program の内容に合うように，〔　　〕のア～エの中から，最も適当なものをそれぞれ一つずつ選び，その記号を書け。

(1)　John and Yuta are in 〔ア the first grade　イ the second grade　ウ the third grade　エ different grades〕 of the junior high school.

(2)　In Yuta's classroom, the works the students made 〔ア in Japanese class　イ in science class　ウ in social studies class　エ in the art club〕 will be exhibited.

(3)　The program shows that 〔ア the teachers' room is on the second floor　イ there will be a performance from the third grade first in the morning　ウ the brass band will do a performance before the dance club　エ the students will have a lunch break of more than an hour〕.

(六) 次の英文は，実優（Miyu）が英語の時間に発表したものである。これを読んで，1～6の問いに答えなさい。

A student from Australia, Emily, has stayed at my house for two months. She wants to know more about Japanese stationery. I have an aunt, Yuri, and she has worked for a stationery company in Tokyo for eighteen years. [ア] Three weeks ago, she took Emily and me to the stationery exposition in Tokyo. At the exposition, people enjoyed buying many kinds of stationery from about seventy stationery companies. We (A) three foreign people there, and they told us why they like Japanese stationery so much.

The first person is Jane from Brazil. She came to Japan three years ago. And now she (B) to college in Tokyo to study Japanese art. She visits the stationery exposition to buy something cute every year. She enjoys using the special color pencils made by a pencil company in Japan. [イ] When you sharpen the color pencils with a pencil sharpener, you can see their unique shavings. They are shaped like the petals of flowers that are often seen in Japan. The shavings of a pink pencil, for example, look like the petals of cherry blossoms. For the color pencils, people working for the pencil company use a special material made from paper. There is a reason for that. Wood is usually used for pencils. However, it doesn't work well for making shavings like petals. By (C) doing so, they can create the shavings that look like real petals. Jane said, "When I sharpen the special color pencils, I feel the seasons in Japan. Such beautiful stationery makes me happy."

The second person is Luca. He works as a nurse in Italy. He sometimes visits Japan on vacation. He loves a silicone note band sold in Japan. He usually wears it around his wrist in the hospital. On a silicone note band, you can write notes with a pen and erase them with your finger. You can write notes on the band repeatedly. Notes will not disappear even in water. So you don't have to take off the band when you wash your hands. Luca said, "I got a silicone note band from my sister. [ウ] I am a nurse. I have to write many necessary notes. A silicone note band is very useful for people who work in hospitals and disaster areas. Being functional is the most important to me."

The third person is William. He is from America and works for a junior high school in Japan. He loves Japan and wants to tell his friends in America how unique Japanese stationery is. He showed us one example. It is shaped and looks like a lettuce, but actually it is not a real one. Its material is paper, and you can use its leaves as note paper. They have wrinkles. And that helps the leaves look like real ones. There are two things to do before writing notes. First, pull off its leaf. Second, smooth out the wrinkles. And you can write notes on the leaf. William said, "Someone may say that (D). However, I don't think so. It helps me enjoy my life. Being functional is not important to me. I like to use unique stationery that Japanese people make with their sense of humor."

Through talking with these people, I learned how great Japanese stationery is and became interested in it. Emily looked more excited about it than before. She said, "Japanese people have made much interesting stationery. I think that making such stationery needs creative ideas. And I believe that such stationery can help us improve our lives. My dream is to create the stationery that makes many people happy." [エ] I am sure that you will use the stationery made by her someday.

(注) stationery 文房具　exposition 博覧会　sharpen～ ～を削る
pencil sharpener 鉛筆削り　unique 独特の　shaving(s) 削りくず　shape～ ～を形づくる
petal(s) 花びら　cherry blossom(s) 桜　material 素材　wood 木　real 本物の
nurse 看護師　silicone シリコーン(素材の名称)　note(s) メモ　band バンド
wrist 手首　erase～ ～を消す　finger 指　repeatedly 何度も　disappear 消える
disaster area(s) 被災地　functional 機能的な　lettuce レタス　leaf(leaves) 葉
wrinkle(s) しわ　pull off～ ～をもぎとる　smooth out～ ～を伸ばす
sense of humor ユーモア感覚　creative 創造的な

1 本文中の(**A**),(**B**)に入る英語として最も適当なものを,次の中から一つずつ選び,それぞれ正しい形の1語に直して書け。

build	go	happen	lose	meet	rise	spend

2 本文中の(**C**)の指す内容を,日本語で具体的に説明せよ。

3 本文中の(**D**)に当てはまる最も適当なものを,次の**ア**～**エ**の中から一つ選び,その記号を書け。
ア it is a lot of fun to use this stationery
イ more people should buy this stationery
ウ this stationery can make our lives better
エ there is nothing good about this stationery

4 次の1文が入る最も適当な場所を,本文中の**ア**～**エ**の中から一つ選び,その記号を書け。

I love it because it helps me a lot during work.

5 本文中に書かれている内容と一致するものを,次の**ア**～**キ**の中から二つ選び,その記号を書け。
ア Emily went to the stationery exposition in Tokyo with Miyu and Yuri two months ago.
イ Jane feels the seasons in Japan through seeing the shavings of the special color pencils.
ウ Important notes written on the silicone note band will disappear in water.
エ Luca wants to know how he can improve his sense of humor to make people happy.
オ The leaves of a real lettuce will be used as note paper in some countries soon.
カ Both Luca and William like functional stationery better than unique stationery.
キ Emily thinks that creative ideas are necessary to make interesting stationery.

6 この発表の題名として最も適当なものを,次の**ア**～**エ**の中から一つ選び,その記号を書け。
ア History of the stationery exposition
イ Japanese stationery in people's lives
ウ Interesting stationery around the world
エ People working for a stationery company

令 和 6 年 度

理　　　　科

（50分）

注　　　　意

1　問題は１ページから６ページまであり，これとは別に解答用紙が１枚ある。

2　解答は，全て別紙解答用紙の該当欄に書き入れること。

（一）音，運動とエネルギーに関する次の１・２の問いに答えなさい。

1　次の**実験**１～３を行い，おんさＭ，Ｎが出した音を，マイクを通してオシロスコープに入力し，オシロスコープの画面で波形を観察した。**図**１の**Ｘ**～**Ｚ**は，その結果を表したものである。

［**実験**１］おんさＭをある強さでたたいた。**図**１の**Ｘ**は，その結果を表したものである。

［**実験**２］**実験**１でおんさＭをたたいた強さと異なる強さで，おんさＭをたたいた。**図**１の**Ｙ**は，その結果を表したものである。

［**実験**３］おんさＮをある強さでたたいた。**図**１の**Ｚ**は，その結果を表したものである。

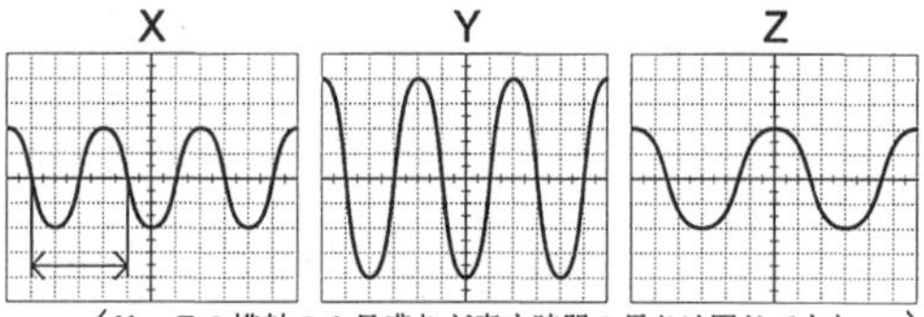

図１（Ｘ～Ｚの横軸の１目盛りが表す時間の長さは同じであり，Ｘ～Ｚの縦軸の１目盛りが表す振幅の大きさは同じである。Ｘの⟷の長さは，１回の振動にかかる時間を示している。）

⑴　おんさＭ，Ｎのように，振動して音を出す物体は何と呼ばれるか。その名称を書け。

⑵　**図**１の**Ｘ**で，画面の⟷が示す時間は0.0025秒であった。おんさＭが出した音の振動数は何Hzか。

⑶　次の文の①，②の｛　｝の中から，それぞれ適当なものを１つずつ選び，その記号を書け。

実験２でおんさＭが出した音の大きさは，**実験**１でおんさＭが出した音の大きさと比べて①｛ア　大きい　　イ　小さい｝。**実験**３でおんさＮが出した音の高さは，**実験**１でおんさＭが出した音の高さと比べて②｛ウ　高い　　エ　低い｝。

2［**実験**４］**図**２のように，小球Ｐを**Ａ**の位置から静かにはなし，**Ｂ**から**Ｆ**までのそれぞれの位置を通過したときの速さを測定した。次に，小球Ｐを体積が同じで質量が２倍の小球Ｑにかえ，小球Ｑを**Ａ**の位置から静かにはなし，小球Ｐのときと同じ方法で，速さを測定した。**表**１は，その結果をまとめたものである。ただし，**図**２の水平面を位置エネルギーの基準面とする。また，小球が運動しているとき，小球がもつ力学的エネルギーは一定に保たれるものとする。

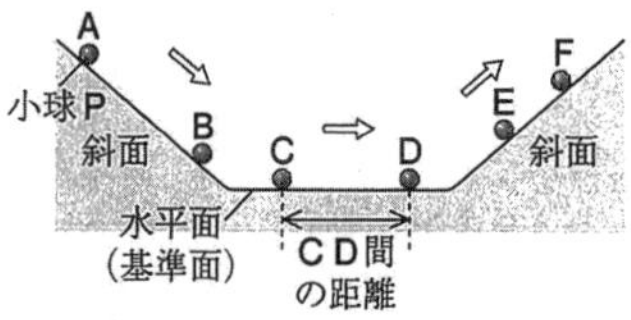

図２（⇨は運動の向きを示す。）

表１

位置	B	C	D	E	F
小球Ｐの速さ〔cm/s〕	250	280	280	217	125
小球Ｑの速さ〔cm/s〕	250	280	280	217	125

⑴　次の文の①，②の｛　｝の中から，それぞれ適当なものを１つずつ選び，その記号を書け。

小球Ｐが**Ａ**の位置から**Ｂ**の位置まで運動したとき，小球Ｐがもつ位置エネルギーは①｛ア　増加　　イ　減少｝し，小球Ｐがもつ運動エネルギーは②｛ウ　増加　　エ　減少｝する。

⑵　**実験**４で，**ＣＤ**間の距離は42cmであった。小球Ｐが**Ｃ**の位置から**Ｄ**の位置まで運動するのにかかった時間は何秒か。

⑶　**図**３の矢印は，水平面上の**ＣＤ**間を運動している小球にはたらく重力を示している。この小球には，もう１つの力がはたらいている。その力を，解答欄の図中に矢印でかけ。また，作用点を●印でかけ。

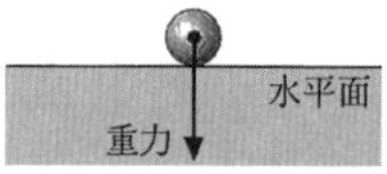

図３（小球は右向きに運動している。）

⑷　小球Ｐが**Ｅ**の位置にあるとき，小球Ｐがもつ運動エネルギーは，小球Ｐがもつ位置エネルギーの$\frac{3}{2}$倍であった。また，小球Ｐが**Ｆ**の位置にあるときの小球Ｐがもつ運動エネルギーは，小球Ｐが**Ｅ**の位置にあるときの小球Ｐがもつ運動エネルギーの$\frac{1}{3}$倍であった。小球Ｐがもつ位置エネルギーを**Ｅ**と**Ｆ**の位置で比べると，**Ｆ**の位置にあるときの位置エネルギーは，**Ｅ**の位置にあるときの位置エネルギーの何倍か。

⑸　次の文の①，②の｛　｝の中から，それぞれ適当なものを１つずつ選び，**ア**～**ウ**の記号で書け。

小球Ｐと小球Ｑがそれぞれ**Ａ**の位置にあるとき，それぞれの小球がもつ位置エネルギーの大きさを比べると，①｛ア　小球Ｐが大きい　　イ　小球Ｑが大きい　　ウ　同じである｝。また，小球Ｐと小球Ｑがそれぞれ**Ｃ**の位置にあるとき，それぞれの小球がもつ運動エネルギーの大きさを比べると，②｛ア　小球Ｐが大きい　　イ　小球Ｑが大きい　　ウ　同じである｝。

(二) 水溶液の性質と化学変化に関する次の1・2の問いに答えなさい。

1 水溶液**X**と水溶液**Y**がある。これらは，塩酸，水酸化ナトリウム水溶液のいずれかである。

［**実験1**］ 4個のビーカー**A**～**D**に，水溶液**X**を同じ体積ずつとったあと，ビーカー**B**，**C**，**D**に，水溶液**Y**をそれぞれ4，8，12cm^3加えた。次に，ビーカー**A**～**D**の水溶液それぞれを，**図1**のようにガラス棒でスライドガラスの上にとり，加熱して水を蒸発させると，ビーカー**A**の水溶液は何も残らなかったが，ビーカー**B**～**D**の水溶液では白色の物質が残った。また，ビーカー**A**～**D**に，緑色のBTB溶液を数滴ずつ加え，色の変化を観察した。ビーカー**C**の水溶液は緑色であり，pHを調べると7であった。

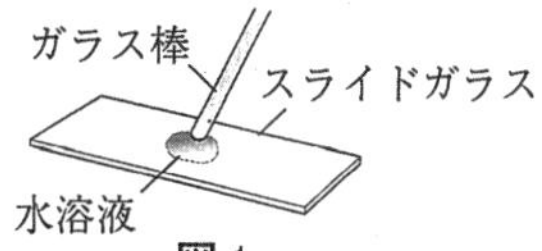

図1

(1) 塩酸と水酸化ナトリウム水溶液が中和して塩《えん》と水ができる化学変化を，化学反応式で表すとどうなるか。解答欄の［　］に当てはまる化学式をそれぞれ書き，化学反応式を完成させよ。

(2) 次の文の①，②の｛ ｝の中から，それぞれ適当なものを1つずつ選び，その記号を書け。

水溶液**X**は①｛**ア** 塩酸 **イ** 水酸化ナトリウム水溶液｝であり，緑色のBTB溶液を加えたあとのビーカー**A**の水溶液の色は②｛**ウ** 黄色 **エ** 青色｝であった。

(3) 次の**ア**～**エ**のうち，**実験1**で，水溶液中のイオンや，中和反応によって生じた水分子について述べたものとして，最も適当なものを1つ選び，その記号を書け。

ア 水溶液中の陽イオンと陰イオンの数が同じなのは，ビーカー**A**の水溶液だけである。

イ 水溶液中に含まれるイオンの総数は，ビーカー**D**の水溶液だけ異なり，一番多い。

ウ 水溶液中に生じた水分子の数は，ビーカー**B**，**C**，**D**の水溶液どれも同じである。

エ 水溶液中に水分子が生じたのは，ビーカー**C**の水溶液だけである。

2 ［**実験2**］ビーカー**P**にうすい塩酸を14cm^3とり，ビーカー**P**を含めた全体の質量を測定した。次に，**図2**のように，ビーカー**P**に石灰石の粉末を1.0ｇ加えて，気体が発生しなくなるまで反応させ，しばらくしてから，ビーカー**P**を含めた全体の質量を測定した。さらに，ビーカー**P**に石灰石の粉末を1.0ｇ加えては質量を測定するという操作を，加えた石灰石の質量の合計が5.0ｇになるまで続けた。**表1**は，その結果をまとめたもので，ⓐ～ⓒには，発生した気体の質量の合計が当てはまる。

図2

(1) 発生した気体は何か。その気体の名称を書け。

(2) 石灰石の粉末を2回目に加えたとき，新たに発生した気体は何ｇか。

(3) **表1**のⓒに当てはまる適当な数値を書け。また，**表1**をもとに，加えた石灰石の質量の合計と発生した気体の質量の合計との関係を表すグラフをかけ。

(4) 石灰石の粉末を合計5回加えたビーカー**P**に，下線部のうすい塩酸を加えると，気体が発生した。気体が発生しなくなるまで反応させるには，うすい塩酸を少なくとも何cm^3加えればよいか。

表1

操作回数	加えた石灰石の質量の合計〔g〕	ビーカーPを含めた全体の質量〔g〕	発生した気体の質量の合計〔g〕
操作前	0	74.6	0
1回	1.0	75.2	0.4
2回	2.0	75.8	ⓐ
3回	3.0	76.4	ⓑ
4回	4.0	77.2	ⓒ
5回	5.0	78.2	1.4

(三)　植物の葉のはたらきと植物の分類に関する次の１・２の問いに答えなさい。

1 ［**実験**］植物の蒸散について調べるために，葉の枚数や大きさ，枝の太さや長さがそろっている３本のツバキを用意した。**図１**の**A**～**C**のように，それぞれの枝を水が入った三角フラスコにさし，水面からの水の蒸発を防ぐために，それぞれの三角フラスコに少量の油をそそいで水面をおおったのち，**B**と**C**の葉にワセリンをぬり，三角フラスコを含めた全体の質量を測定した。３時間置いたのち，再び全体の質量を測定した。**表１**は，その結果をまとめたものである。ただし，下線部のツバキの，からだ全体からの蒸散の量は，それぞれ等しいものとする。また，三角フラスコ内の水の減少量は，蒸散の量と等しいものとする。

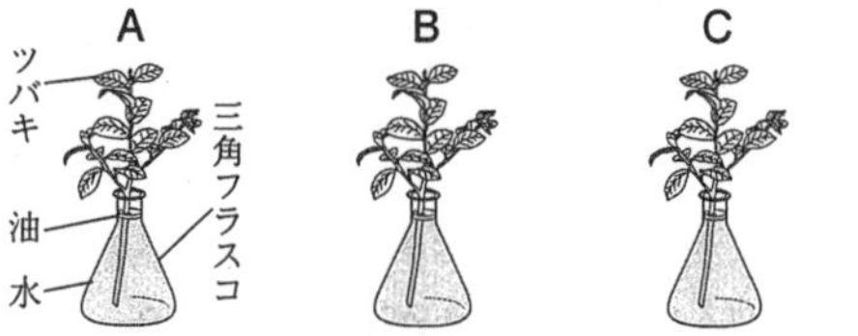

何も処理しない。　全ての葉の表側にワセリンをぬる。　全ての葉の裏側にワセリンをぬる。

図１

表１

	A	B	C
最初に測定した全体の質量〔g〕	75.2	75.6	75.6
３時間後に測定した全体の質量〔g〕	70.1	70.8	75.1

(1)　葉の表皮には，２つの三日月形の細胞がくちびるのように向かい合ってできたすき間がある。このすき間は，［X］と呼ばれ，蒸散は主に［X］で行われる。Xに当てはまる適当な言葉を書け。

(2)　次の文の①，②の｛　｝の中から，それぞれ適当なものを１つずつ選び，その記号を書け。

実験で，Bの水の減少量が，Cの水の減少量より①｛**ア**　大きい　　**イ**　小さい｝ことから，葉の裏側からの蒸散の量は，葉の表側からの蒸散の量より②｛**ウ**　大きい　　**エ**　小さい｝ことが分かる。

(3)　**実験**で，１本のツバキの，葉以外の部分からの蒸散の量は何ｇか。**表１**の値を用いて計算せよ。

(4)　**図１**のように三角フラスコにさしたツバキを真上から見ると，**図２**のようにそれぞれの葉が互いに重なり合わないようについていた。このような葉のつき方には，植物が栄養分をつくる上で，どのような利点があるか。解答欄の書き出しに続けて簡単に書け。

図２

2 ［**観察**］胞子でふえる植物であるイヌワラビを観察し，スケッチした。次に，イヌワラビの胞子のうをスライドガラスにのせ，水を１滴落とし，カバーガラスをかけてプレパラートをつくり，**図３**のような顕微鏡で，胞子のうや胞子を観察した。**図４**は，観察する倍率を100倍にして観察したときの様子を表したものである。

図３

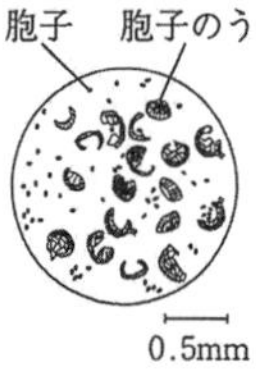

図４

(1)　次の**ア**～**エ**のうち，**観察**でスケッチを行うときの正しい方法として，最も適当なものを１つ選び，その記号を書け。

ア　対象物は，細い線と点ではっきりとかく。　　**イ**　対象物は，影をつけて立体的にかく。
ウ　対象物だけでなく，周囲の背景も詳しくかく。　**エ**　対象物の輪郭は，線を重ねてかく。

(2)　次の文の①，②の｛　｝の中から，それぞれ適当なものを１つずつ選び，その記号を書け。

観察で，顕微鏡の接眼レンズの倍率はそのままで，①｛**ア**　レボルバー　　**イ**　調節ねじ｝を回して対物レンズをかえ，観察する倍率を100倍から400倍にすると，見える胞子のうや胞子の数は②｛**ウ**　増える　　**エ**　減る｝。

(3)　次の文の①，②の｛　｝の中から，それぞれ適当なものを１つずつ選び，その記号を書け。

胞子でふえる植物の仲間には，イヌワラビのようなシダ植物のほかに，ゼニゴケのようなコケ植物がある。イヌワラビの胞子のうは，葉の①｛**ア**　表側　　**イ**　裏側｝で見られ，ゼニゴケの胞子のうは，②｛**ウ**　雄株《おかぶ》　　**エ**　雌株《めかぶ》｝で見られる。

(4)　植物の仲間には，胞子でふえるシダ植物やコケ植物のほかに，種子でふえる種子植物がある。次の**ア**～**エ**のうち，子房を持たない種子植物として，適当なものを１つ選び，その記号を書け。

ア　アブラナ　　**イ**　イチョウ　　**ウ**　サクラ　　**エ**　タンポポ

(四) 気象と太陽に関する次の１・２の問いに答えなさい。

1 **図1**は，ある年の９月に発生した台風**P**の進路を矢印で表したものである。また，**図2**は，台風**P**が**図1**の地点**A**に最も接近した10月１日を含む３日間の，地点**A**における，気温，湿度，気圧の３時間ごとの記録をグラフで表したものである。

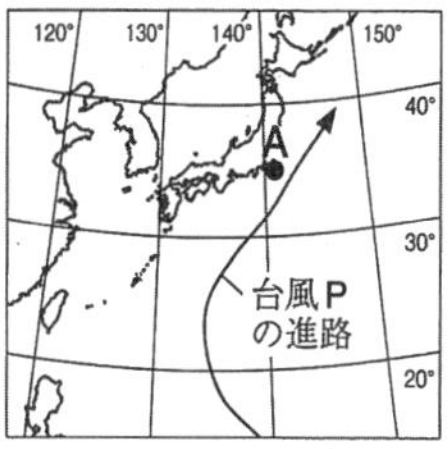

図1

(1) 台風は，［ **X** ］の海上で発生した［ **X** ］低気圧のうち，最大風速が約17m/s以上に発達したものである。**X**に当てはまる適当な言葉を書け。

(2) 次の文の①，②の｛　｝の中から，それぞれ適当なものを１つずつ選び，その記号を書け。

台風**P**が，**図1**のような進路をとるのは，①｛**ア**　シベリア高気圧　**イ**　太平洋高気圧｝の縁に沿って移動し，中緯度帯の上空を吹く②｛**ウ**　季節風　**エ**　偏西風｝に押し流されるからである。

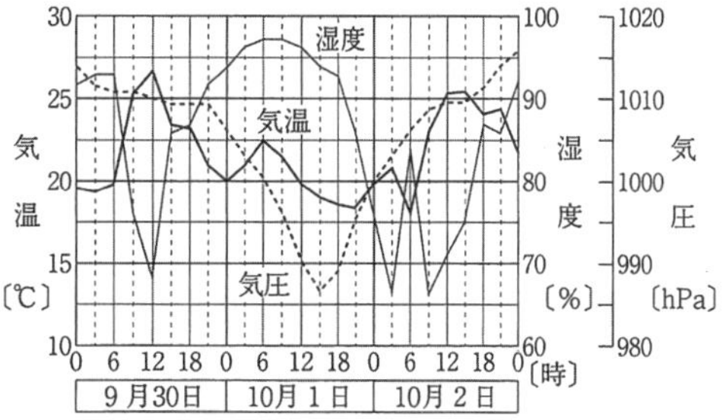

図2

(3) **図2**で，次の**ア**～**ウ**の日時における露点を比較して，露点の高い順に，**ア**～**ウ**の記号で左から書け。

ア　9月30日18時　　**イ**　10月２日３時　　**ウ**　10月２日９時

(4) 次の文の①，②の｛　｝の中から，それぞれ適当なものを１つずつ選び，その記号を書け。

図2で，台風**P**の中心が地点**A**に最も接近した日時は，①｛**ア**　10月１日６時頃　**イ**　10月１日15時頃｝と考えられ，その日時に地点**A**を吹く風の向きは，**図1**から，②｛**ウ**　北寄り　**エ**　南寄り｝であったと考えられる。

2［**観察**］**図3**のように，太陽投影板を天体望遠鏡にとりつけたあと，記録用紙にかいた円の大きさに合わせてうつした太陽の像を観察した。**図4**は，そのときの黒点の位置と形を記録したものである。

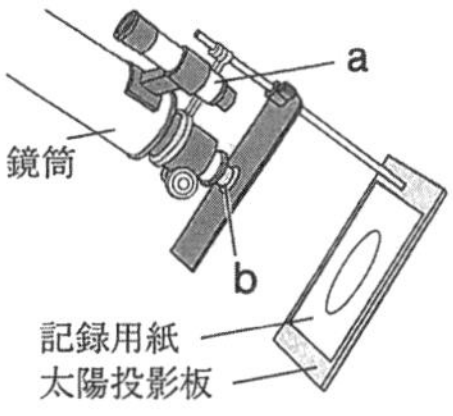

図3（観察を始める前の様子である。）

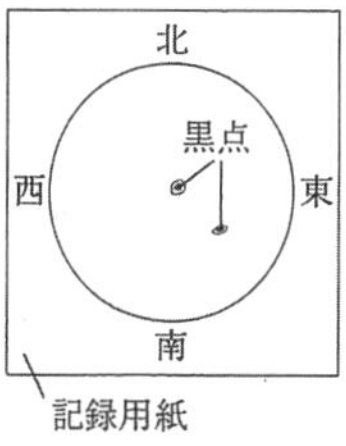

図4

(1) 次の文の①，②の｛　｝の中から，それぞれ適当なものを１つずつ選び，**ア**～**エ**の記号で書け。

ファインダーは，**図3**の①｛**ア**　a　　**イ**　b｝であり，太陽を観察するとき，ファインダーは，②｛**ウ**　低倍率のものから使用する　　**エ**　ふたをする｝。

(2) 天体望遠鏡の鏡筒を固定して観察すると，記録用紙にうつる太陽の像が動き，数分で記録用紙から外れていった。次の**ア**～**エ**のうち，この現象が起こる原因として，最も適当なものを１つ選び，その記号を書け。

ア　太陽の自転　　**イ**　太陽の公転　　**ウ**　地球の自転　　**エ**　地球の公転

(3) **観察**の２日後，**観察**と同じ時刻，同じ方法で，黒点の位置と形を記録した。次の**ア**～**エ**のうち，**観察**の２日後の記録として，最も適当なものを１つ選び，その記号を書け。ただし，**観察**のあと，黒点は，消滅することはなく，新たに出現することもなかったものとする。

ア
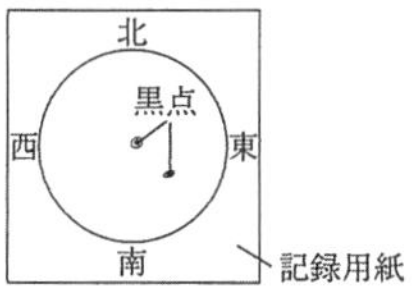

イ

ウ
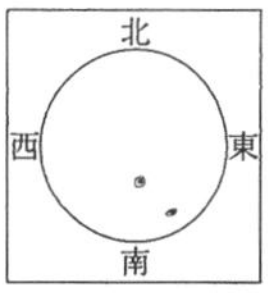

エ

(4) 太陽のような恒星は，宇宙に数多く存在し，数億から数千億個集まって［ **Y** ］という集団を形成する。このような集団のうち，渦を巻いた円盤状の形をした，太陽を含む約2000億個の恒星からなる集団は［ **Y** ］系と呼ばれる。**Y**に当てはまる適当な言葉を書け。

（五） 次の１～４の問いに答えなさい。

１ ［**実験１**］ 電熱線**ａ**を用いて，**図１**のような装置をつくった。電熱線**ａ**の両端に加える電圧を2.0Ｖに保ち，10分間電流を流したときの水の上昇温度を調べた。次に，電熱線**ａ**の両端に加える電圧を3.0Ｖ，4.0Ｖ，5.0Ｖ，6.0Ｖと変え，同じ方法で水の上昇温度を調べた。**表１**は，その結果をまとめたものである。

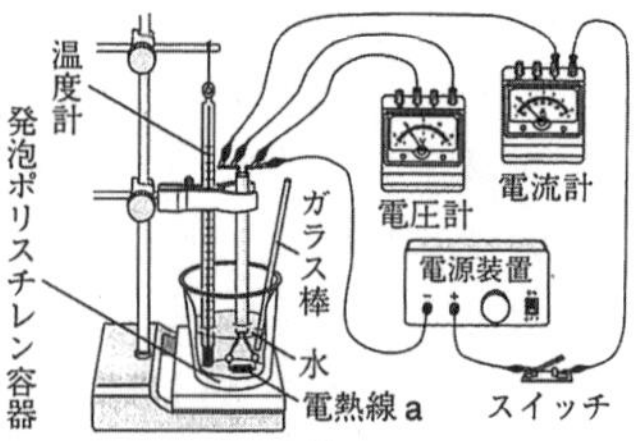

図１

［**実験２**］ **図１**の装置で，電熱線**ａ**を抵抗の値が分からない電熱線**ｂ**にかえ，電熱線**ｂ**の両端に加える電圧を5.0Ｖに保ち，10分間電流を流したとき，水温は8.0℃上昇していた。

表１ （水の上昇温度は，電流を流す前の温度と10分間電流を流したあとの温度との差である。）

電熱線に加えた電圧〔Ｖ〕	2.0	3.0	4.0	5.0	6.0
電熱線に流れた電流〔Ａ〕	0.50	0.75	1.00	1.25	1.50
水の上昇温度〔℃〕	2.0	4.5	8.0	12.5	18.0

ただし，**実験１・２**では，水の量，室温は同じであり，電流を流し始めたときの水温は室温と同じにしている。また，熱の移動は電熱線から水への移動のみとし，電熱線で発生する熱は全て水の温度上昇に使われるものとする。

⑴ **表１**をもとに，横軸と縦軸にとる量の組み合わせを**表２**の**ア**～**エ**のようにして，それぞれグラフで表したとき，比例の関係になる組み合わせとして適当なものを，**表２**の**ア**～**エ**から１つ選び，その記号を書け。

表２

	横軸にとる量	縦軸にとる量
ア	電熱線に加えた電圧〔Ｖ〕	電熱線の抵抗〔Ω〕
イ	電熱線に加えた電圧〔Ｖ〕	水の上昇温度〔℃〕
ウ	電熱線が消費した電力〔Ｗ〕	電熱線の抵抗〔Ω〕
エ	電熱線が消費した電力〔Ｗ〕	水の上昇温度〔℃〕

⑵ 次の文の①，②の｛　｝の中から，それぞれ適当なものを１つずつ選び，**ア**～**ウ**の記号で書け。

実験１で加えた電圧が4.0Ｖのときの電熱線**ａ**から10分間で発生した熱量と，**実験２**で電熱線**ｂ**から10分間で発生した熱量とを比べると，①｛**ア**　電熱線**ａ**が大きい　**イ**　電熱線**ｂ**が大きい　**ウ**　同じである｝。また，電熱線**ａ**の抵抗の値と電熱線**ｂ**の抵抗の値とを比べると，②｛**ア**　電熱線**ａ**が大きい　**イ**　電熱線**ｂ**が大きい　**ウ**　同じである｝。

２ 太郎さんは，博物館でシソチョウについて調べ，その特徴を**図２**のようにまとめた。次の会話文は，太郎さんが先生と話をしたときのものである。

太郎さん：　シソチョウについて調べた結果を，**図２**のようにまとめると，セキツイ動物の２つの仲間の特徴を持つ生物であることが分かりました。

先　　生：　そうですね。シソチョウのように２つの仲間の特徴を持つ化石が発見されることや，生物の間に相同器官が見られることから，どのようなことが考えられますか。

太郎さん：　現在の生物は，過去の生物が変化して生じたと考えられます。

先　　生：　そのとおりです。

〈主な特徴〉
- 羽毛がある。
- 前あしは翼になっている。
- 翼には爪のついた指がある。
- 口には歯がある。

図２

⑴ 次の**ア**～**エ**のうち，下線部の２つの仲間の組み合わせとして，適当なものを１つ選び，その記号を書け。

ア　両生類と鳥類　　**イ**　両生類と哺乳類　　**ウ**　は虫類と鳥類　　**エ**　は虫類と哺乳類

⑵ 次の**ア**～**エ**のうち，相同器官について述べたものとして，適当なものを１つ選び，その記号を書け。

ア　現在の形やはたらきは同じであり，起源も同じものであったと考えられる器官
イ　現在の形やはたらきは同じであるが，起源は異なるものであったと考えられる器官
ウ　現在の形やはたらきは異なり，起源も異なるものであったと考えられる器官
エ　現在の形やはたらきは異なるが，起源は同じものであったと考えられる器官

3　花子さんのクラスは，ある地域の地層を調べるために，２日間野外観察を行った。**図３**は，観察地域を模式的に表したもので，地点**A**～**C**は道路沿いの地点を示している。ただし，この地域に断層はなく，地層は，互いに平行に重なり，南西から北東に向かって一定の傾きで下がっているものとする。

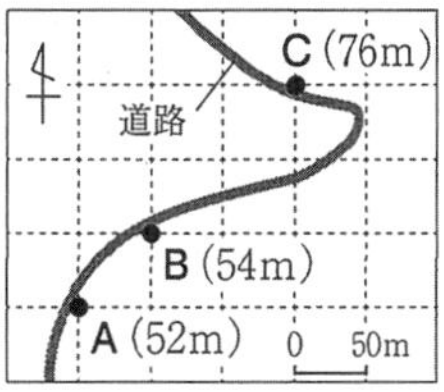

図３（A～Cの各地点は，正方形のマス目の交点上にあり，(　)内は，標高を示す。）

野外観察の内容

１日目	地点**A**，**B**にある，垂直に切り立つ崖で見られる地層を観察し，柱状図を作成する。
２日目	地点**C**のボーリング試料を観察する。

次の会話文は，１日目の終了後に，花子さんと太郎さんと先生が話をしたときのものである。

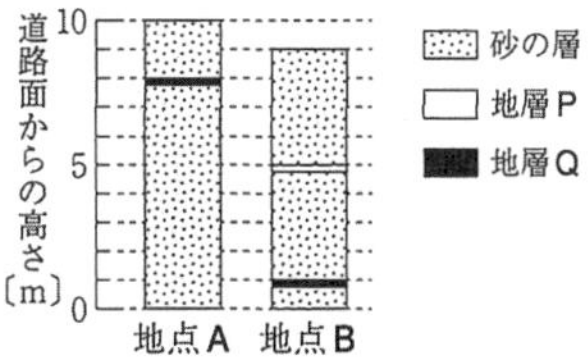

図４（道路面からの高さ０ｍは，各地点の標高と一致する。地層には上下の逆転はない。）

花子さん：　地層**P**，**Q**は，異なる噴火で噴出した火山灰が堆積したもので，この地域全体に見られるそうよ。また，作成した**図４**の柱状図によると，地層**P**，**Q**それぞれに含まれる火山灰を噴出した噴火のうち，地層**Q**に含まれる火山灰を噴出した噴火の方が，［　X　］が分かるね。

太郎さん：　どうして噴火した順番が分かるの。

花子さん：　地点**B**の柱状図において，地層**Q**の方が，［　　Y　　］分かるよ。

先　　生：　そうですね。また，**図３**，４をもとに，この地域に広がる地層について推測することもできますよ。それでは，<u>地点**C**において，地層**P**が道路面からおよそ何ｍの深さにあるか</u>求めてみましょう。そして，明日，実際にボーリング試料を観察して確認しましょう。

(1)　**X**に当てはまる適当な言葉を，次の**ア**，**イ**から１つ選び，その記号を書け。また，**Y**には，**X**であることが分かる理由を示す言葉が入る。**Y**に適当な言葉を書き入れて，会話文を完成させよ。ただし，「地層**P**」という言葉を用いて，解答欄の言葉につながるように書くこと。

ア　先に起こったこと　　　**イ**　あとから起こったこと

(2)　下線部の深さはおよそ何ｍか。次の**ア**～**エ**のうち，最も適当なものを１つ選び，その記号を書け。

ア　27ｍ　　　**イ**　31ｍ　　　**ウ**　45ｍ　　　**エ**　49ｍ

4　３種類のプラスチック**A**～**C**を用意し，次の**実験３**～**５**を行った。

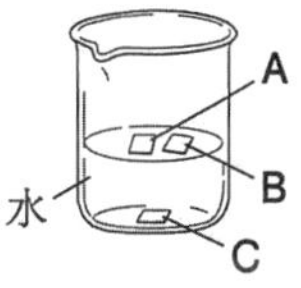

図５（A～Cの体積はそれぞれ0.40cm³）

［**実験３**］体積が0.40cm³の**A**～**C**を水の入ったビーカーに入れ，ガラス棒でかき混ぜると，**図５**のように，**A**，**B**は液面に浮いたが，**C**はビーカーの底に沈んだ。

［**実験４**］体積が0.40cm³の**A**～**C**をエタノール水溶液の入ったビーカーに入れ，ガラス棒でかき混ぜると，**B**は液面に浮いたが，**A**，**C**はビーカーの底に沈んだ。

［**実験５**］**実験３**，４で用いた体積が0.40cm³の**B**と同じ質量である**A**～**C**を用いて，**実験４**と同じ方法で実験を行い，浮き沈みを調べた。

ただし，**実験３**～**５**は，同じ温度で行うものとし，水の密度は1.0ｇ/cm³，エタノール水溶液の密度は0.95ｇ/cm³とする。

(1)　**実験３**，４で用いた体積が0.40cm³の**B**の質量について述べた次の文の①に当てはまる最も適当な数値を書け。また，②の｛　｝の中から，適当なものを１つ選び，その記号を書け。

実験３，４から，体積が0.40cm³の**B**の質量は，［　①　］ｇより②｛**ア**　大きい　　**イ**　小さい｝ことが分かる。

(2)　**実験５**の結果，**A**，**C**はそれぞれどのようになったか。「浮いた」「沈んだ」のどちらかの言葉を書け。

令和６年度

社　　　会

（50分）

注　　　意

1　問題は１ページから６ページまであり，これとは別に解答用紙が１枚ある。

2　解答は，全て別紙解答用紙の該当欄に書き入れること。

（一） 次のＡ～Ｆの文は，日本のできごとを年代の古い順に上から並べたものである。これを読んで，１～７の問いに答えなさい。

Ａ ①聖徳太子《しょうとくたいし》が，小野妹子《おののいもこ》らを隋《ずい》に送った。
Ｂ 桓武《かんむ》天皇が，都を平安京に移した。
Ｃ ②鎌倉を拠点とした源《みなもとの》頼朝《よりとも》が，奥州藤原《おうしゅうふじわら》氏をほろぼした。
Ｄ 足利義満《あしかがよしみつ》が，京都の③室町に御所《ごしょ》を建てた。
Ｅ 石田三成《いしだみつなり》らの挙兵により，関ヶ原《せきがはら》の戦いが起こった。
Ｆ ④徳川吉宗《とくがわよしむね》が，享保《きょうほう》の改革と呼ばれる政治改革を始めた。

１ ①が，大王《おおきみ》中心の政治を目指し，家柄にとらわれず，有能な人物を役人に取り立てようとして設けた制度は，一般に［　　］の制度と呼ばれている。［　　］に当てはまる最も適当な言葉を書け。

２ Ｂのできごとが起こった頃に唐《とう》に渡った僧には，比叡山《ひえいざん》に延暦寺《えんりゃくじ》を建てた［Ｘ］がいる。［Ｘ］は，日本に多くの経典を持ち帰り，［Ｙ］を開いた。Ｘ，Ｙにそれぞれ当てはまる言葉の組み合わせとして適当なものを，ア～エから一つ選び，その記号を書け。

ア｛Ｘ　最澄《さいちょう》　Ｙ　臨済宗《りんざいしゅう》｝　イ｛Ｘ　最澄　Ｙ　天台宗《てんだいしゅう》｝
ウ｛Ｘ　栄西《ようさい》《えいさい》　Ｙ　臨済宗｝　エ｛Ｘ　栄西　Ｙ　天台宗｝

３ ②時代に起こった世界のできごととして適当なものを，ア～エから一つ選び，その記号を書け。
ア ルターが，ローマ教皇やカトリック教会を批判し，宗教改革を始めた。
イ ムハンマドが，唯一神の教えを伝え，イスラム教を始めた。
ウ マルコ・ポーロが，ヨーロッパで，日本のことを黄金の国として紹介した。
エ ナポレオンが，国民の人気を得て，フランスの皇帝となった。

４ 次の会話文は，直子さんと先生が，③時代の産業の発展について話をしたときのものである。文中の［　　］に適当な言葉を書き入れて文を完成させよ。ただし，［　　］には，貴族や寺社 税 営業 独占 の四つの言葉を含めること。

先　生：③時代には，商業や手工業の発展により，各地で都市が発達しました。発達した都市などにおいて，商人や手工業者たちがつくった座とは，どのようなものか分かりますか。
直子さん：はい。座とは，［　　　　］同業者の団体のことです。
先　生：そのとおりです。

５ Ｅのできごとからのできごとまでの期間に起こった，我が国のできごととして適当なものを，ア～エから一つ選び，その記号を書け。
ア 雪舟《せっしゅう》が水墨画で日本の風景を描いた。　イ 伊能忠敬《いのうただたか》が正確な日本地図をつくった。
ウ 松尾芭蕉《まつおばしょう》が俳諧の芸術性を高めた。　エ 紀貫之《きのつらゆき》らが「古今和歌集《こきんわかしゅう》」をまとめた。

６ ④が将軍としてまとめさせた，裁判や刑の基準となる幕府の法典は，一般に［　　］と呼ばれている。［　　］に当てはまる最も適当な言葉を書け。

７ 右の資料は，国宝に指定されている，ある建物の写真である。この建物が建てられたことを述べた文をつくり，Ａ～Ｅのできごとの間に加えて，年代の古い順に並べたとき，当てはまる位置として適当なものを，ア～エから一つ選び，その記号を書け。

ア ＡとＢの間　イ ＢとＣの間　ウ ＣとＤの間　エ ＤとＥの間

（二） 右の略年表を見て，１～７の問いに答えなさい。

年 代	で き ご と	
1860	①桜田門外の変が起こる	
1880	②国会開設の勅諭《ちょくゆ》が出される	
1900		
	③日露戦争が始まる	
	④第一次世界大戦が始まる	
1920		
	⑤世界恐慌《きょうこう》が始まる	
1940		
	朝鮮戦争が始まる	
1960		⑦
	⑥東海道新幹線が開通する	
	日中共同声明が発表される	
1980		

1　次の文は，略年表中の①の後，幕府が進めた公武合体策の目的について述べたものである。文中の［ X ］，［ Y ］に，それぞれ適当な言葉を書き入れて文を完成させよ。ただし，Xには **朝廷** の言葉を，Yには **幕府** **回復** の二つの言葉を，それぞれ含めること。

> 幕府が進めた公武合体策は，幕府が［ X ］ことにより，［ Y ］ことを目的としていた。

2　右の資料は，略年表中の②のできごとの後，自由党を結成した人物の写真である。この人物の氏名を書け。

3　右の資料は，略年表中の③のできごとが起こった頃の，我が国のある製糸会社で，生糸《きいと》をつくっていた女性の１日の就業時間を表したものである。資料で示した就業時間をはじめとする，労働条件の改善が求められるようになったことを受けて，政府が1911年に制定した法律の名称を書け。

就 業	4時15分～6時00分
朝 食	6時00分～6時15分
就 業	6時15分～11時00分
昼 食	11時00分～11時15分
就 業	11時15分～15時00分
休 憩	15時00分～15時15分
就 業	15時15分～19時30分
就業時間の合計　14時間30分	

（注）　6月後半の就業時間表である。

（職工事情《しょっこうじじょう》による）

4　次の文は，略年表中の④の講和会議としてパリで開かれた会議について述べたものである。文中の［　　］に当てはまる国の名を書け。

> ベルサイユ条約が結ばれ，［　　］は，巨額の賠償金の支払いを義務付けられたうえ，軍備を縮小され，領土の一部と全ての植民地を失うこととなった。

5　略年表中の⑤について述べた次の文のａ，ｂの｛　｝の中から適当なものを，それぞれ一つずつ選び，その記号を書け。

> ⑤に対応するために，アメリカでは，ａ｛ア　リンカン　　イ　ローズベルト｝大統領が，ｂ｛ウ　奴隷解放宣言を発表した　　エ　ダム建設などの公共事業をおこした｝。

6　略年表中の⑥のできごとが起こった頃，漫画やアニメーションの分野で活躍し，我が国で初めての本格的な連続長編テレビアニメの制作に関わった人物として適当なものを，ア～エから一つ選び，その記号を書け。

ア　手塚治虫《てづかおさむ》　　イ　大江健三郎《おおえけんざぶろう》　　ウ　黒澤明《くろさわあきら》　　エ　司馬遼太郎《しばりょうたろう》

7　略年表中の⑦の期間に起こったできごととして適当なものを，ア～エから二つ選び，年代の古い順に左から並べ，その記号を書け。

ア　日ソ共同宣言が調印された。

イ　アメリカとソ連の首脳が冷戦の終結を宣言した。

ウ　日本がポツダム宣言を受諾した。

エ　サンフランシスコ平和条約が結ばれた。

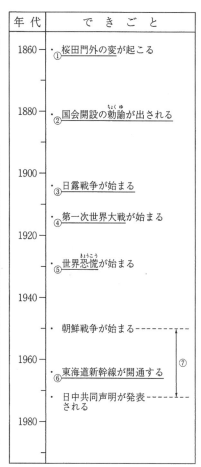

（三） 次の１～６の問いに答えなさい。

1　政党政治において，どの政党も議会で過半数の議席に達しないときなどには，基本的な政策に合意をした政党が集まって政権がつくられる。このような政権は，一般に［　　　］政権と呼ばれている。［　　　］に当てはまる最も適当な言葉を書け。

2　次の会話文は，健太さんと先生が，立憲主義について話をしたときのものである。文中の［　　　　］に適当な言葉を書き入れて文を完成させよ。ただし，［　　　　］には，国家権力 憲法 制限 の三つの言葉を含めること。

> 先　　生：現在，多くの国で取り入れられている立憲主義とは，どのような考え方か分かりますか。
>
> 健太さん：はい。国民の基本的人権を保障するなど，よりよい民主政治を実現するために，［　　　　　　　］という考え方のことです。
>
> 先　　生：そのとおりです。

3　我が国における国会の仕事として適当なものを，ア～エから一つ選び，その記号を書け。

ア　天皇の国事行為への助言と承認　　イ　予算案の作成
ウ　法律案の議決　　エ　条約の締結

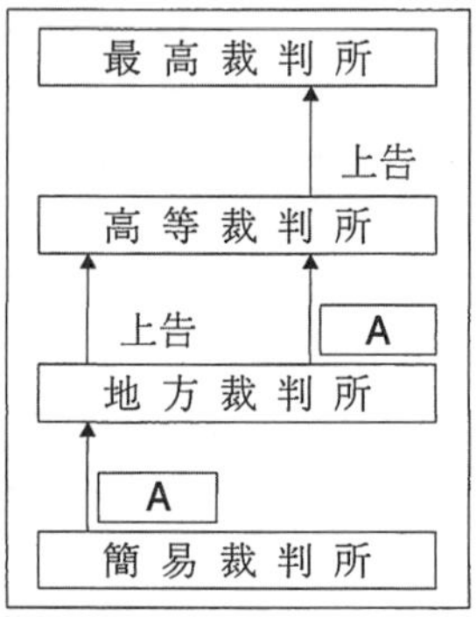

4　右の図は，我が国の民事裁判において，簡易裁判所と地方裁判所のいずれかで第一審が行われたとするときの，三審制の流れを模式的に表したものであり，図中のAには，第一審の判決に対して不満があるときに行うことを表す言葉が当てはまる。Aに当てはまる適当な言葉を書け。

5　我が国の地方自治における住民の直接請求権について述べた次の文の①，②の｛　｝の中から適当なものを，それぞれ一つずつ選び，その記号を書け。

> 有権者の数が40万人以下の地方公共団体における，議会の解散の請求については，有権者の①｛ア　3分の1　　イ　50分の1｝以上の署名を集めて②｛ウ　首長　エ　選挙管理委員会｝に対し，請求をすることができるとされている。

6　次の表は，2002年，2012年，2022年における，我が国の，就業率と非正規雇用割合を，年齢層別，男女別に表したものである。表から読み取れることを述べた文として適当なものを，下のア～エから一つ選び，その記号を書け。

（単位：％）

年齢層	項　目	男　性			女　性		
		2002年	2012年	2022年	2002年	2012年	2022年
25～34歳	就業率	90.1	89.4	91.3	61.2	69.1	81.4
	非正規雇用割合	9.4	15.3	14.3	36.7	40.9	31.4
35～44歳	就業率	93.6	92.6	93.8	63.0	66.7	78.4
	非正規雇用割合	5.6	8.2	9.3	52.6	53.8	48.4
45～54歳	就業率	92.5	92.3	93.2	67.3	72.2	79.8
	非正規雇用割合	7.4	8.6	8.6	54.7	58.4	54.9

（注）就業率とは，人口に占める就業者の割合のことである。また，非正規雇用割合とは，正規雇用労働者と非正規雇用労働者の合計に占める非正規雇用労働者の割合のことである。

（総務省資料による）

ア　男性の非正規雇用割合を2012年と2022年で比べると，いずれの年齢層においても2022年の方が大きくなっている。

イ　女性の就業率を，2002年の25～34歳と2022年の45～54歳で比べると，2022年の45～54歳の方が18.6ポイント高くなっている。

ウ　男性の就業率を，表中の三つの年齢層ごとに，表中の三つの年で比べると，いずれの年齢層においても2002年が最も低い。

エ　女性の非正規雇用割合を，表中の三つの年において，表中の三つの年齢層の間で比べると，いずれの年においても35～44歳が最も大きい。

全日制 定時制	科	受検番号	号	氏名

令和六年度　国語　解答用紙

問題	1	2	3		4			5	6		
			(1)	(2)	a	b 最初	b 最後		a	b	c
解答欄								（こと。）			

（一）

問題	1	2	3	4
解答欄			（す）	（かな）

（三）

問題	1	2	3	4
解答欄				

（四）

400字

300字

200字

100字

(二)

6 cm^2

7 (解)

答

(五)

1 (1)

(2)

2 倍

問　題	(一)	(二)	(三)	(四)	(五)	合　計
得　点						※50点満点 (配点非公表)

(五)		(イ)					
	3	(a)		(b)		(c)	(d)
	4	(1)		(2)		(3)	
(六)	1	(A)		(B)			
	2						
	3						
	4						
	5					6	

問　題	(一)	(二)	(三)	(四)	(五)	(六)	合　計
得　点							※50点満点 (配点非公表)

(二)		(2)	①		②	
		(3)				
	2	(1)				
		(2)	g			
		(3)	ⓒ			
			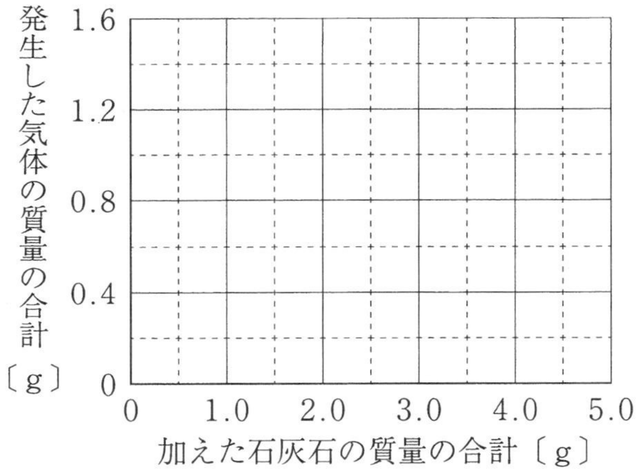			
		(4)	cm³			

	2	(1)	①		②	
		(2)				
		(3)				
		(4)				
(五)	1	(1)				
		(2)	①		②	
	2	(1)				
		(2)				
	3	(1)	X			
			Y	で見られることから		
		(2)				
	4	(1)	①	g	②	
		(2)	A		C	

問　　題	(一)	(二)	(三)	(四)	(五)	合　　　計
得　　点						※50点満点 （配点非公表）

(二)	3		
	4		
	5	a	b
	6		
	7	(　　　　)→(　　　　)	
(三)	1	政権	
	2	という	
	3		
	4		
	5	①	②
	6		

	2			
	3			
	4			
	5			
(六)	1			
	2	(1)		
		(2)		
		(3)	記　号	国の名
		(4)		
	3		が	

問　題	(一)	(二)	(三)	(四)	(五)	(六)	合　計
得　点							※50点満点 (配点非公表)

全日制 定時制	科	受検番号	号	氏名	

令和6年度　社　会　解　答　用　紙

問題			解答欄
(一)	1		の制度
	2		
	3		
	4		同業者
	5		
	6		
	7		
	1	X	こと
		Y	こと

問題			解答欄	
(四)	1			
	2		①	②
	3			
	4			
	5			
	1	(1)	記号	県名
				県
		(2)	記号	
			理由	

【解答

全日制 定時制	科	受検番号	号	氏名	

令和6年度　理　科　解答用紙

問題			解答欄
(一)	1	(1)	
		(2)	Hz
		(3)	①　　　②
	2	(1)	①　　　②
		(2)	秒
		(3)	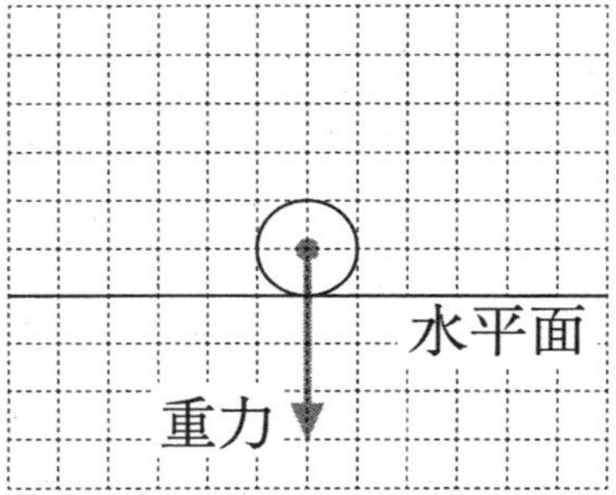
		(4)	倍
		(5)	①　　　②
		(1)	＋

問題			解答欄
(三)	1	(1)	
		(2)	①　　　②
		(3)	g
		(4)	より多くの葉に,
	2	(1)	
		(2)	①　　　②
		(3)	①　　　②
		(4)	
	1	(1)	
		(2)	①　　　②
		(3)	→　　　→

【解答

全日制 定時制	科	受検番号	号	氏名	

令和6年度　英　語　解 答 用 紙

問題	解答欄								
(一)	1		2		3				
(二)	1		2						
(三)	1		2		3		4		
(四)	1	(1)	(　　)(　　)(　　)(　　)	(2)	(　　)(　　)(　　)(　　)				
	2	(1)	① ②						
		(2)							
	1	①		②		③			

【解答

全日制 定時制	科	受検番号	号	氏名	

令和6年度　数　学　解答用紙

問題		解答欄	問題			解答欄
(一)	1		(三)	1		
	2			2		
	3			3		
	4			4		cm
	5		(四)	1		
	1			2		
	2			3	(1)	
	3				(2)	$t =$
	4	個				(証明) 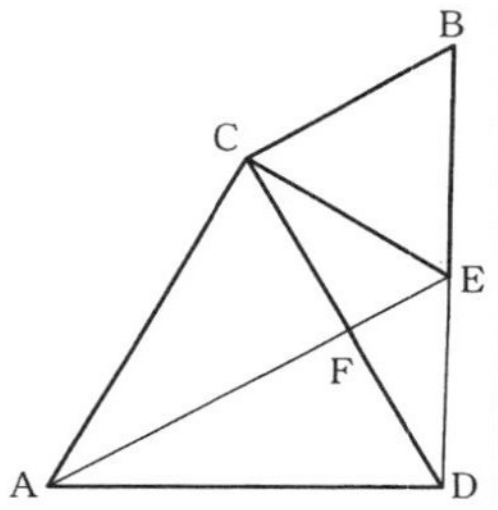

【解答

全日制 定時制		科	受検番号		号	氏名	

（25分）

〔令和六年度　国語　作文問題〕

中学校のあるクラスで、言語コミュニケーションについての話し合いが行われた。次は、話し合いで使用した**【資料】**と**【話し合いの一部】**である。あなたは、言語コミュニケーションにおいてどのようなことが大切だと考えるか。**【資料】**と**【話し合いの一部】**を読んで、そう考える理由を含めて、後の**〈注意〉**に従って述べなさい。

【資料】

私たちは、一人一人が異なる存在である。現代は価値観が多様化し、共通の基盤が見つけにくい時代になっている。こうした社会で生きていくためには、言語コミュニケーションによって、情報や考え、気持ちを互いにやり取りし、共通理解を深めていくことが欠かせない。

（文化庁「分かり合うための言語コミュニケーション」により作成。）

【話し合いの一部】

情報の送り手は、受け手の気持ちを考えるなど、伝え方を工夫することが大切だと思います。

Aさん

情報の受け手の態度も大切ですね。受け手も積極的に関わらないと、伝え合いにならないと思います。

Bさん

〈注意〉

1　**【話し合いの一部】**に示された意見のうち、どちらか一つ、または、両方の意見を交えて書くこと。
2　**【資料】**に示された内容を交えて書いてもよい。
3　あなたが体験したことや見聞したことを交えて書いてもよい。
4　段落は、内容に応じて設けること。
5　文章の長さは、三百字以上、四百字以内とする。
6　氏名は右の氏名欄に書き、**文題は書かない**こと。

（評価基準非公表）

得　点

問題	8
解答欄	（から。）

問題	（二）						
	1	2	3			4	5
			a	b	c		
解答欄			最初 / 最後				

問題	（五）				
	1		2		
	(1)	(2)	a	b	c
解答欄		最初 / 最後			

問題	得点
（一）	
（二）	
（三）	
（四）	
（五）	
作文	
合計	※50点満点（配点非公表）

（四） 次の１～５の問いに答えなさい。

1　右の図は，株式会社のしくみを模式的に表したものであり，図中のＡには，株式を購入した出資者を表す言葉が当てはまる。Ａに当てはまる最も適当な言葉を書け。

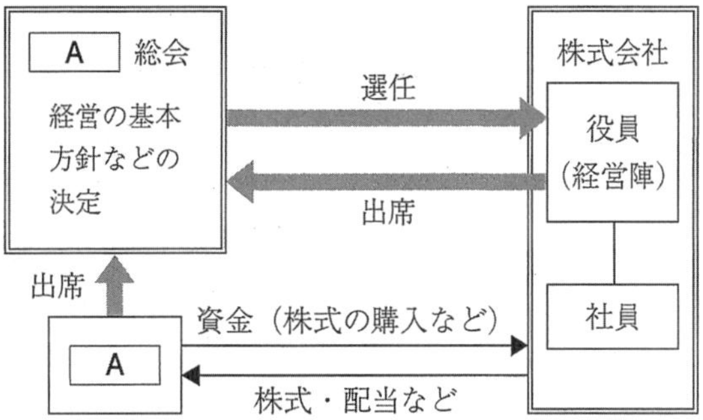

2　次の図は，好景気と不景気が交互にくり返される景気変動を模式的に表したものである。図中の　印で示した時期における経済の様子について述べた次の文の①，②の｛　｝の中から適当なものを，それぞれ一つずつ選び，その記号を書け。

　印で示した時期は，一般に，家計の所得が①｛ア　増加　　イ　減少｝し，消費が減ることで，商品の需要が供給を下回るようになる。価格が低くても商品が購入されない状態が続くと，物価が下がり続ける②｛ウ　インフレーション　エ　デフレーション｝が起こることがある。

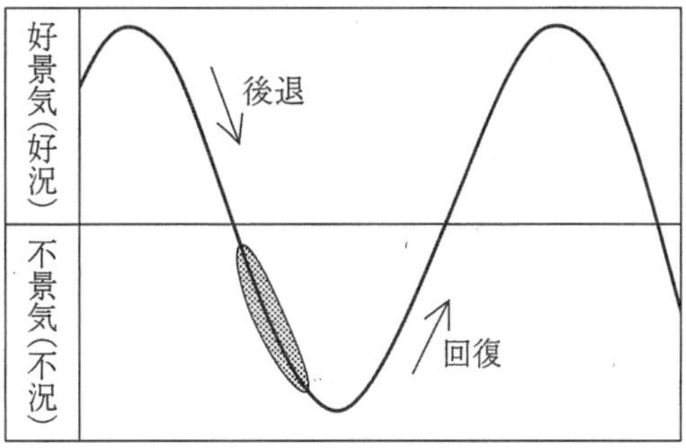

3　資料１は，2013年度における，スウェーデン，日本，アメリカのそれぞれの国の，国民所得に占める国による社会保障に関する支出の割合と国民負担率を表したものである。また，資料２は，資料１をもとに，表中の三つの国の，社会保障についてのそれぞれの考え方を，位置関係で示して説明するために，先生が作成した模式図である。日本の位置を資料２中の●印としたとき，スウェーデンの位置，アメリカの位置は，それぞれ，資料２中のⅠ～Ⅳのいずれかに当たる。スウェーデンの位置に当たる記号と，アメリカの位置に当たる記号の組み合わせとして適当なものを，ア～エから一つ選び，その記号を書け。

資料１

（単位：％）

項目／国	国民所得に占める国による社会保障に関する支出の割合	国民負担率
スウェーデン	41.9	55.7
日本	30.7	41.6
アメリカ	23.5	32.5

（注）　国民負担率とは，国民所得に占める国民が負担する社会保障費と税の割合のことである。　（財務省資料ほかによる）

資料２

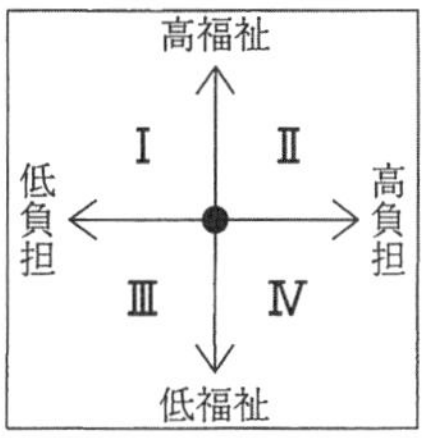

ア｛スウェーデン　Ⅰ　　アメリカ　Ⅲ｝　　イ｛スウェーデン　Ⅰ　　アメリカ　Ⅳ｝
ウ｛スウェーデン　Ⅱ　　アメリカ　Ⅲ｝　　エ｛スウェーデン　Ⅱ　　アメリカ　Ⅳ｝

4　右の表は，国際社会における課題についてまとめたものである。表中の［　B　］に適当な言葉を書き入れて表を完成させよ。ただし，Ｂには，［発展途上国］の言葉を用いること。

課題	課題の説明
南北問題	先進国と発展途上国との間の経済格差
南南問題	B

5　紛争などにより迫害を受けるおそれがあることを理由に，住んでいた土地を離れて国外へ逃れた［　C　］を保護するために，国連［　C　］高等弁務官事務所（ＵＮＨＣＲ）が活動している。Ｃに当てはまる適当な言葉を書け。

（五） 次の1～5の問いに答えなさい。

1　地図1を見て，(1)，(2)の問いに答えよ。

(1)　地図1中のあ～えの県の中には，県名と県庁所在地名が異なる県が一つある。それはどれか。あ～えから一つ選び，その記号と県名を書け。

(2)　次のア～エのグラフは，それぞれ，地図1中のA～Dのいずれかの都市における，月別の平均気温と降水量を表したものである。Bの都市に当たるグラフとして適当なものを，ア～エから一つ選び，その記号を書け。また，その記号を選んだ理由を，夏 冬 の二つの言葉を用いて簡単に書け。

地図1

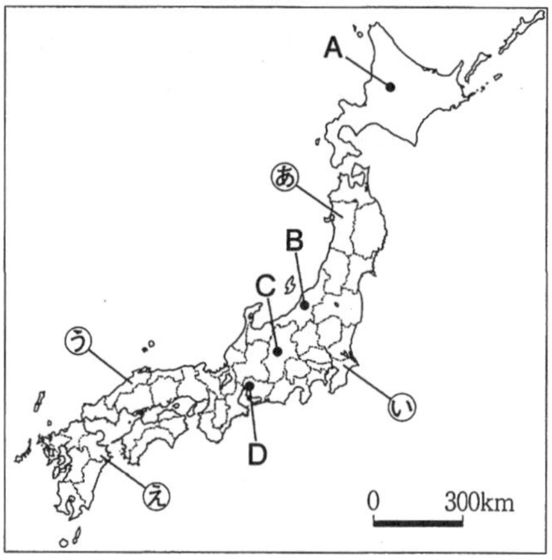

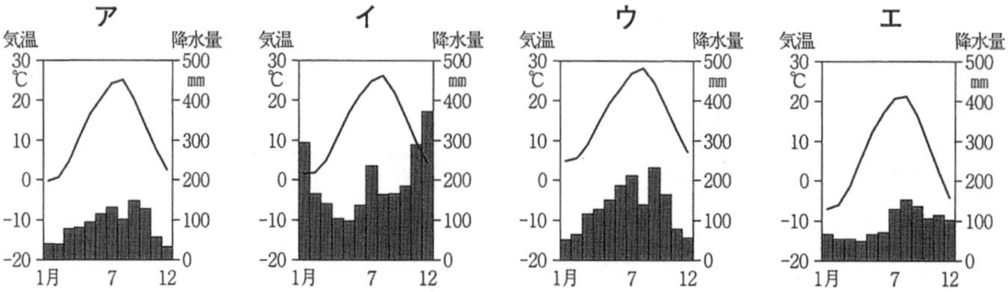

（2024年版 理科年表ほかによる）

2　火山が噴火すると，火口からふき出した高温のガスや火山灰，石などが，高速で山の斜面を流れ下る，□と呼ばれる現象が発生して大きな火山災害を引き起こすことがある。□に当てはまる適当な言葉を書け。

3　右の表は，2022年における我が国の，都道府県別の就業者に占める，X産業の就業者の割合の大きい都道府県を，上位7位まで表したものであり，X産業にはYが含まれる。X，Yにそれぞれ当てはまる言葉の組み合わせとして適当なものを，ア～エから一つ選び，その記号を書け。

順位	都道府県
1	東京都
2	沖縄県
3	北海道
4	千葉県
5	神奈川県
6	大阪府
7	福岡県

（2024年版 データでみる県勢による）

ア｛X　第2次　Y　建設業｝　イ｛X　第2次　Y　サービス業｝

ウ｛X　第3次　Y　建設業｝　エ｛X　第3次　Y　サービス業｝

4　右のグラフは，2022年における，我が国の□の生産量の，都道府県別の割合を表したものである。□に当てはまる農産物として適当なものを，ア～エから一つ選び，その記号を書け。

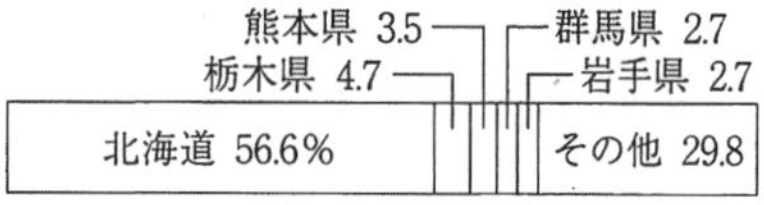

（2024年版 データでみる県勢による）

ア　りんご　　イ　もも

ウ　さくらんぼ　　エ　生乳

5　地図2中の●印は，2022年における，我が国の□を上位10位まで取り上げ，その分布を表したものである。□に当てはまる言葉として適当なものを，ア～エから一つ選び，その記号を書け。

地図2

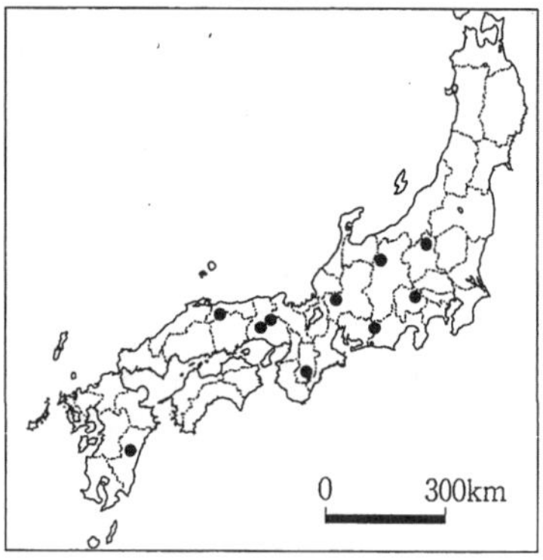

ア　標高が高い山

イ　人口が多い市

ウ　最大出力が大きい水力発電所

エ　乗降客数が多い空港

（六）次の１～３の問いに答えなさい。

1　地図１は，地図帳の74ページの一部である。この地図帳のさくいんでは，ウェリントンは，［　　］と表記されている。［　　］に当てはまる表記として適当なものを，**ア**～**エ**から一つ選び，その記号を書け。

ア　74C８N　　**イ**　74C８S
ウ　74D８N　　**エ**　74D８S

地図１

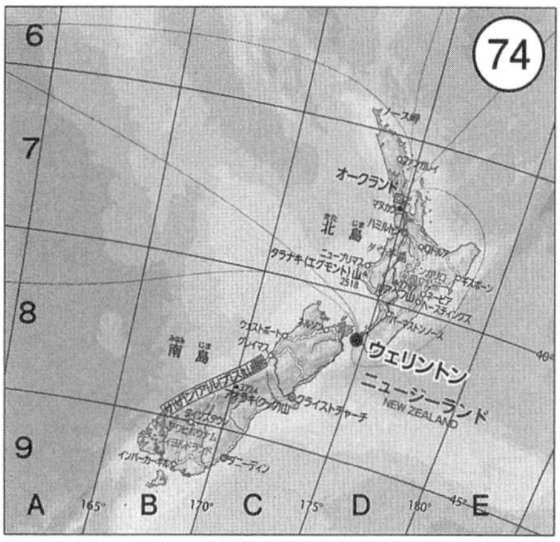

2　地図２は，緯線と経線が直角に交わった地図であり，緯線は赤道から，経線は本初子午線から，それぞれ30度ごとにかかれている。地図２を見て，(1)～(4)の問いに答えよ。

地図２

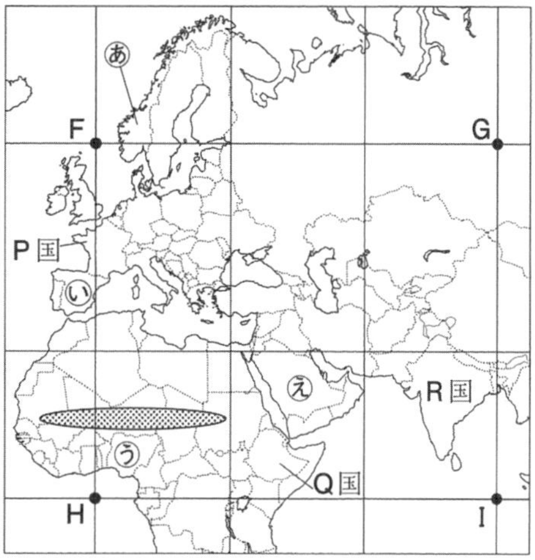

(1)　地図２をもとにして述べた文として最も適当なものを，**ア**～**エ**から一つ選び，その記号を書け。

ア　FG間を結ぶ緯線の地球儀上での長さと，HI間を結ぶ緯線の地球儀上での長さを比べると，同じである。

イ　FG間を結ぶ緯線の地球儀上での長さが，地球儀上でのFG間の最短距離である。

ウ　Gは，Fから見て，真東の方向にある。

エ　P国とQ国の面積はほぼ同じに見えるが，P国とQ国の実際の面積を比べると，Q国の方が大きい。

(2)　地図２中のR国において，国民の約80％が信仰している宗教として適当なものを，**ア**～**エ**から一つ選び，その記号を書け。

ア　キリスト教　　**イ**　ヒンドゥー教
ウ　イスラム教　　**エ**　仏教

(3)　右の表は，2021年における世界の，オリーブの生産量の多い国を上位５位まで表したものである。表中のXに当たる国として適当なものを，地図２中の㋐～㋓から一つ選び，その記号と国の名を書け。

国	生産量(万t)
X	825.7
イタリア	227.1
トルコ	173.9
モロッコ	159.1
ポルトガル	137.6

(2023-24年版　世界国勢図会による)

(4)　地図２中の  印で示した区域は，サハラ砂漠の南の縁に位置し，［　Y　］と呼ばれている。［　Y　］では，人口増加による，たきぎやまきの採りすぎ，放牧する家畜の増加などにより，植物が育たないやせた土地になる砂漠化が進んでいる。Yに当てはまる最も適当な言葉を書け。

3　次の表は，熱帯の気候についてまとめたものである。表中の［　Z　］に適当な言葉を書き入れて表を完成させよ。ただし，Zには，［まばら］［草原］の二つの言葉を含めること。

気候	気候の特徴	植物の広がりの様子
熱帯雨林気候	一年を通して気温が高く，毎日のように雨が降る。	うっそうとした森林が広がっている。
サバナ気候	一年を通して気温が高く，雨季と乾季がはっきり分かれている。	［　Z　］が広がっている。

愛媛県公立高等学校

令和五年度

国語

（45分）

注意

1　問題は1ページから5ページまであり、これとは別に解答用紙が1枚ある。

2　解答は、全て別紙解答用紙の該当欄に書き入れること。

教英出版

（一）次の文章を読んで、1～8の問いに答えなさい。（1～12は、それぞれ段落を示す番号である。）

1　共感という経験は対人関係に[a]おける感情共有の確信であり、共感が生じると多くの場合、相手に対して親和的な感情が生じ、他人事ではないと感じられる。喜びへの共感であれば、自分の[b]ことのようにうれしくなり、「よかったな」と声をかけるだろう。悲しみへの共感であれば、涙があふれ、慰めるであろうし、苦しみに共感すれば[c]、助けてあげたいと感じ、助力[d]を惜しまないことも少なくない。

2　このとき、自己了解（自己の感情への気づき）と同時に、他者の感情了解が生じている。自己了解が「自分がどうしたいのか」という欲望を告げ知らせる以上、共感は「他者がどうしてほしいのか」を理解し、相手が望む行為の選択を、つまり利他的行為を可能にするのである。

3　A、自分の感情と相手の感情が同じであるという保証はない。だが、私たちは共感を手がかりにして、相手に気持ちや望みを言葉で確認することができるし、それによって適切な対応を取ろうとする。そうやって経験を何度も積み重ねるほど、次第に的を外すことなく相手の感情を理解できるようになり、適切な対応が可能になる。

4　こうした理解力を培《つちか》うには、言葉と想像力、推論する理性の力を身に付けることが必要である。それは、人間の共感を動物の共感と区別する上でも重要なものだと言える。

5　①人間と動物の共感の大きな違いは、言葉で相手の気持ちを確認できることだ。共感は相手と自分の感情が同じであるという確信だが、言葉がなければ、その確信が正しいかどうかを知ることはできない。言葉があるからこそ、共感が勘違いだった場合に確認できるし、正解だったと喜ぶこともできる。そして、こうした自分の共感による他者理解が正しいのか間違っているのかを知る、というフィードバック(注1)の経験が繰り返されることで、私たちの共感の精度（当たっている確率）は高くなる。言葉による②相互理解がなければ、共感は B な他者理解に陥ってしまう可能性があるのだ。

6　また、言葉の使用は、人間に独自な意味の世界の共有をもたらしている。言葉は感情を細分化するため、共感される感情も微細に区分され、微妙な感情の違いの共有をも可能にする。C、人間は、嫉妬や恥、羨望《せんぼう》のような自我に関わる感情もあるため、さらに共感の対象は複雑になる。たとえば、怒りや苦しみは動物にも共感できるかもしれないが、嫉妬や羞恥心、自尊心に関する共感が生じることはないだろう。それは自我のある人間だけがもつ感情であり、言葉による感情の細分化を経ているからこそ生じ得るのだ。

7　③人間の場合、想像力と推論する理性の力によって、さらに複雑な共感が可能になる。

8　私たちは目の前の世界を生きているだけでなく、実在しない架空の世界、ずっと先の未来の世界にも想像の中で生きることができる。様々な記憶をたどり、知識を駆使して予想し、推論し、多様な状況を想像することができるのだ。このような想像的な世界もまた、言葉によって分節された意味の世界に基づいている。

9　こうした想像力、推論する力は、当然、他者の内面世界にまで及び、私たちは他者の内面を想像し、他者の状況を考慮することで、他者の感情や思考を推理することができる。そして、他者の感情や思考、価値観の中に自分と同一なもの、重なるものを見いだせば、共感が生じることになる。それは、感情が同期(注2)してリアルにその感情状態に没入する情動的共感とは異なり、相手との同一性を認識することで感じる認知的共感であり、自我がめばえ、言葉が使えるようになり、想像力、推論する理性の力が形成された段階で生じる、人間に特有な共感なのである。

10　共感は相手に対して親和的な感情を生み、相手のための行動を引き起こす。共感が道徳的行為の動機となるのもうなずける。困っている人、苦しんでいる人に共感すれば、そこから同情や憐憫《れんびん》(注3)などの感情が二次的に生じ、助けなければ、慰めなければ、という行動が生じ得る。この点は認知的共感も情動的共感も変わらない。サルやイルカ、クジラも苦しんでいる仲間に共感し、助けようとする。まだ言葉を使うことができず、想像力や理性の力の弱い幼児でも、泣いている子を慰めようとする。想像力や推論する力が必要な認知的共感ではなく、感情が同期するだけの情動的共感であっても、利他的行為は引き起こされるのだ。

11　ただし、認知的共感は利他的行為をより適切な方向へ導く力をもっている。自分の中に湧き上がった感情に衝《つ》き動かされるだけでなく、相手の立場、状況を考慮して行動できるからだ。また、情動的共感ほど熱くならず、比較的冷静に対処することもできる。

12　共感は人間にとって、利他的行為、道徳性の動機となる、とても大事な現象なのである。

（山竹伸二『共感の正体』による。）

（注1）フィードバック＝行動や反応を、その結果を参考にして修正し、より適切なものにしていくこと。
（注2）同期＝ここでは、自分と相手の感情が一致すること。
（注3）憐憫＝あわれむこと。

1　[1]段落の═線a「に」、b「の」、c「ば」、d「を」の助詞の中から、種類の異なるものを一つ選び、その記号を書け。また、一つだけ異なるものの助詞の種類として適当なものを、次のア～エの中から一つ選び、その記号を書け。

ア　格助詞　　イ　副助詞　　ウ　接続助詞　　エ　終助詞

2　[5]段落の――線②「相互」と熟語の構成（組み立て方）が同じものを、次のア～エの中から一つ選び、その記号を書け。

ア　陰影　　イ　往復　　ウ　俊足　　エ　遷都

3　[3]段落の[A]、[6]段落の[C]にそれぞれ当てはまる言葉の組み合わせとして最も適当なものを、次のア～エの中から一つ選び、その記号を書け。

ア（A　あるいは　　C　そこで）　　イ（A　ところが　　C　または）
ウ（A　そのうえ　　C　むしろ）　　エ（A　もちろん　　C　しかも）

4　[5]段落の――線①「人間と動物の共感の大きな違いは、言葉で相手の気持ちを確認できることだ。」とあるが、人間の共感において、言葉の使用により可能となることについて、本文の趣旨に添って説明した次の文章の[a]、[b]に当てはまる最も適当な言葉を書け。ただし、[a]は、[5]・[6]段落の文中から**二十九字**でそのまま抜き出し、その最初と最後のそれぞれ**五字**を書くこと。また、[b]は、[5]・[6]段落の文中から**十一字**でそのまま抜き出して書くこと。

> 人間は、言葉を使うことで、[a]ことができ、その繰り返しで共感の精度が高まる。また、[b]によって、人間は、微妙な感情の違いや自我に関わる感情を共有することが可能になる。それは、人間に独自な意味の世界の共有であり、動物に比べて共感の対象が複雑になる。

5　[5]段落の[B]に当てはまる最も適当な言葉を、次のア～エの中から一つ選び、その記号を書け。

ア　模範的　　イ　独善的　　ウ　積極的　　エ　義務的

6　[7]段落の――線③「人間の場合、想像力と推論する理性の力によって、さらに複雑な共感が可能になる。」とあるが、「想像力と推論する理性の力」によって「さらに複雑な共感」が生じる過程を、[8]・[9]段落の文中の言葉を使って、**五十字**以上**六十字**以内で書け。

7　[10]・[11]段落に述べられている、情動的共感と認知的共感の共通点と相違点をまとめた次の表の[a]、[b]、[c]に当てはまる最も適当な言葉を、[10]・[11]段落の文中から、[a]は**五字**で、[b]は**七字**で、[c]は**十一字**で、それぞれそのまま抜き出して書け。

共通点	相手のための行動、つまり、[a]を生じさせ、道徳的行為の動機となり得る。
相違点	自分の中に湧き上がった感情に衝き動かされるだけの「情動的共感」による行動と比べて、「認知的共感」による行動においては、相手の立場や状況を考え、[b]ことが可能である。このことから、「認知的共感」には、[a]を、[c]があると言える。

8　本文に述べられていることと最もよく合っているものを、次のア～エの中から一つ選び、その記号を書け。

ア　人間は他者の様々な感情に共感するが、嫉妬や怒りは喜びと比べてより大きな共感を生じさせる。
イ　人間は他者の感情状態に没入すると自我がめばえ、実在しない架空の世界を認識するようになる。
ウ　共感は相手と自分の感情が共有できているという確信であり、相手に対して親和的な感情を生む。
エ　共感は自己了解と他者の感情了解の二つの側面があり、幼児や動物には起こり得ないことである。

（二）　次の1～4の各文の――線の部分の読み方を平仮名で書きなさい。

1　搭乗手続きを済ませる。　　2　物語の梗概を話す。
3　意見に隔たりがある。　　4　梅のつぼみが綻びる。

（三）　次の1～4の各文の――線の部分を漢字で書きなさい。ただし、必要なものには送り仮名を付けること。

1　ようさん農家が桑を栽培する。　　2　国民しゅくしゃに泊まる。
3　重力にさからう。　　4　いさましい姿に感動する。

（四）　次の文章は、明治時代の東京を舞台としており、内務省土木局の技師で建築家の「妻木《つまき》」が、自ら現場を監督・管理する立場として建築に携わった大審院（現在の最高裁判所に当たる。）を、妻の「ミナ」に見せようと話しかける場面から始まっている。これを読んで、１～５の問いに答えなさい。

「出掛けないか、少し。」
　庭に水をまいていると、声が掛かった。縁側でくつろいでいた妻木が、新聞越しにこちらを見ている。
「どちらへ。」
「なに、すぐそこさ。」
　栃木の仕事に一段落つけて、東京に戻って二日目のことだった。庭では山茶花《さざんか》が燃えるように咲き、落ち葉を掃く音がそこここに立っている。
「着物もそのままでいい。すぐそこだから。」
　重ねて言われ、ミナは小走りに家に入って、割烹着《かっぽうぎ》を脱いだ。髪を整え、薄く紅を引く。廊下に出ると、すでに妻木はシャツの上に（注1）外套《がいとう》を羽織って、玄関口に立っていた。
「私、こんな普段着でよろしいのかしら。」
「ああ。ちょいと歩くだけだ。」
　そう答えたのに、妻木は日枝《ひえ》神社から溜池《ためいけ》のほうへと歩を進めるのだ。
「近くじゃございませんの？」
「そんなに歩きはせんさ。」
　彼は背を向けたまま言い、けれどそれから二十分ほども黙々と歩き続けた。溜池から葵橋《あおいばし》を過ぎ、彦根井伊家《ひこねいいけ》の上屋敷の方角へと向かう。遠出するならそれなりの格好をするのに、と夫を恨めしく思う。どこへ行くのか見当もつかないまま仕方なくついていくと、やがて平坦《へいたん》に舗装された、まるで大河のように幅の広い道路に出た。桜田通りだ。
「あの……どちらへ。」
　言いさして、「あ」と息をのむ。
　目の前に途方もなく大きな洋風建築物が現れたのだ。
　赤煉瓦《あかれんが》が鈍色《にびいろ》の光を受けて、柔らかく景色に溶け込んでいる。石がアーチ状に積まれて窓をかたどっている。貴婦人のように凛《りん》と美しいたたずまいなのに、どこか親しみやすく、温かみすら感じる建物だった。
「これ……大審院ですのね、昨年完成したという。」
　建物を呆然《ぼうぜん》と見上げて、ミナはつぶやいた。
「ああ。君にも見せておきたいと思って。」
「なんて立派だこと。それに、本当にきれい。」
　感動を表すのに①月並みな語彙しか浮かばないことに焦《じ》れつつも、夫が自分の知らないところでこれほどの大仕事を成し遂げたのだと思えば誇らしく、同時に恐ろしくもあった。彼がまた少し遠くに行ってしまったような心細さも覚えた。
「この建物は僕の設計じゃあないんだ。そら、いっとき留学していたドイツの、エンデという建築家の作品だ。ただ、（注2）意匠は多少造り替えた。日本ならではの装飾を織り込んでみたくてね。」
「②日本風の装飾に？」
「ああ。西洋の柱に大瓶束《たいへいづか》なんぞを合わせてみた。天井にも海老虹梁《えびこうりょう》のような日本の伝統的な装飾を施してね。エンデが見たら、さぞ驚くだろうな。」
　いたずらっぽく妻木は笑う。
「でも、現場の職人はみな賛同してくれたんだ。彼らがいなければ、そんな意匠にすることはかなわなかった。僕は紙の上で図面を引くことしかできないが、彼らはそれを実際に形にしてくれる。本当にすばらしいよ。」
　先だって（注3）鎗田《やりた》が漏らした局内での（注4）確執のようなものを、今横にいる妻木の表情から感じ取ることはできなかった。彼は濁りのない健やかな笑みを、大審院に向けている。その笑みに、哀《かな》しい影は見えない。ただただ、自らの仕事を愛《いと》おしみ、楽しんでいる顔だった。
　――この人はきっと、自分の役目に救われているのだ。建築家という仕事に。
　心の底から安堵《あんど》した。同時に、私がどう支えても、こんな笑顔にさせることはできなかったな、と不甲斐《ふがい》なさも覚える。
「君が以前、言ったことがあったね。」
　不意に言われて横を見上げると、日に焼けた顔に白い歯をのぞかせて、夫がこちらを見つめていた。
「江戸には、いいところがたくさんあったのに、って。みんなおとぎ話のようだって。」
「……ええ。」

一緒になってしばらく経《た》った頃だ。こんなふうに散歩に出たとき、どんどん変わっていく街並みが寂しく思え、つい[A]のだ。

「こうして、西欧風の建物が建ってしまうと、江戸の頃はまた遠くに行っちまうような気がするかもしれない。国の機関はどうしても、機能を重んじる向きがあるからね。だが、僕が設計するからには、新たな技術を取り入れながらも、この国の、自分たちの根源を忘れずに引き継いでいくような建物にしたいと思っている。そういう建物がいくつも建つことで、江戸のような、心地いい街並みがきっとできる。子供たちの、またその子供たちの世代まで、誇りになるような街がね。」

妻木はそこで、再び大審院に視線を戻した。

③「哀しい思いをするのは、もうたくさんだろう?」

え? と喉元まで出掛かった声を、すんでのところでミナはのみ込んだ。

──私が、哀しそうに見えたのだろうか。江戸に生まれ育った者が抱く喪失感を、夫は私の中にも見ていたのだろうか。

これまでふたりで歩いた道程が、目の前に浮かんでは消えていく。

「いい街にするよ、必ず。」

妻木は静かに(注5)宣《せん》して、大審院に向かって大きく伸びをした。

（木内　昇『剛心』による。）

（注1）外套＝オーバーコート。（注2）意匠＝装飾に関するデザイン。（注3）鎗田＝妻木の同僚。
（注4）確執＝もめごと。（注5）宣して＝宣言して。

1　文中の[A]には、「無意識に言った」という意味の言葉が当てはまる。[A]に当てはまる最も適当な言葉を、次のア〜エの中から一つ選び、その記号を書け。

ア　口走った　イ　口籠もった　ウ　口を出した　エ　口を合わせた

2　──線①「月並みな」と同じ意味をもつ言葉として最も適当なものを、次のア〜エの中から一つ選び、その記号を書け。

ア　上品な　イ　稚拙な　ウ　平凡な　エ　容易な

3　──線②「日本風の装飾に?」について、次の(1)、(2)の問いに答えよ。

(1)　文中には、ミナが、大審院に対して、洋風の建築物がかもし出す気品のある雰囲気を感じる一方で、なじみのある身近なものに対して抱く感覚を覚えていたことがわかる一文がある。その一文として最も適当な**一文**を、──線②より前の文中から抜き出し、その最初の**三字**を書け。

(2)　妻木は、洋風の建築物である大審院に日本の伝統的な装飾を織り込むことで、大審院をどのような建物にしたいと考えたのか。──線②より後の文中から**二十五字**以上**三十字**以内でそのまま抜き出して書け。

4　──線③「哀しい思いをするのは、もうたくさんだろう?」とあるが、妻木が考えたミナの「哀しい思い」と、妻木にこのように言われたときのミナの心情について説明した次の文章の[a]、[b]に当てはまる適当な言葉を書け。ただし、[a]は、文中の言葉を使って、**二十字**以上**二十五字**以内で書くこと。また、[b]は、最も適当な言葉を、文中から**十六字**でそのまま抜き出して書くこと。

> 妻木は、ミナの以前言った言葉から、ミナが、[a]ことに対して哀しい思いを抱いていると考えていた。そのことを気遣うような妻木の言葉を聞いたミナは、自分ではあまり意識していなかった、[b]を、妻木が感じ取っていたことに戸惑っている。

5　本文についての説明として最も適当なものを、次のア〜エの中から一つ選び、その記号を書け。

ア　ミナは、建築家として成功を収めている夫を誇りに思う一方で、妻である自分のことを顧みることなく、仕事に夢中になっている妻木を前に、自分の存在価値を見いだすことができずに苦しんでおり、その胸の内を妻木に打ち明けようと試みるもののうまくいかず、やりきれない思いを募らせている。

イ　ミナは、建築家としての仕事を愛おしみ、大審院のことを笑顔で話す妻木を見て安堵しつつも、自分はそのような笑顔を引き出せなかったことを妻として情けなく思っていたが、実は妻木はミナの思いを受けとめてその思いに応えようとしていたことに気づき、今までの二人の歩みを思い返している。

ウ　妻木は、現場の職人たちの協力を得て、ドイツ人の建築家が設計した建築物にこっそりと手を加え、遊び心をもちながら純粋に自分の理想とする建築を追求しようとする一方で、何とかして自分の功績を後世に残そうと奔走しているが、ミナは、そのような妻木のことを夫として頼もしく思っている。

エ　妻木は、自ら手掛けた大審院のできばえに満足し、これからの建築に新たな技術を取り入れることで、東京を後世まで誇りに思える街にしていこうと決意を新たにしているが、ミナは、建築のことに関心がもてず、妻木のことを心強く感じる一方で、妻木が遠く離れていくような心細さを感じている。

（五）　次の文章を読んで、1〜3の問いに答えなさい。

(注1)鶴丸翁《つるまるをう》の知る浪花《なには》(注2)の人、石見国《いはみのくに》(注3)に行きたりしに、何かは知らねど、あたりなる梢《こずゑ》に鳥のこぼこぼと鳴きけり。遊び居たる童《わらは》が、老婆《らうば》に、呼子鳥《よぶこどり》のまた鳴くよと告ぐるを、かの浪花人はやく聞きつけて、老婆に、「童の言ひつる呼子鳥といふは、今、梢にこぼこぼ鳴くなる鳥のことにや。」と尋ねしに、「いかにもさなり。」と答へけり。「呼子鳥といふ名は昔より物に見えたれど、何といふこと定《さだ》かならぬを、今、①童のかく言へるはこのあたりにては、常に言ふことか。」と問ふに、「めづらしくも尋ねたまふものかな。この所にては童までもよく知りて、言ふになん。」と答ふるに、「さらばその今鳴く鳥の梢はいづこなりや。姿もよく見置きて、友のつと(注4)にも語らん。」と請《こ》ひけり。老婆、「あな、むつかしきことのたまふ人かな。ひなの、羽(注5)ならはしに出でて、おのが巣にかへる道にまどふを、親鳥の、巣より呼ぶをおしなべて(注6)呼子鳥とは言ふなれば、これの鳥のみ②をしへまゐらせて、何にかはしたまはん。」と答へけり。はじめて呼子鳥は一つ鳥にあらざりけりと、さとりたるよし語りけるとぞ。

（『紙魚室雑記《しみむろざっき》』による。）

（注1）鶴丸翁＝人名。　（注2）浪花＝今の大阪市およびその付近。
（注3）石見国＝今の島根県の西部。　（注4）つと＝旅の土産。　（注5）羽ならはし＝飛ぶ練習。
（注6）おしなべて＝全て。

1　――線②「をしへまゐらせて」を現代仮名遣いに直し、**全て平仮名**で書け。

2　――線①「童のかく言へるは」は、「童がこのように言ったのは」という意味であるが、童はどのようなことを言ったのか。童が言った言葉を、文中から**六字**以上**十字**以内でそのまま抜き出して書け。

3　次の会話は、この文章を読んだ愛美《まなみ》さんと康太《こうた》さんが、先生と一緒に、浪花人と老婆のやり取りについて話し合った内容の一部である。会話の中の[a]、[b]、[c]に当てはまる適当な言葉を書け。ただし、[a]は**十字**以上**十五字**以内、[b]は**二十字**以上**二十五字**以内の**現代語**で書くこと。また、[c]は**十二字**で、最も適当な言葉を文中からそのまま抜き出して書くこと。

愛美さん　「浪花人は、呼子鳥にとても強い興味を示していたけれど、どうしてそれほどまでに興味をもったのでしょうか。」

康太さん　「浪花人は、呼子鳥については、『[a]程度で、どのような鳥かわかっていなかった』と話していましたね。」

先生　「呼子鳥は、この頃の知識人にはよく知られていて、古くは、『万葉集』や『古今和歌集』にも登場しています。浪花人は、それほど有名な鳥なのに、よくわかっていなかったから、興味をもったのでしょう。」

愛美さん　「浪花人は、呼子鳥を鳥の種類の一つだと思っていたようですが、実はそうではなくて、[b]を全て呼子鳥と言うのだと、老婆は言っていましたね。」

康太さん　「だから、老婆は、呼子鳥の姿をよく見たいと言う浪花人のことを、『[c]』だと思ったのですね。」

令和５年度

数　　学

（50分）

注　　意

1　問題は１ページから６ページまであり，これとは別に解答用紙が１枚ある。

2　解答は，全て別紙解答用紙の該当欄に書き入れること。

3　答えに$\sqrt{\ }$が含まれるときは，$\sqrt{\ }$を用いたままにしておくこと。
　また，$\sqrt{\ }$の中は最も小さい整数にすること。

(一)　次の計算をして，答えを書きなさい。

1　$3-(-4)$

2　$4(x-2y)+3(x+3y-1)$

3　$\frac{15}{8}x^2y \div \left(-\frac{5}{6}x\right)$

4　$(\sqrt{6}-2)(\sqrt{6}+3)-\frac{4\sqrt{3}}{\sqrt{2}}$

5　$(3x+1)(x-4)-(x-3)^2$

（二） 次の問いに答えなさい。

1 $4x^2-9y^2$ を因数分解せよ。

2 三角すいの底面積を S，高さを h，体積を V とすると，$V=\frac{1}{3}Sh$ と表される。この等式を h について解け。

3 次の**ア**～**エ**のうち，正しいものを１つ選び，その記号を書け。

ア 3の絶対値は -3 である。

イ m，n が自然数のとき，$m-n$ の値はいつも自然数である。

ウ $\sqrt{25}=\pm 5$ である。

エ $\frac{4}{3}$ は有理数である。

4 ２つのさいころを同時に投げるとき，出る目の数の和が５の倍数となる確率を求めよ。ただし，さいころは，１から６までのどの目が出ることも同様に確からしいものとする。

5 下の図のような，相似比が２：５の相似な２つの容器A，Bがある。何も入っていない容器Bに，容器Aを使って水を入れる。このとき，容器Bを満水にするには，少なくとも容器Aで何回水を入れればよいか，整数で答えよ。

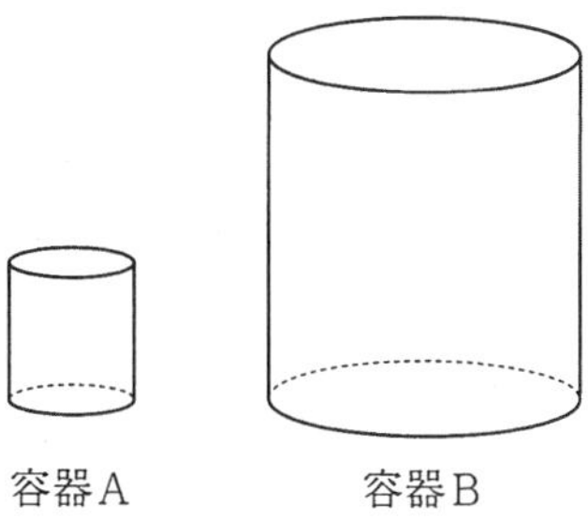

6　下の図のように，２点A，Bと直線ℓがある。直線ℓ上にあって，$\angle APB = 90°$となる点Pを１つ，解答欄に作図せよ。ただし，作図に用いた線は消さずに残しておくこと。

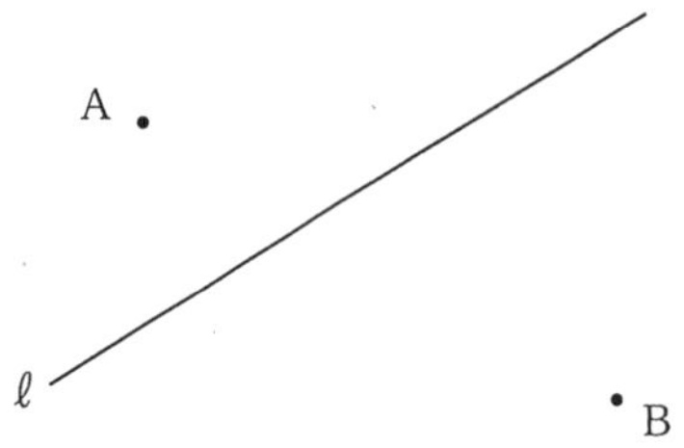

7　連続する３つの自然数がある。最も小さい自然数の２乗と中央の自然数の２乗の和が，最も大きい自然数の10倍より５大きくなった。この連続する３つの自然数を求めよ。ただし，用いる文字が何を表すかを最初に書いてから方程式をつくり，答えを求める過程も書くこと。

（三） 次の問いに答えなさい。

1 ある中学校の，１組，２組，３組で数学のテストを行った。

(1) 下の**図１**は，１組30人の結果をヒストグラムに表したものである。このヒストグラムでは，例えば，40点以上50点未満の生徒が５人いることがわかる。また，下の**ア**～**エ**の箱ひげ図には，１組30人の結果を表したものが１つ含まれている。**ア**～**エ**のうち，１組30人の結果を表した箱ひげ図として，最も適当なものを１つ選び，その記号を書け。

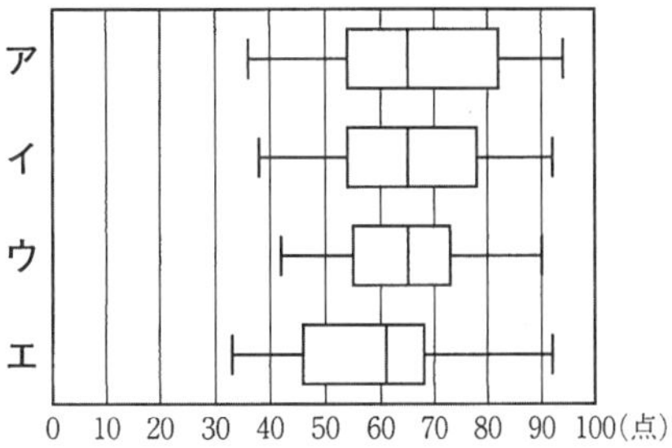

図１

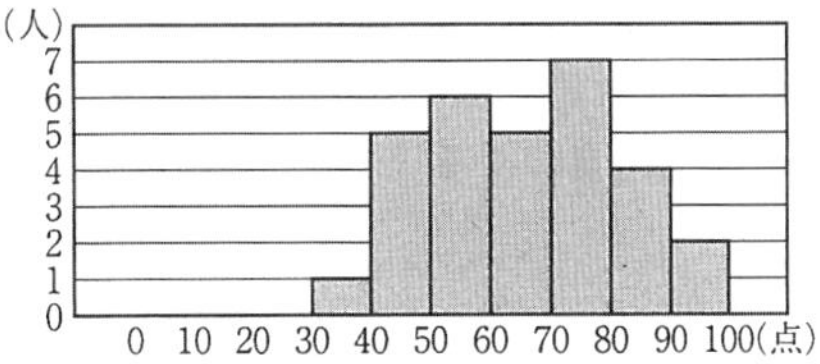

(2) 右の**図２**は，２組と３組それぞれ30人の結果を箱ひげ図に表したものである。この箱ひげ図から読みとれることとして，下の①，②は，「**ア** 正しい」「**イ** 正しくない」「**ウ** この箱ひげ図からはわからない」のどれか。**ア**～**ウ**のうち，最も適当なものをそれぞれ１つ選び，その記号を書け。

図２

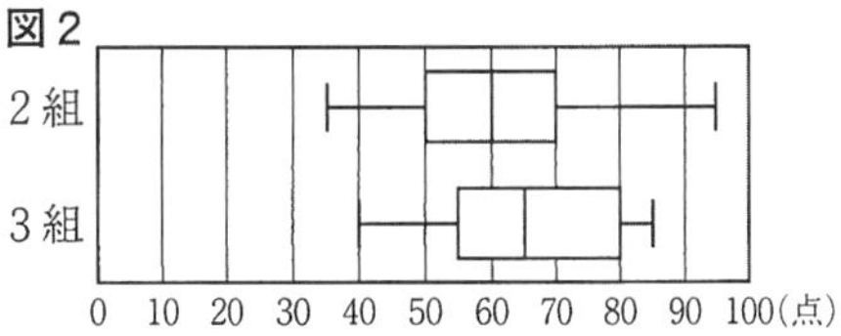

① 四分位範囲は，３組より２組の方が大きい。

② 点数が45点以下の生徒は，３組より２組の方が多い。

2 太郎さんは，午前９時ちょうどに学校を出発して，図書館に向かった。学校から図書館までは一本道であり，その途中に公園がある。学校から公園までの 1200mの道のりは分速 80mの一定の速さで歩き，公園で10分間休憩した後，公園から図書館までの 1800mの道のりは分速 60mの一定の速さで歩いた。

(1) 太郎さんが公園に到着したのは午前何時何分か求めよ。

(2) 太郎さんが学校を出発してから x 分後の学校からの道のりを y mとするとき，太郎さんが学校を出発してから図書館に到着するまでの x と y の関係を表すグラフをかけ。

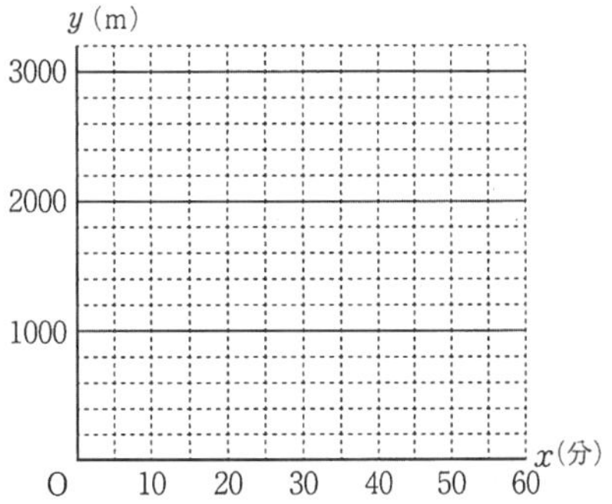

(3) 花子さんは，午前９時20分ちょうどに図書館を出発し，一定の速さで走って学校へ向かった。途中で太郎さんと出会い，午前９時45分ちょうどに学校に到着した。花子さんが太郎さんと出会ったのは午前何時何分何秒か求めよ。

（四）　下の**図１**において，放物線①は関数 $y=ax^2$ のグラフであり，直線②は関数 $y=\frac{1}{2}x+3$ のグラフである。放物線①と直線②は，２点Ａ，Ｂで交わっており，x 座標はそれぞれ -2，３である。
このとき，次の問いに答えなさい。

１　関数 $y=\frac{1}{2}x+3$ について，x の変域が $-2 \leqq x \leqq 3$ のときの y の変域を求めよ。

２　a の値を求めよ。

３　下の**図２**のように，放物線①上に，x 座標が -2 より大きく３より小さい点Ｃをとり，線分ＡＣ，ＢＣを隣り合う２辺とする平行四辺形ＡＣＢＤをつくる。

(1)　直線ＡＣが x 軸と平行になるとき，平行四辺形ＡＣＢＤの面積を求めよ。

(2)　点Ｄが y 軸上にあるとき，点Ｄの y 座標を求めよ。

図１

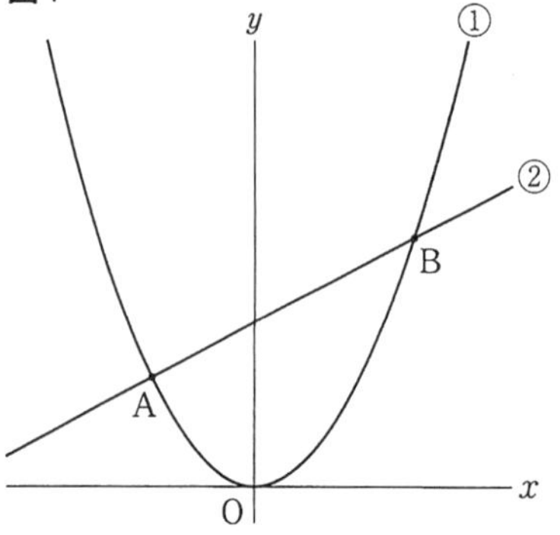

図２

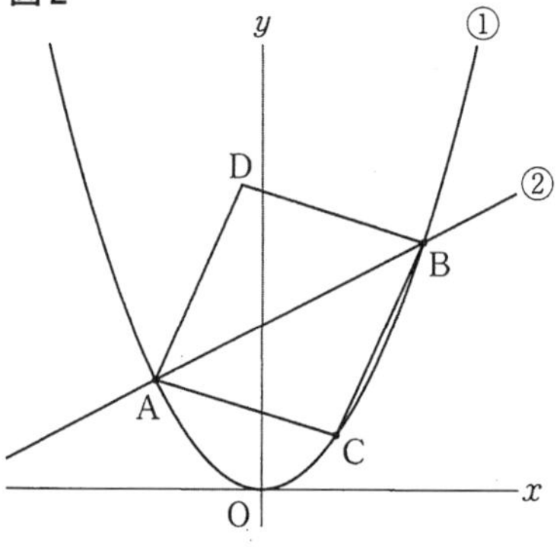

（五） 下の図のように，３点 A，B，C が円 O の周上にあり，AB = AC である。点 A を通り線分 BC に平行な直線を ℓ とし，直線 ℓ 上に点 D を，AB = AD となるようにとる。直線 BD と線分 AC との交点を E，直線 BD と円 O との交点のうち，点 B と異なる点を F とする。また，直線 CF と直線 ℓ との交点を G とする。ただし，∠CAD は鋭角とする。

このとき，次の問いに答えなさい。

1 △ACG ≡ △ADE であることを証明せよ。

2 AG = ４ cm，GD = ２ cmのとき，

(1) 線分 BC の長さを求めよ。

(2) △DGF の面積を求めよ。

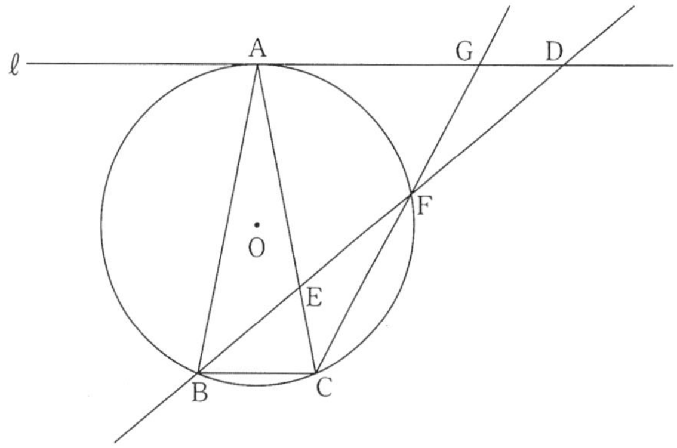

令和５年度

英　　語

（60分）

注　　意

１　問題は１ページから６ページまであり，これとは別に解答用紙が１枚ある。

２　解答は，全て別紙解答用紙の該当欄に書き入れること。

(一) 聞き取りの問題

※教英出版注
音声は，解答集の書籍ＩＤ番号を教英出版ウェブサイトで入力して聴くことができます。

	ア	イ	ウ	エ
1				

	ア	イ	ウ	エ
2			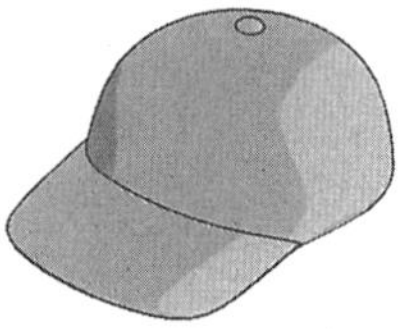	

	ア	イ	ウ	エ
3				

(二) 聞き取りの問題

1 ア No problem.
イ You're already home.
ウ I'm so sorry.
エ Don't get angry.

2 ア I want you to answer my question.
イ You want to eat something.
ウ I'm glad to hear you're feeling fine.
エ You should go to a hospital.

(三) 聞き取りの問題

1 ア Fifteen years old. イ Twenty-three years old.
ウ Twenty-nine years old. エ Thirty-two years old.

2 ア Maki did. イ Maki's father did.
ウ John's father did. エ John's friend did.

3 ア Because she wanted to improve her English.
イ Because she wanted to make him surprised.
ウ Because she wanted to talk about sports.
エ Because she wanted to learn Japanese.

4 ア He wants them to learn more about world history.
イ He wants them to teach him Japanese after school.
ウ He wants them to play baseball together in his team.
エ He wants them to make many friends through English.

(四) 次の1，2の問いに答えなさい。

1 次の(1)，(2)の各対話文の文意が通るように，(　　)の中の**ア**～**エ**を正しく並べかえて，左から順にその記号を書け。

(1) A：Soccer is becoming as (ア baseball イ as ウ among エ popular) boys in my school.
B：Really? In my school, boys like baseball better than soccer.

(2) A：What's the Japanese name of this flower?
B：We (ア in イ it ウ call エ *Himawari*) Japanese. It's one of my favorite flowers.

2 次の(1)，(2)について，それぞれの指示に従って英語で書け。ただし，(1)の①と②，(2)は，三つとも，それぞれ6語以上の1文で書くこと。(「.」「?」などの符号は語として数えない。)

(1) 次の①，②の質問に答える文を書け。
① 日本のことをあまり知らない海外の人に対して，日本について説明する機会があるとすれば，あなたは，どのようなことを伝えますか。
② また，そのことを伝えるための準備として，どのようなことをしますか。

(2) 英語の授業で，近隣の高校とビデオメッセージを通じて交流することになった。その高校の学校生活について，高校生に質問するとすれば，あなたは，どのような質問をするか。その高校生に尋ねる文を書け。

(五) 中学生の綾（Aya）と奈美（Nami）がスミス先生（Mr. Smith）と話をしている。対話文と，わかば市（Wakaba）で開催される英語キャンプ（English Camp）のちらし（flyer）をもとにして，1～4の問いに答えなさい。

Mr. Smith : Hi, Aya. Hi, Nami. What are you doing?

Aya : Hello, Mr. Smith. We're thinking about our plans for this summer.

Nami : (ア)私たちは，夏休み中に，何か新しいことに挑戦するつもりです。

Mr. Smith : That's great! I have good news. Our city's English Camp will be held this August. I'm going to join it as a teacher. I know you like English very much. I hope you'll join it.

Aya : Sounds interesting. Could you tell us more about it?

Mr. Smith : Sure. Here is a flyer about it. It will be held at Wakaba Learning Center from August 1 to 3. The students will stay there for three days.

Nami : [①]?

Mr. Smith : Yes. They have to bring things they need for having two nights away from home. They also need to bring money for the English Camp fee. I believe you'll enjoy the English Camp, and your English will be better.

Aya : The program shows the students will do many English activities. On Day 1, what will they do in Games and Foreign Cultures?

Mr. Smith : In Games, they will enjoy English quizzes which the teachers have made. I think the students from different schools can build a good relationship with each other through Games. In Foreign Cultures, all the teachers from different countries will talk about the cultures of their countries.

Nami : I see. [②]? Please tell us about Role-playing.

Mr. Smith : OK. Through some roles in some scenes such as shopping and giving directions, the students will learn what to say in English for each scene.

Nami : That sounds good. Will the students make dinner that evening?

Mr. Smith : Yes. They will make foreign dishes with the teachers. In that activity, [③].

Nami : Great! There are many interesting activities. Let's join the English Camp, Aya.

Aya : OK! Mr. Smith, I have a question about Special Activity. Will we choose only one course for Day 1 and another course for Day 2?

Mr. Smith : Yes. You need to decide which to choose for each day before joining the English Camp.

Aya : I see. I want to choose Speaking course for Day 1. Which course do you want to choose, Nami?

Nami : Well..., (イ)私は英語を話すことが得意ではありません。 I'm thinking about choosing Listening course.

Mr. Smith : That's OK, but I think you should choose Speaking course. It's important for you to overcome your weak point.

Nami : Oh, I understand what you want to say, Mr. Smith. So I'll choose that course. Aya, which course will you choose for Day 2?

Aya : I'll choose Writing course because I sometimes send e-mails to my friends in foreign countries.

Nami : OK. I'll choose the same one. Mr. Smith, what will we do on Day 3?

Mr. Smith : Each group will give a presentation in English about a theme given by the teachers.

Aya : That's exciting. Nami, let's look at the website of the English Camp together now. Thank you very much, Mr. Smith.

Nami : Thank you, Mr. Smith. I hope the English Camp will come soon.

Mr. Smith : I hope so, too. See you again.

(注) be held 開催される　Learning Center 学習センター　fee 料金　program プログラム
activity(activities) 活動　quiz(zes) クイズ　build a relationship 関係を築く
role-playing ロールプレイ　role(s) 役割　scene(s) 場面　give directions 道案内をする
course コース　overcome～ ～を克服する　point 点　give a presentation 発表をする
theme テーマ　website ウェブサイト

Flyer

English Camp (for Junior High School Students)

Date : August 1-3

Place : Wakaba Learning Center

[You can ride our bus from Wakaba Station to Wakaba Learning Center.]

Fee : 3,700 yen

Number of students : 50

Visit our website
https://www.○○○.com/
You can learn more about the English Camp and how to join it.

《Program》

Day 1 : Group Meeting, Games, Foreign Cultures, Special Activity 1 — Listening course or Speaking course

Day 2 : Role-playing, Fun Time, Making Dinner, Special Activity 2 — Reading course or Writing course

Day 3 : Giving a Presentation

1　対話文中の①～③に当てはまる最も適当なものを，それぞれ次のア～エの中から一つずつ選び，その記号を書け。

① ア　Will they sleep there at night　　イ　Will they sleep at home each day
　ウ　Will they stay there for a week　　エ　Will they stay home for three days

② ア　What's your favorite country　　イ　How about Day 2
　ウ　Which do you like better　　エ　Where are they from

③ ア　the teachers will tell the students how to cook them
　イ　the teachers will let the students go home for dinner
　ウ　the students will bring dinner to Wakaba Learning Center
　エ　the students will make a flyer of the English Camp

2　対話文中の（ア），（イ）の日本語の内容を英語に直せ。

3　対話文の内容についての次の質問に対する適当な答えとなるように，(a)，(b)に入る最も適当なものの組み合わせを，次のア～エの中から一つ選び，その記号を書け。

Which course will Nami finally choose for Day 1 and Day 2?

She will choose ＿＿(a)＿＿ course for Day 1 and ＿＿(b)＿＿ course for Day 2.

ア　(a) Listening　(b) Reading　　イ　(a) Listening　(b) Writing
ウ　(a) Speaking　(b) Reading　　エ　(a) Speaking　(b) Writing

4　次の(1)～(3)の英文の内容が，対話文，Flyer の内容に合うように，〔　　〕のア～エの中から，最も適当なものをそれぞれ一つずつ選び，その記号を書け。

(1) Mr. Smith〔ア will enjoy some roles in some scenes like shopping　イ isn't going to talk about the culture of his country　ウ asks Aya which course she will choose for Day 1　エ tells Aya and Nami what they will do〕in the English Camp.

(2) Aya and Nami〔ア want to send e-mails to each other in English　イ can give a presentation about the theme they will choose　ウ will have fun with English quizzes made by the teachers　エ tell Mr. Smith to build a good relationship with the other teachers〕.

(3) The flyer shows that〔ア the bus will take the students from home to Wakaba Learning Center　イ the website gives more information about the English Camp　ウ Fun Time will be held on the first day of the English Camp　エ the students need fifty minutes to get to Wakaba Learning Center by bus〕.

(六) 次の英文は，拓海（Takumi）が英語の時間に発表したものである。これを読んで，1～6の問いに答えなさい。（1～5は，それぞれ段落を示す番号である。）

1 I like to do volunteer activities. It is fun for me to interact with people who work hard in volunteer activities. Two weeks ago, I joined an event for people like me. In this event, many people talked to me, and I heard interesting stories from them. Today, I will tell you some of those stories.

2 The first story is from Mika. She is twenty years old. Now she is learning photography at an art school. [ア] She got a camera from her father and started taking pictures when she was fourteen. Her father loved the pictures she took, and he often said to her, “ (A) ” His words helped her realize the power of pictures. And she wondered how she could be helpful to other people through pictures. Every weekend, she visits sightseeing spots in her town to meet many tourists and takes their pictures for them with their cameras. Before taking pictures of them, she always has time to talk with them and tries to bring smiles to their faces. She believes that is necessary for good pictures. And she hopes that each picture she takes will help the tourists remember their good time in her town. (B)She also wants them to [ ] her town. Actually, she often gets e-mails from many tourists she met. And they say that they will visit her town again to know more about it. She is very glad about that.

3 The next one is from Daisuke. He is seventeen years old. He learned on the Internet that some old people don't have opportunities to interact with young people. So he decided to join a volunteer activity in a nursing home and do something for such people. Now he is loved by the old people there. First, he has time to talk and do light exercise with them, and then he makes *matcha* for them. He is in the tea ceremony club of his high school. One old woman in the nursing home has many years of experience in tea ceremony. [イ] Her name is Ms. Tanaka. She gives him good advice. When he visits the nursing home, he always enjoys (C) her some questions about tea ceremony. He says that volunteer activities there help him grow.

4 The last one is from Saki. She is twenty-two years old. Every summer, she takes children to an island as a volunteer staff member and lets them have fun with outdoor activities. She didn't need so much time before deciding to join this volunteer activity. She has two different reasons for that. First, she loves interacting with children. She always feels happy when they show her their smiles. [ウ] She is shy, and she sometimes cannot speak well in public. She hopes that she will be a different person through volunteer activities. On the island, children have a good time through swimming in the sea and hiking in the mountain. Many islands (D) from the mountain are so beautiful. The children have to do their own things because they cannot come to the island with their families. She has (E)her own way when she interacts with the children. If trouble happens, she tells them to talk with each other before giving them advice. She wants them to learn how they can be helpful to other people. She realizes that something in herself is now changing.

5 What do you think about these stories? We can have many life-enhancing experiences through volunteer activities. My mother often says, “Helping other people means helping yourself.” That is so true. [エ] And I believe that volunteer activities will help us make a better future for everyone. I hope that many people will be more interested in volunteer activities.

（注）volunteer　ボランティア　　activity(activities)　活動　　interact　ふれ合う
photography　写真の技術　　camera(s)　カメラ　　wonder～　～だろうかと思う
helpful　役に立つ　　sightseeing spot(s)　観光名所　　smile(s)　笑顔
remember～　～を思い出す　　opportunity(opportunities)　機会
nursing home　老人ホーム　　light exercise　軽い運動　　*matcha*　抹茶
tea ceremony　茶道　　advice　助言　　grow　成長する　　last　最後の
staff member　スタッフの一員　　outdoor　野外の　　shy　内気な　　in public　人前で
hike　ハイキングをする　　life-enhancing　人生を豊かにするような

1　本文中の（**A**）に当てはまる最も適当なものを，次の**ア**～**エ**の中から一つ選び，その記号を書け。

ア　I have never enjoyed the pictures you took.
イ　The pictures you take can make people happy.
ウ　A good camera is needed for a good picture.
エ　You cannot find your lost camera soon.

2　本文中の（**B**）について，[　　]に英語4語を入れて文を完成させるとき，[　　]に入れるのに最も適当な連続した4語を，[4]・[5]段落の文中から，そのまま抜き出して書け。

3　本文中の（**C**），（**D**）に入る英語として最も適当なものを，次の中から一つずつ選び，それぞれ正しい形の1語に直して書け。

ask	begin	buy	drink	practice	see	win

4　次の文は，本文中の（**E**）の内容を具体的に説明したものである。本文の内容に合うように，文中の（　①　），（　②　）にそれぞれ当てはまる適当な日本語を書け。

もし，（　　①　　），子供たちに助言を与える前に，（　　②　　）。

5　次の1文が入る最も適当な場所を，本文中の**ア**～**エ**の中から一つ選び，その記号を書け。

Second, she wants to change herself.

6　本文中に書かれている内容と一致するものを，次の**ア**～**キ**の中から二つ選び，その記号を書け。

ア　Takumi joined an event for people who had no experience of volunteer activities.
イ　Mika takes pictures of the tourists with her camera at sightseeing spots in her town.
ウ　Mika wants the tourists to show their smiles for good pictures by interacting with them.
エ　Daisuke learns tea ceremony from Ms. Tanaka and her friends at his school.
オ　Daisuke thinks that he can grow through volunteer activities in the nursing home.
カ　Saki stays on an island with children and their families as a volunteer staff member.
キ　Saki needs someone to help her choose the best volunteer activity for her.

令和５年度

理　科

（50分）

注　意

1　問題は１ページから６ページまであり，これとは別に解答用紙が１枚ある。

2　解答は，全て別紙解答用紙の該当欄に書き入れること。

（一） 電流と磁界，光に関する次の1～3の問いに答えなさい。

1 ［**実験1**］抵抗の値が20Ωの抵抗器aを用いて，**図1**のような回路をつくった。点Pと点Qとの間に加える電圧を5.0Vに保ち，コイルに電流を流すと，コイルは，**図1**の ⇨ の向きに動いた。

［**実験2**］抵抗器aと，抵抗の値が10Ωの抵抗器b，抵抗の値が5.0Ωの抵抗器cを1個ずつ用意した。**図1**の抵抗器aを，**図2**の**ア**～**エ**のように，抵抗器a，b，cを組み合わせたものと順にかえながら，**実験1**と同じ方法で，点Pと点Qとの間に加える電圧を5.0Vに保ち，コイルに電流を流したときのコイルの動きを調べた。

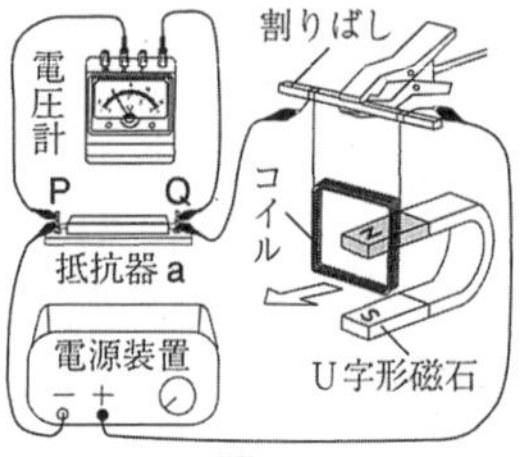

図1

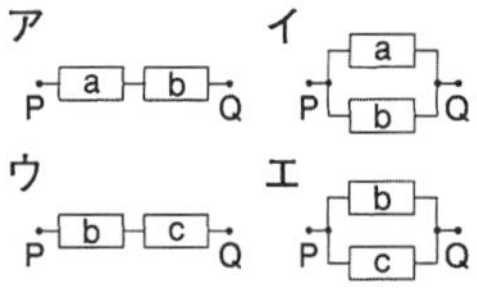

図2 （[a] は抵抗器a，[b] は抵抗器b，[c] は抵抗器cを示す。）

(1) **実験1**で，コイルに流れた電流の大きさは何Aか。

(2) **図2**の**ア**～**エ**から，**実験2**で，コイルが最も大きく動く抵抗器の組み合わせとして適当なものを1つ選び，**ア**～**エ**の記号で書け。

2 ［**実験3**］コイルと発光ダイオードKを用いて，**図3**のような回路をつくり，棒磁石のN極をコイルの中まですばやく入れると，発光ダイオードKが一瞬点灯した。

［**実験4**］**図3**の発光ダイオードKを，発光ダイオードKと発光ダイオードLを並列につないだものにかえ，**図4**のような回路をつくった。棒磁石のS極をdの向きにコイルの中まですばやく入れたあと，すぐにS極をeの向きにコイルの中からすばやく出して，そのときのK，Lの点灯のしかたを調べた。

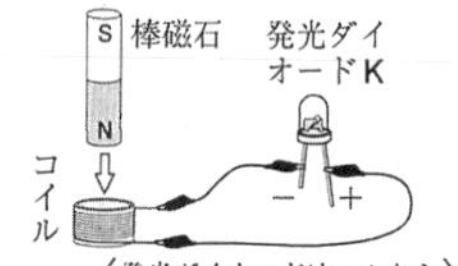

図3 （発光ダイオードは，＋から－に電流が流れるときだけ点灯する。）

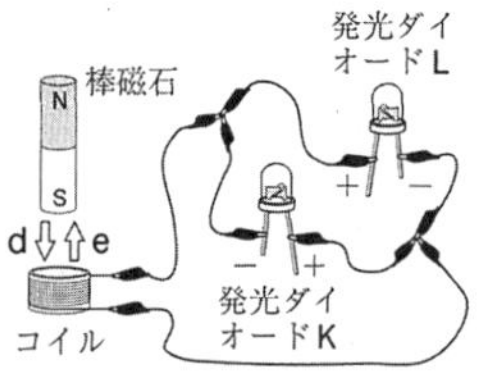

図4

(1) **実験3**で，コイルの中の磁界が変化することで流れる電流は何と呼ばれるか。その名称を書け。

(2) 次の**ア**～**エ**のうち，**実験4**の結果として，最も適当なものを1つ選び，その記号を書け。

ア Kが一瞬点灯し，次にLが一瞬点灯する。　**イ** Lが一瞬点灯し，次にKが一瞬点灯する。

ウ KとLは点灯し続ける。　**エ** KとLは同時に一瞬点灯する。

3 ［**実験5**］光学台に，物体Mを固定し，凸レンズとスクリーンNを光学台の上で動かすことができる，**図5**のような装置をつくった。物体Mと凸レンズとの距離Xを変え，スクリーンNに像がはっきりできる位置にスクリーンNを動かし，このときの，物体Mと凸レンズとの距離X，物体MとスクリーンNとの距離Y，**図6**に示すスクリーンN上にできた青色LEDの像の中心と赤色LEDの像の中心との距離Zを測定した。**表1**は，その結果をまとめたものである。

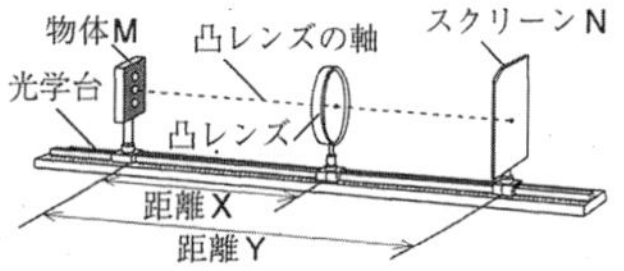

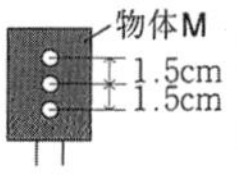

図5 （物体Mは，上から順に，青色，緑色，赤色のLEDが並んで光っている。緑色LEDは，凸レンズの軸上にある。）

図6

表1

	距離X	距離Y	距離Z
測定1	60.0cm	90.0cm	1.5cm
測定2	40.0cm	80.0cm	3.0cm
測定3	30.0cm	90.0cm	6.0cm

(1) **図7**は，**図5**の装置を模式的に表したものである。物体Mの赤色LEDから出た光hが，凸レンズを通過したあとにスクリーンNまで進む道筋を，解答欄の図中に実線でかけ。

(2) **実験5**で用いた凸レンズの焦点距離は何cmか。

(3) 次の文の①，②の｛　｝の中から，それぞれ適当なものを1つずつ選び，その記号を書け。

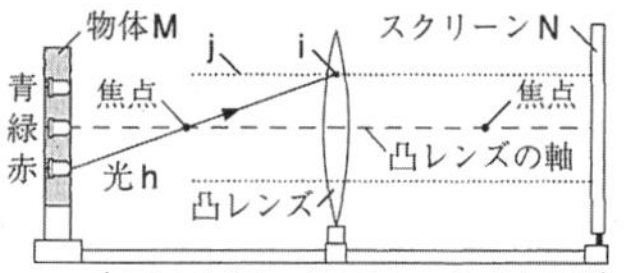

図7 （2本の破線(……)は，凸レンズの軸と平行で，凸レンズの軸との距離が同じである。光hは，点iで破線jと交わっている。）

図5の装置で，物体Mと凸レンズとの距離Xを，焦点距離より短くすると，スクリーンN上に像はできず，スクリーンNをはずして凸レンズをのぞきこむと，像が見えた。このとき見えた，LEDの像の色は，凸レンズの上側から①｛**ア** 青色，緑色，赤色　**イ** 赤色，緑色，青色｝の順で並び，青色LEDの像の中心と赤色LEDの像の中心との距離は，3.0cmより②｛**ウ** 大きい　**エ** 小さい｝。

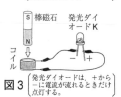

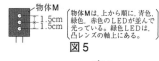

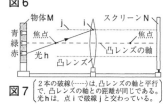

(二) 化学変化と水溶液の性質に関する次の1・2の問いに答えなさい。

1 ［**実験1**］**図1**のような装置を用いて，塩化銅水溶液に一定時間電流を流すと，電極**M**の表面に赤色の銅が付着し，電極**N**付近から刺激臭のある気体**X**が発生した。

［**実験2**］**図2**のような装置を用いて，うすい塩酸に一定時間電流を流すと，気体**X**が**実験1**と同じ極で発生し，もう一方の極では気体**Y**が発生した。

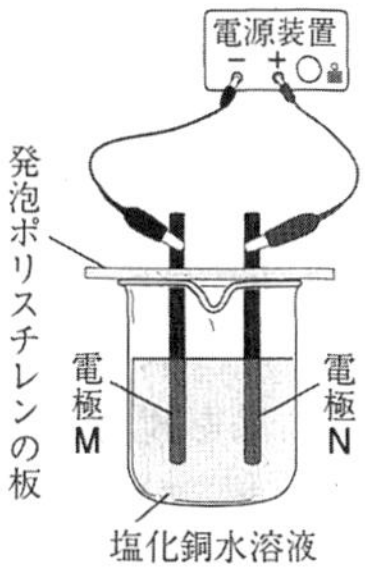

図1

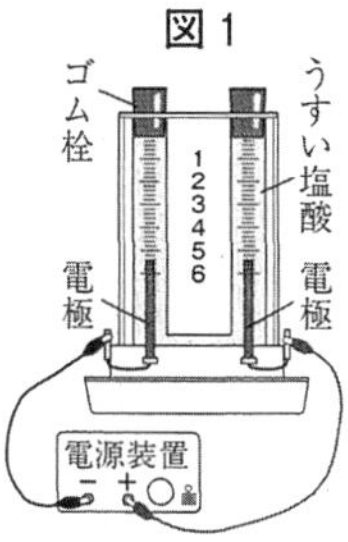

図2

(1) 塩化銅が水に溶けて電離するときに起こる化学変化を，イオンの化学式を用いて，化学反応式で表すとどうなるか。解答欄の化学反応式を完成させよ。

(2) 気体**X**は何か。その気体の名称を書け。

(3) 次の文の①，②の｛　｝の中から，それぞれ適当なものを1つずつ選び，**ア**～**エ**の記号で書け。

図1の，電源装置と電極の接続を，電極**M**と電極**N**が逆になるようにつなぎかえて，**実験1**と同じ方法で実験を行った。このとき，銅が付着したのは，①｛**ア**　電極**M**の表面　　**イ**　電極**N**の表面｝で，その電極は，②｛**ウ**　陽極　　**エ**　陰極｝である。

(4) 次の**ア**～**エ**のうち，気体**Y**が何であるかを確かめるために行う実験操作として，最も適当なものを1つ選び，その記号を書け。

ア インクで着色した水に気体**Y**を通す。　**イ** 石灰水に気体**Y**を通す。

ウ 火のついたマッチを気体**Y**に近づける。　**エ** 水で湿らせた赤色リトマス紙を気体**Y**に近づける。

2 **図3**は，100 gの水に溶ける物質の質量と温度との関係を表したグラフであり，**表1**は，**図3**の物質**P**について，20℃，60℃における値を示したものである。

［**実験3**］物質**P**～**S**をそれぞれ同じ質量ずつとり，60℃の水25 gが入った4個のビーカーに別々に加えて，60℃に保ちながらよくかき混ぜた。このとき，1個のビーカーでは，物質が全て溶けたが，<u>3個のビーカーでは，物質の一部が溶け残った</u>。

［**実験4**］60℃の水25 gを入れたビーカーに，物質**P**を15 g加えて溶かした水溶液を，20℃まで冷やすと，溶けていた物質**P**が結晶として出てきた。

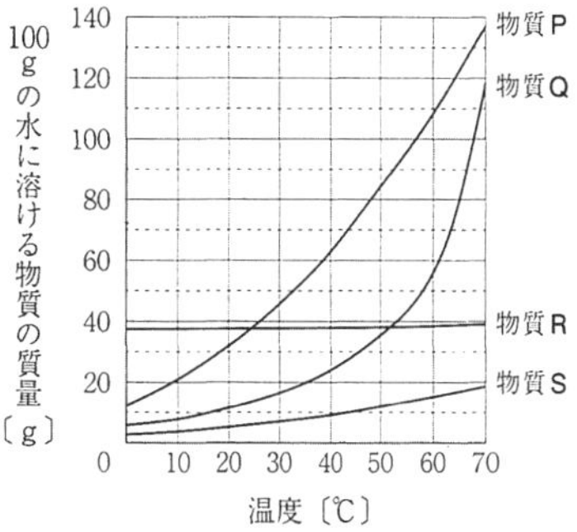

図3

(1) 水のように，溶質を溶かす液体を［ Z ］という。また，溶質が［ Z ］に溶けた液全体を溶液という。**Z**に当てはまる適当な言葉を書け。

表1

温度	20℃	60℃
物質**P**	32 g	109 g

(2) 物質**P**～**S**のうち，下線部で溶け残った物質の質量が最も大きいのはどれか。適当なものを1つ選び，**P**～**S**の記号で書け。

(3) 次の**ア**～**エ**のうち，60℃の水100 gに物質**P**を30 g溶かした水溶液を，0℃まで冷やしていくとき，物質**P**の結晶が出始める温度について述べたものとして，適当なものを1つ選び，その記号を書け。

ア 5～10℃の間で物質**P**の結晶が出始める。　**イ** 15～20℃の間で物質**P**の結晶が出始める。

ウ 40～45℃の間で物質**P**の結晶が出始める。　**エ** 0℃まで物質**P**の結晶は出てこない。

(4) **実験4**で，20℃になったときの，物質**P**の水溶液の質量パーセント濃度は何%か。小数第1位を四捨五入して，整数で書け。

(5) **実験4**で出てきた物質**P**の結晶はおよそ何gか。次の**ア**～**エ**のうち，最も適当なものを1つ選び，その記号を書け。

ア　4 g　　　**イ**　7 g　　　**ウ**　11 g　　　**エ**　28 g

(三) ヒトのからだと生物のふえ方に関する次の１・２の問いに答えなさい。

1 ［**実験**］ヒトのだ液のはたらきを調べるために，うすいデンプン溶液を5 cm³ずつ入れた試験管**A**～**D**を用意した。次に，**A**と**B**に水でうすめたヒトのだ液を1 cm³ずつ加え，**C**と**D**には水を1 cm³ずつ加えて，**図1**のように，約40℃の湯で15分間温めた。**A**～**D**を湯から取り出し，**A**と**C**にヨウ素溶液を数滴ずつ加え，試験管内の様子を観察した。**B**と**D**には，ベネジクト溶液を2 cm³ずつ加えたあと，沸騰石を入れて加熱し，加熱前後の試験管内の様子を観察した。**表1**は，その結果をまとめたものである。

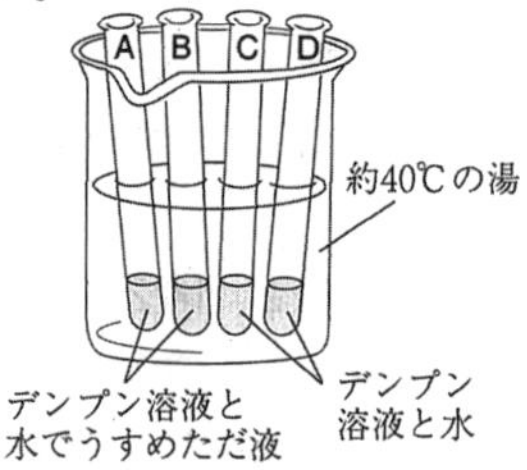

図1

表1

試験管	試験管内の様子
A	変化しない
B	赤褐色に変化する
C	青紫色に変化する
D	変化しない

(1) **実験**において，次のⅠ，Ⅱのことが確認できた。

Ⅰ　だ液のはたらきにより，試験管内の溶液中のデンプンが確認できなくなったこと

Ⅱ　だ液のはたらきにより，試験管内の溶液中に麦芽糖などが確認できるようになったこと

これらのことから，だ液のはたらきにより，試験管内の溶液中のデンプンが，麦芽糖などに変化したことが分かった。Ⅰ，Ⅱのことは，試験管**A**～**D**のうち，どの2つを比較したとき確認できるか。Ⅰ，Ⅱそれぞれについて，2つずつ選び，**A**～**D**の記号で書け。

(2) 次の**ア**～**エ**のうち，だ液に含まれる，デンプンを麦芽糖などに分解する消化酵素の名称として，最も適当なものを1つ選び，その記号を書け。

ア　アミラーゼ　　**イ**　トリプシン　　**ウ**　ペプシン　　**エ**　リパーゼ

(3) 次の文の①に当てはまる適当な言葉を書け。また，②，③の｛　｝の中から，それぞれ適当なものを1つずつ選び，その記号を書け。

デンプン，タンパク質，脂肪などの養分は，消化酵素によって分解される。消化酵素によって分解されてできた物質は，小腸の内側の壁にある［　①　］と呼ばれる突起から吸収され，［　①　］の内部の，毛細血管やリンパ管に入り，血液によって全身に運ばれる。また，脂肪の消化を助けるはたらきをする胆汁は②｛**ア**　肝臓　　**イ**　胆のう｝でつくられ，すい液中の消化酵素とともにはたらくことで，脂肪が③｛**ウ**　アミノ酸　　**エ**　脂肪酸｝とモノグリセリドに分解される。

2 **図2**・**3**は，それぞれジャガイモの無性生殖，有性生殖を表したものである。**図2**のように，ジャガイモ**E**にできたいもを取り出して植えたところ，やがてジャガイモ**F**ができた。また，**図3**のように，ジャガイモ**E**の花粉を，ジャガイモ**E**とは異なる遺伝子を持つジャガイモ**G**のめしべにつけたところ，やがて種子**H**ができた。

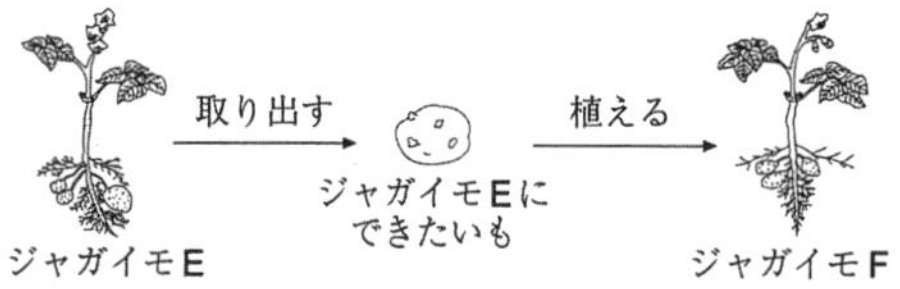

図2

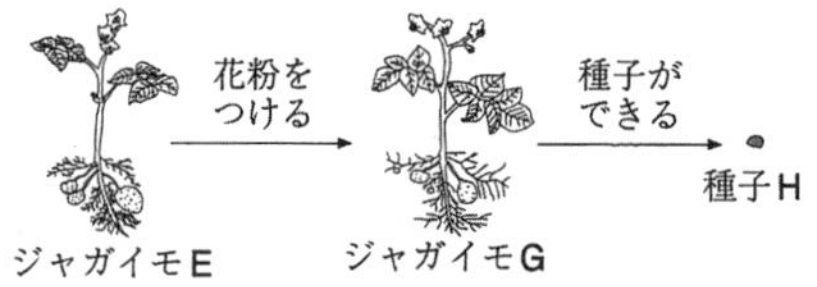

図3

(1) **図2**のような無性生殖でできた子の形質について，親と子の遺伝子の関係に触れながら，解答欄の書き出しに続けて簡単に書け。

(2) 次の文の①～③の｛　｝の中から，それぞれ適当なものを1つずつ選び，その記号を書け。

図3で，花粉は，おしべの①｛**ア**　やく　　**イ**　柱頭｝でつくられ，めしべの②｛**ア**　やく　**イ**　柱頭｝につく。このことを，③｛**ア**　受粉　　**イ**　受精｝という。

(3) **図4**は，ジャガイモ**E**とジャガイモ**G**の葉の細胞を，染色体をそれぞれ2本として，模式的に表したものである。ジャガイモ**E**がつくる生殖細胞と，種子**H**の胚《はい》の細胞は，それぞれどのように表すことができるか。**図4**にならってかけ。

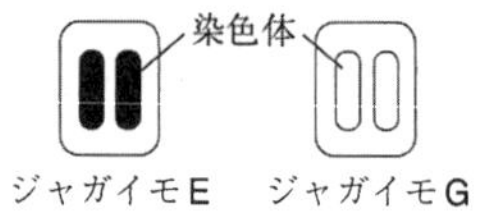

図4

(四) 地震と天体に関する次の１・２の問いに答えなさい。

1　**図１**は，ある地域で起こった地震**Ｊ**について，ゆれを観測した地点**Ａ**～**Ｄ**における，初期微動の始まりの時刻と初期微動継続時間との関係を表したものである。ただし，地震**Ｊ**で発生したＰ波，Ｓ波の伝わる速さはそれぞれ一定で，場所によって変わらないものとする。

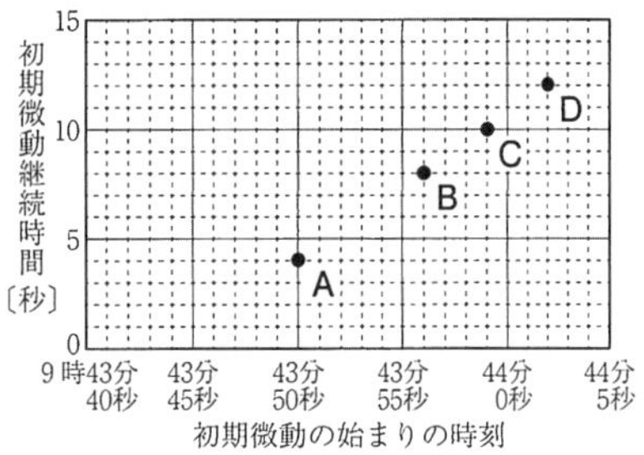

図１（Ａ～Ｄの各点は，グラフの縦軸，横軸の目盛線の交点上にある。）

(1)　次の文は，気象庁が発表した，地震**Ｊ**の情報をまとめたものである。

> 9時43分頃，地震がありました。この地震の［ X ］の深さは約10km，地震の規模を示す［ Y ］は7.2と推定されます。この地震による［ Z ］の心配はありません。

①　**表１**の**ア**～**エ**のうち，**Ｘ**，**Ｙ**に当てはまる言葉の組み合わせとして，適当なものを１つ選び，その記号を書け。

表１

	X	Y
ア	震源	マグニチュード
イ	震源	震度
ウ	震央	マグニチュード
エ	震央	震度

②　**Ｚ**は，地震による海底の地形の急激な変化にともない，海水が持ち上げられることで発生する波である。**Ｚ**に当てはまる最も適当な言葉を書け。

(2)　**図２**は，地点**Ａ**～**Ｄ**のいずれかにおいて，地震**Ｊ**のゆれを地震計で記録したもののうち，初期微動が始まってからの30秒間の記録を示したものである。地点**Ａ**～**Ｄ**のうち，**図２**に示すゆれが記録された地点として，最も適当なものを１つ選び，**Ａ**～**Ｄ**の記号で書け。

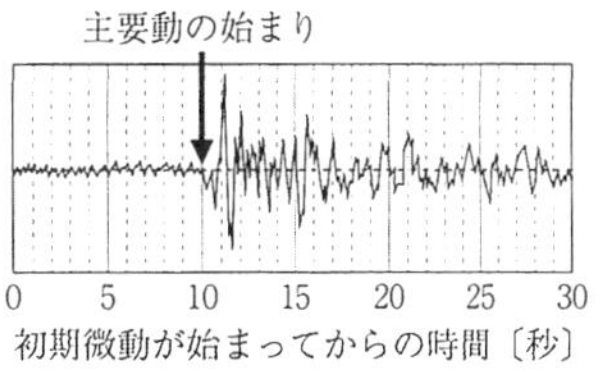

図２

(3)　**図１**をもとに，地震**Ｊ**の発生時刻を書け。

(4)　地震**Ｊ**では，緊急地震速報が９時43分55秒に発表された。地点**Ｂ**で，地震**Ｊ**の主要動が観測され始めたのは，緊急地震速報が発表されてから何秒後か。次の**ア**～**エ**のうち，最も適当なものを１つ選び，その記号を書け。

ア　1秒後　　**イ**　8秒後　　**ウ**　9秒後　　**エ**　11秒後

2　**図３**は，地球と太陽の位置関係を模式的に表したものであり，**Ｅ**，**Ｆ**，**Ｇ**，**Ｈ**は，春分，夏至，秋分，冬至いずれかの地球の位置を示している。また，**図４**は，地球が**図３**の**Ｈ**の位置にある日の，四国のある地点**Ｏ**における太陽の通り道を天球上に模式的に表したものであり，**ａ**，**ｂ**，**ｃ**，**ｄ**は，地点**Ｏ**から見た，東，西，南，北いずれかの方位を示している。

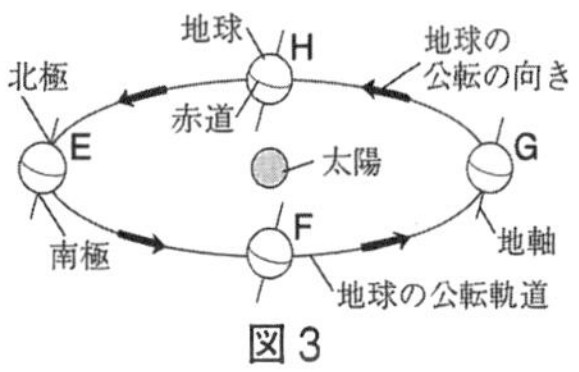

図３

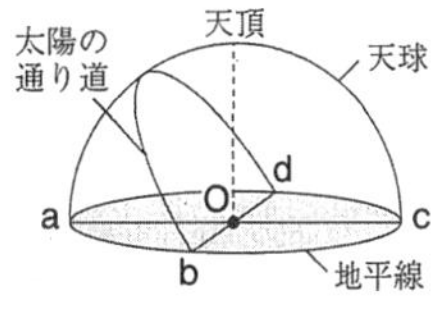

図４

(1)　**図４**の**ａ**～**ｄ**のうち，地点**Ｏ**から見た西として，適当なものを１つ選び，その記号を書け。

(2)　次の**ア**～**エ**のうち，下線部の日から１か月後の，地点**Ｏ**における太陽の通り道を示しているものとして，最も適当なものを１つ選び，その記号を書け。

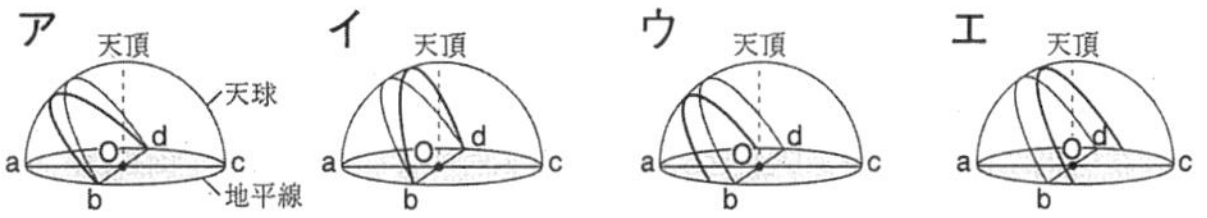

（―― は，地球が**図３**の**Ｈ**の位置にある日の，―― は，その１か月後の，地点**Ｏ**における太陽の通り道を示す。）

(3)　南極や北極のような緯度の高い地域では，太陽が１日中沈むことなく地平線の近くを移動する，白夜という現象が起こる。南極点（南緯90°）で白夜が見られるのは，地球が，**図３**のどの区間にあるときか。次の**ア**～**エ**から，南極点で白夜が見られるときの地球の位置を全て含む区間として，最も適当なものを１つ選び，**ア**～**エ**の記号で書け。

ア　**Ｅ→Ｆ→Ｇ**の区間　**イ**　**Ｆ→Ｇ→Ｈ**の区間　**ウ**　**Ｇ→Ｈ→Ｅ**の区間　**エ**　**Ｈ→Ｅ→Ｆ**の区間

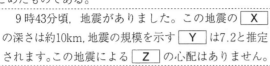

（五） 次の１～４の問いに答えなさい。

1 ［**実験１**］ **図１**のように，なめらかな斜面上の**A**の位置に小球を置いて，手で支えて静止させた。次に，斜面に沿って上向きに，小球を手で押しはなした。**図２**は，小球を手で押しはなしたときの，小球が斜面上を運動する様子を表したものであり，一定時間ごとに撮影した小球の位置を，**A**～**F**の順に示している。また，**表１**は，**図２**の各区間の長さを測定した結果をまとめたものである。ただし，摩擦や空気抵抗はないものとする。

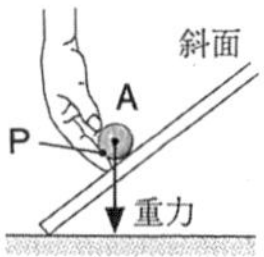

図１

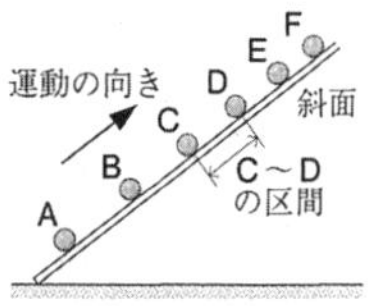

図２

表１

区間	B～C	C～D	D～E	E～F
区間の長さ〔cm〕	11.3	9.8	8.3	6.8

⑴ **図１**の矢印は，小球にはたらく重力を示したものである。**A**の位置で，手が小球を静止させる，斜面に平行で上向きの力を，解答欄の図中に，点**P**を作用点として，矢印でかけ。

⑵ 次の文の①，②の｛ ｝の中から，それぞれ適当なものを１つずつ選び，その記号を書け。

表１から，**B**～**F**の区間で小球が斜面上を運動している間に，小球にはたらく，斜面に平行な力の向きは，①｛**ア**　斜面に平行で上向き　　**イ**　斜面に平行で下向き｝で，その力の大きさは，②｛**ア**　しだいに大きくなる　　**イ**　しだいに小さくなる　　**ウ**　一定である｝ことが分かる。

2 花子さんは，理科の授業で，タブレット端末を用いて気象情報を収集した。**図３**は，ある年の10月21日12時の天気図であり，**表２**は，**図３**と同じ日時における，地点**X**，**Y**で観測された，気圧，気温，天気についてまとめたものである。また，次の会話文は，花子さんが先生と話をしたときのものである。

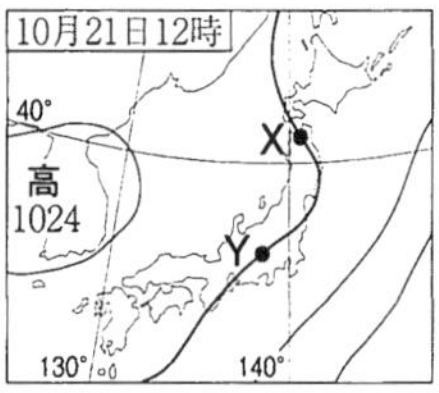

図３

表２

地点	気圧〔hPa〕	気温〔℃〕	天気
X	1020	19.3	○
Y	940	14.2	⦶

先　　生： **図３**の，地点**X**と地点**Y**は，1020hPaの等圧線上にあります。

花子さん： **表２**を見てください。地点**X**の気圧の値は1020hPaなのに，地点**Y**の気圧の値は，1020hPaよりかなり小さいです。

先　　生： 等圧線が示す気圧の値は，実際に測定された気圧の値となるわけではありません。気圧の値は，**表２**に示されていない，他の条件で変わりますよね。その条件をもとに，計算し直された気圧の値を使って等圧線は記入されています。では，**表２**で気圧の値が940hPaである地点**Y**が，**図３**では1020hPaと大きくなっているのは，地点**Y**がどのような場所だからですか。

花子さん： 地点**Y**は，□場所だからです。

先　　生： そのとおりです。ところで，**表２**の，地点**X**と地点**Y**のように気圧の値が異なると，大気の重さによって生じる，面を垂直に押す力の大きさが異なります。どのくらい異なるのか，大気が身近なものを押す力について考えてみましょう。１hPaは100Paであることを，覚えていますね。

花子さん： はい。それでは，大気が私のタブレット端末の画面を押す力について考えてみます。

⑴ □には，地点**X**と比べて，地点**Y**がどのような場所であるかを示す言葉が入る。□に適当な言葉を書き入れて，会話文を完成させよ。ただし，「地点**X**」という言葉を用いること。

⑵ 下線部について，花子さんは，**表２**で示された気圧の値をもとに，地点**X**，**Y**において，大気がタブレット端末の画面を押す力の大きさをそれぞれ計算した。このとき，求めた２つの力の大きさの差は何Nか。ただし，タブレット端末の画面の面積は$0.03m^2$であり，**図４**のように，タブレット端末は，水平な机の上に置かれているものとする。

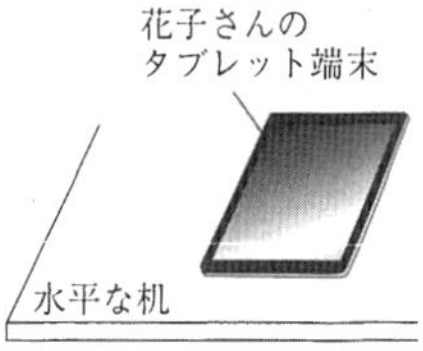

図４

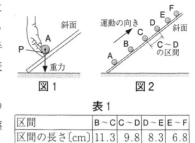

3　化学変化の前後で物質の質量がどうなるか確かめるために，次の実験を行った。

［**実験２**］**図５**のように，うすい塩酸が入った試験管と炭酸水素ナトリウムをプラスチックの容器に入れ，ふたを閉めて<u>ⓐ容器を含めた全体の質量</u>を測定した。次に，ふたを閉めたまま容器を傾けて，うすい塩酸と炭酸水素ナトリウムを混ぜ合わせると，気体が発生した。再び<u>ⓑ容器を含めた全体の質量</u>を測定すると，下線部ⓑの質量は，下線部ⓐの質量と等しかった。

図５

(1)　**実験２**のあと，容器のふたを開けて，しばらくしてから，ふたと容器を含めた全体の質量を測定すると，質量はどのようになったか。「大きくなった」「小さくなった」「変わらなかった」のいずれかの言葉を書け。また，そのようになった理由を，解答欄の書き出しに続けて簡単に書け。

(2)　**実験２**で，化学変化の前後で物質全体の質量は変化しないと確認できた。確認できたこの法則を何というか。また，次の**ア**～**エ**のうち，化学変化の前後で物質全体の質量が変化しない理由について述べたものとして，最も適当なものを１つ選び，その記号を書け。

ア　物質をつくる原子の種類と数は変わるが，原子の組み合わせは変わらないから。

イ　物質をつくる原子の種類と組み合わせは変わるが，原子の数は変わらないから。

ウ　物質をつくる原子の数は変わるが，原子の種類と組み合わせは変わらないから。

エ　物質をつくる原子の組み合わせは変わるが，原子の種類と数は変わらないから。

4　**図６**は，イカ，イヌ，イモリ，ニワトリの４種類の動物がかかれたカードである。これらのカードを利用して，４枚のカードの中から，先生が選んだ１枚のカードを，太郎さんが当てるゲームを行った。次の会話文は，太郎さんが，先生と話をしたときのものである。

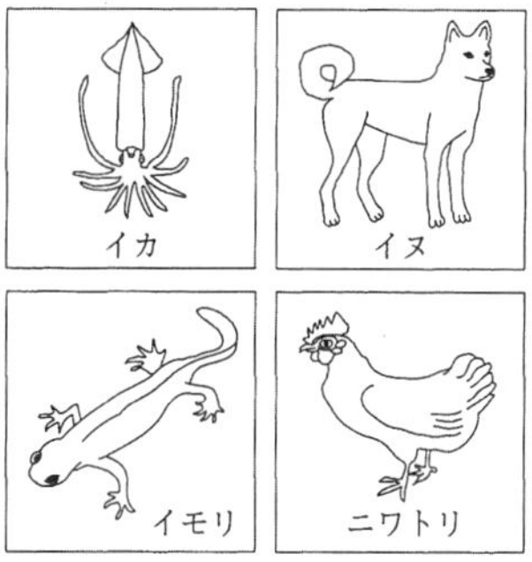

図６

先　　生：　授業で習った，動物を分類するときの，動物の特徴についての質問をして，私がどの動物のカードを選んだか当ててください。

太郎さん：　その動物は，背骨を持っていますか。

先　　生：　はい。背骨を持っています。

太郎さん：　その動物は，卵を産みますか。

先　　生：　はい。卵を産みます。

太郎さん：　その動物の卵に，殻はありますか。

先　　生：　いいえ。卵に殻はありません。

太郎さん：　先生が選んだカードは，［　X　］のカードです。

先　　生：　そのとおりです。

(1)　**X**に当てはまる動物は何か。その動物の名称を書け。

(2)　**図６**の４枚のカードにかかれた動物を，体温調節に着目してグループ分けすると，周囲の温度の変化にともない体温が変化するグループと，周囲の温度が変化しても体温がほぼ一定に保たれるグループとに分けることができる。４枚のカードにかかれた動物の中から，周囲の温度が変化しても体温がほぼ一定に保たれる動物を全て選ぶと，［　Y　］が当てはまる。このように，周囲の温度が変化しても体温がほぼ一定に保たれる動物は，［　Z　］動物と呼ばれる。

①　**Y**に当てはまる動物は何か。その動物の名称を**全て**書け。

②　**Z**に当てはまる適当な言葉を書け。

2023(R5) 愛媛県公立高
K 教英出版

令和５年度

社　　　会

（50分）

注　　　意

1　問題は１ページから６ページまであり，これとは別に解答用紙が１枚ある。

2　解答は，全て別紙解答用紙の該当欄に書き入れること。

(一)　右の略年表を見て，1～7の問いに答えなさい。

年代	できごと
400	
	・①倭《わ》王武《ぶ》が中国に使いを送る
600	
	・②平城京《へいじょうきょう》に都が移される（③ここから）
800	
1000	
	・保元《ほうげん》の乱が起こる（③ここまで）
1200	・④御成敗式目《ごせいばいしきもく》が定められる
1400	・⑤足利義満《あしかがよしみつ》が南北朝を統一する
1600	
	・「　⑥　」が出版される
1800	・⑦ラクスマンが来航する

1　略年表中の①のできごとが起こった頃の我が国の社会の様子について述べた文として最も適当なものを，ア～エから一つ選び，その記号を書け。

ア　明《みん》から大量の銅銭が輸入され，定期市における取り引きなどで使用された。

イ　備中《びっちゅう》ぐわや千歯《せんば》こきが使われるようになり，農業生産力が上がった。

ウ　「源氏《げんじ》物語」や「枕草子《まくらのそうし》」など，かな文字を用いた文学が発達した。

エ　渡来人《とらいじん》が伝えた新しい技術によって作られた，須恵器《すえき》と呼ばれる土器が普及した。

2　次の文は，略年表中の②のできごとが起こった頃に行われていた班田収授法《はんでんしゅうじゅのほう》について述べたものである。文中の［　　　］に適当な言葉を書き入れて文を完成させよ。ただし，［　　　］には，戸籍　全ての人々　の二つの言葉を含めること。また，口分田《くぶんでん》が与えられ始める年齢を明らかにすること。

> 班田収授法では，［　　　　　　］に口分田が与えられ，死後は国に返すきまりとなっていた。

3　略年表中の③の期間に起こったできごととして適当なものを，ア～エから二つ選び，年代の古い順に左から並べ，その記号を書け。

ア　坂上田村麻呂《さかのうえのたむらまろ》が征夷大将軍《せいいたいしょうぐん》となった。　　イ　白村江《はくすきのえ》の戦いが起こった。

ウ　源頼朝《みなもとのよりとも》が征夷大将軍となった。　　エ　藤原純友《ふじわらのすみとも》が反乱を起こした。

4　略年表中の④は，武家《ぶけ》社会の慣習に基づく裁判の基準などを示した鎌倉幕府の法律であり，執権《しっけん》の［　　　］が定めた。［　　　］に当てはまる人物の氏名を書け。

5　略年表中の⑤が政治を行った頃に栄えた北山《きたやま》文化について説明するときに使う資料として最も適当なものを，ア～エから一つ選び，その記号を書け。

ア

イ

ウ

エ

6　略年表中の⑥には，ある書物の名称が当てはまる。また，次の資料は，⑥を出版するきっかけとなったできごとについて，⑥の出版の中心的な役割を果たした蘭学《らんがく》者が記した文章の一部を，要約したものである。⑥に当てはまる書物の名称を書け。

【資料】

> 今日の解剖は驚くことばかりで，これまで知らなかったことが恥ずかしい。何とかこの「ターヘル・アナトミア」を日本語に翻訳できれば，体の内外の状態が分かり，今後の治療に役立つだろう。どんなことをしても，翻訳したい。

（「蘭学事始《らんがくことはじめ》」による）

7　略年表中の⑦は，［　X　］に来航し，［　Y　］。X，Yにそれぞれ当てはまる言葉の組み合わせとして適当なものを，ア～エから一つ選び，その記号を書け。

ア｛X　根室《ねむろ》　　Y　日本の開国を求める，アメリカ大統領の国書を幕府に渡した｝

イ｛X　根室　　Y　日本人漂流民を送り届けるとともに，日本との通商を要求した｝

ウ｛X　浦賀《うらが》　　Y　日本の開国を求める，アメリカ大統領の国書を幕府に渡した｝

エ｛X　浦賀　　Y　日本人漂流民を送り届けるとともに，日本との通商を要求した｝

(二) 次の資料は，日本に関するできごとを年代の古い順に上から並べたものである。これを読んで，１～７の問いに答えなさい。

A　幕府とアメリカ合衆国が，①日米和親条約を結んだ。
B　②日清戦争の講和条約として，日本と清が，下関条約を結んだ。
C　加藤高明《かとうたかあき》内閣が，普通選挙法を成立させた。
D　柳条湖《りゅうじょうこ》事件をきっかけに，③満州《まんしゅう》事変が始まった。
E　日本が，ポツダム宣言を受諾し，連合国に降伏した。
F　アジアで初めてのオリンピックが，東京で開かれた。

1　①を結んだことにより開港し，ハリスが，アメリカ総領事として着任した港町の位置として適当なものを，右の地図中のア～エから一つ選び，その記号を書け。

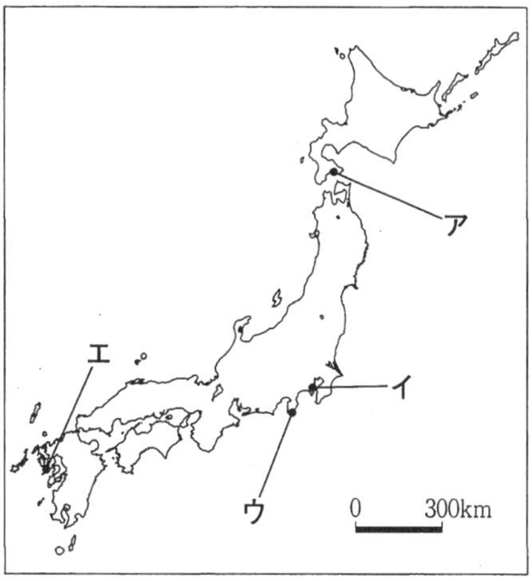

2　Aのできごとから Bのできごとまでの期間に起こった，次のア～エのできごとを年代の古い順に左から並べ，その記号を書け。
ア　国会期成同盟が結成された。
イ　大日本帝国憲法が発布された。
ウ　岩倉《いわくら》使節団が日本を出発した。
エ　西南戦争が起こった。

3　次の文は，②が始まるきっかけとなった，日本と清の対立について述べたものである。文中の［　　］に当てはまる最も適当な言葉を書け。

朝鮮で，政治改革の実現や外国勢力の排除を目指して，農民が，［　　］と呼ばれる反乱を起こした。朝鮮の政府が，その反乱の鎮圧のため，清に出兵を求めると，これに対抗した日本も，朝鮮に出兵したため，日本と清の対立が深まった。

4　右の資料は，Cのできごとが起こった頃から全国に普及し始めた，ある電気製品を，先生が描いた絵であり，次の文は，先生がこの資料を用いて，大正時代の文化の特徴について説明したものである。文中のXに当てはまる最も適当な言葉を書け。

この資料は，［ X ］を描いた絵です。大正時代は，日本において文化の大衆化が進んだ時代であり，各種の雑誌や新聞のほか，1925年に始まった［ X ］放送が人々の情報源となりました。

5　国際連盟は，③についての調査を行うため，イギリス人の［ Y ］を団長とする調査団を派遣した。この調査団は，一般に［ Y ］調査団と呼ばれている。Yに当てはまる人物の名を書け。

6　次の文は，Eのできごとの後，ＧＨＱの指令に従って進められた，日本の民主化について述べたものである。文中の［　　］に適当な言葉を書き入れて文を完成させよ。ただし，［　　］には，［治安維持法］［政治活動］の二つの言葉を含めること。

政治の面において，［　　　　］。また，女性の参政権が認められ，20歳以上の男女が選挙権を得た。

7　次の文で述べたできごとを，上の資料中のB～Fの間に加えて，年代の古い順に並べたとき，当てはまる位置として適当なものを，下のア～エから一つ選び，その記号を書け。

官営の八幡《やはた》製鉄所が設立された。

ア　BとCの間　　イ　CとDの間　　ウ　DとEの間　　エ　EとFの間

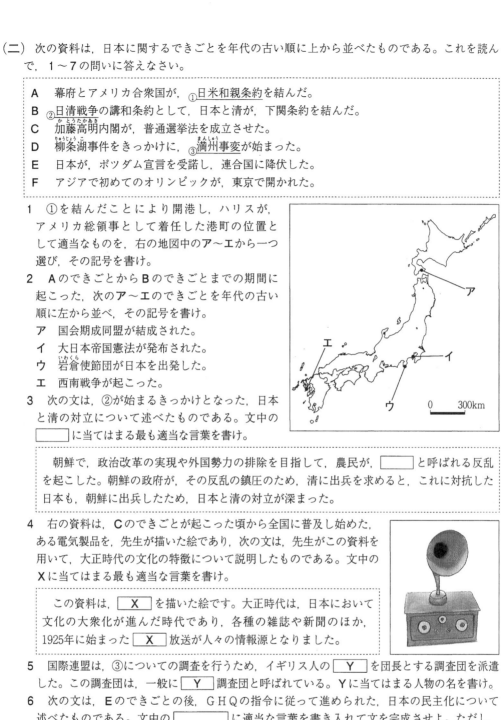

(三)　次の１～５の問いに答えなさい。

１　右の図は，新しい人権と，日本国憲法で定められている権利と責任について説明するために，先生が作成したものであり，次の会話文は，直子さんと先生が，図を見ながら話をしたときのものである。これを読んで，(1)，(2)の問いに答えよ。

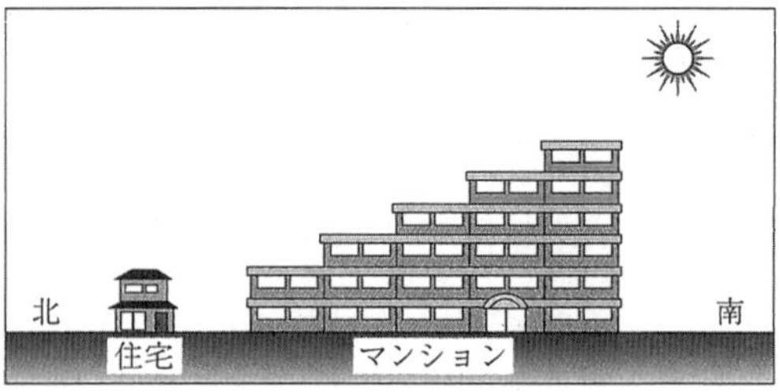

先　　生：　図のマンションは，屋上が階段状になっています。なぜ，このような形になっているか分かりますか。

直子さん：　はい。北側に隣接する住宅の住民の，［　　①　　］からです。

先　　生：　そのとおりです。国民には，憲法によって自由や権利が認められています。それと同時に，②他の人の人権を守ったり，より快適な社会を実現したりする責任もともないます。

(1)　文中の［　①　］に適当な言葉を書き入れて文を完成させよ。ただし，新しい人権として主張されている具体的な権利を明らかにして書くこと。

(2)　②について，日本国憲法では，全ての人の幸福や社会全体の利益を，［　a　］という言葉で表しており，第12条において，国民は，自由及び権利を常に［　a　］のために利用する責任を負うと規定している。aに当てはまる最も適当な言葉を書け。

２　右の表は，我が国が参加した，国際連合の平和維持活動の一部について，派遣年，派遣先，活動内容をまとめたものである。表のような国際連合の平和維持活動は，［　　］という略称で呼ばれている。［　　］に当てはまる最も適当な言葉を，アルファベットで書け。

派遣年	派遣先	活動内容
1992～1993	カンボジア	停戦の監視，道路・橋の修理
2002～2004	東ティモール	道路・橋の維持補修，物資輸送
2008～2011	スーダン	難民の帰還の促進
2010～2013	ハイチ	地震後の被災者支援

（内閣府資料ほかによる）

３　右の資料は，比例代表制の議席配分のしくみについて説明するために，先生が作成したものである。資料のような投票結果の選挙において，「ドント式」で議席を配分した場合，Ａ～Ｃ党の当選者数はそれぞれ何人になるか書け。ただし，この選挙区の定数は５人であり，各政党とも４人の候補者を立てているものとする。

◇投票結果

政党名	Ａ党	Ｂ党	Ｃ党
得票数	1,500票	900票	600票

４　右の図は，我が国の三権分立のしくみを模式的に表したものである。図中のＸ，Ｙにそれぞれ当たる言葉の組み合わせとして適当なものを，ア～エから一つ選び，その記号を書け。

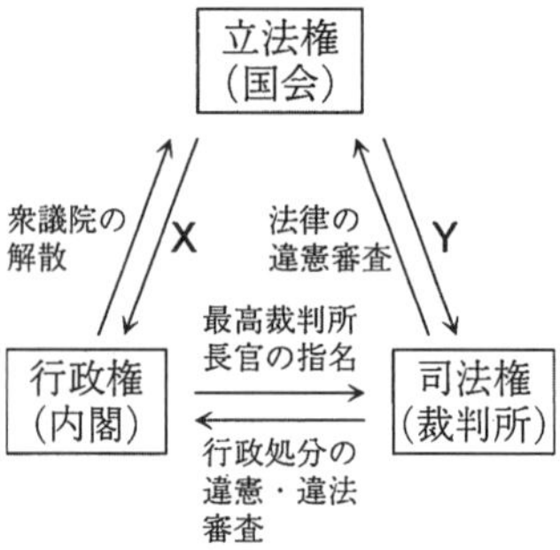

ア｛Ｘ　内閣総理大臣の指名　　Ｙ　憲法改正の発議｝
イ｛Ｘ　内閣総理大臣の指名　　Ｙ　裁判官の弾劾裁判｝
ウ｛Ｘ　内閣総理大臣の任命　　Ｙ　憲法改正の発議｝
エ｛Ｘ　内閣総理大臣の任命　　Ｙ　裁判官の弾劾裁判｝

５　地方公共団体の自主財源に分類される収入として最も適当なものを，ア～エから一つ選び，その記号を書け。

ア　地方交付税交付金　　イ　国庫支出金　　ウ　地方税　　エ　地方債

全日制 定時制
科
受検番号
号
氏名

令和五年度 国語解答用紙

(一)

問題	解答欄
1	異なるものの記号 / 助詞の種類の記号
2	
3	
4	a 最初 / 最後　b
5	
6	(という過程を経て、さらに複雑な共感が生じる。)
a	

(二)

問題	解答欄
1	
2	
3	(たり)
4	(びる)

(三)

問題	解答欄
1	
2	
3	
4	

400字 300字 200字 100字

（二）

7

（解）

答

（五）

1

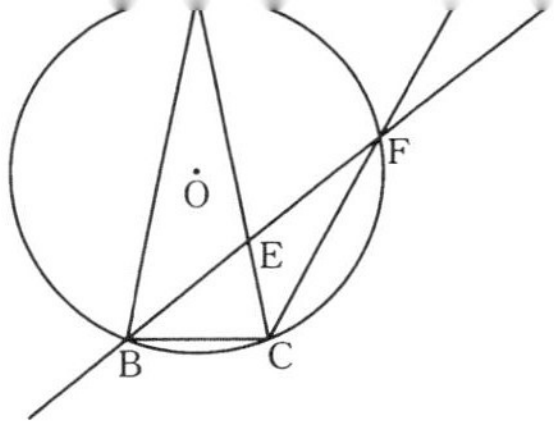

2

(1) cm

(2) cm^2

問　題	（一）	（二）	（三）	（四）	（五）	合　計
得　点						※50点満点（配点非公表）

（五）		（イ）					
	3						
	4	⑴		⑵		⑶	
（六）	1						
	2						
	3	⒞		⒟			
	4	①					
		②					
	5			6			

問題	（一）	（二）	（三）	（四）	（五）	（六）	合計
得点							※50点満点 （配点非公表）

	2	(2)	
		(3)	
		(4)	%
		(5)	

(三)	1	(1)	Ⅰ	（　　）と（　　）	Ⅱ	（　　）と（　　）
		(2)				
		(3)	①			
			②		③	
	2	(1)	子は，親と			
		(2)	①		②	③
		(3)	生殖細胞		胚の細胞	

(五)	2	(1)		
		(2)		N
	3	(1)	質　量	
			理　由	発生した気体が
		(2)	法　則	の法則
			理　由	
	4	(1)		
		(2)	①	
			②	

問　　題	(一)	(二)	(三)	(四)	(五)	合　　計
得　　点						※50点満点 （配点非公表）

	6			
	7			
（三）	1	(1)	から	
		(2)		
	2			
	3	A党	B党	C党
		人	人	人
	4			
	5			

	2			
	3			
	4			
（六）	1	(1)		
		(2)		
		(3)	①	②
		(4)	記　号	国 の 名
	2			
	3		ので	

問　題	（一）	（二）	（三）	（四）	（五）	（六）	合　計
得　点							※50点満点 （配点非公表）

全 日 制 定 時 制		科	受検番号		号	氏 名	

令和5年度　社　会　解 答 用 紙

問題		解答欄
(一)	1	
	2	に
	3	(　　　)→(　　　)
	4	
	5	
	6	
	7	
	1	
	2	(　　)→(　　)→(　　)→(　　)
	3	
	4	

問題			解答欄	
(四)	1		経路	
	2		銀行	
	3		①	②
	4			
	5			
(五)	1	(1)	山脈	
		(2)	記　号	県　名
				県
		(3)	暖流の	

全日制 定時制	科	受検番号	号	氏名	

令和5年度　理　科　解答用紙

問題			解答欄	
(一)	1	(1)	A	
		(2)		
	2	(1)		
		(2)		
	3	(1)	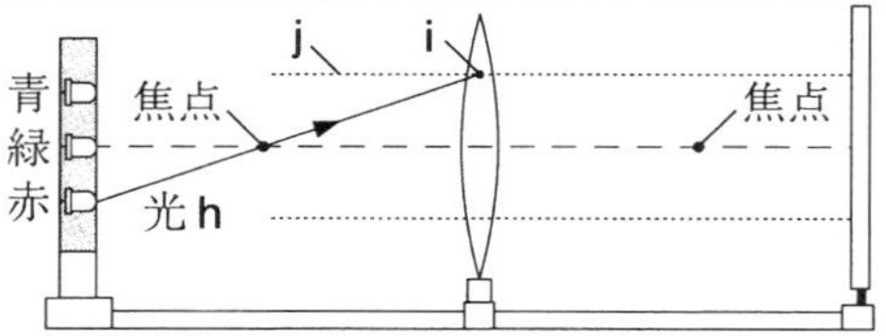	
		(2)	cm	
		(3)	①	②
	1	(1)	$CuCl_2$ →	
		(2)		
		(3)	①	②
		(4)		

問題			解答欄	
(四)	1	(1)	①	
			②	
		(2)		
		(3)	9時（　　）分（　　）秒	
		(4)		
	2	(1)		
		(2)		
		(3)		
	1	(1)	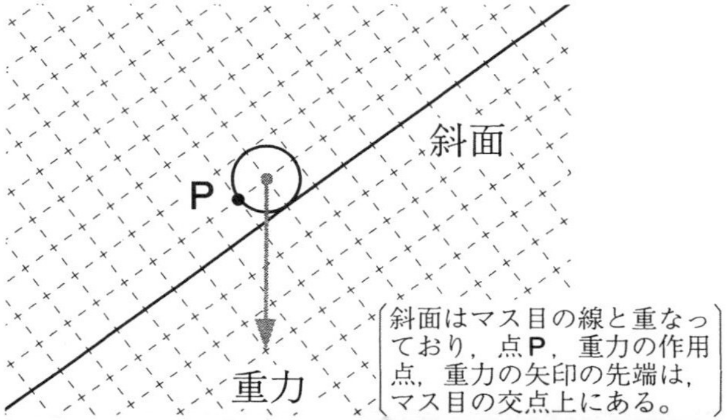	

（斜面はマス目の線と重なっており，点P，重力の作用点，重力の矢印の先端は，マス目の交点上にある。）

【解答用

全日制 定時制	科	受検番号	号	氏名	

令和5年度　英　語　解　答　用　紙

問題	解答欄							
(一)	1		2		3			
(二)	1		2					
(三)	1		2		3		4	
(四)	1	(1)	(　　)(　　)(　　)(　　)	(2)	(　　)(　　)(　　)(　　)			
	2	(1)	①					
			②					
		(2)						
	1	①		②		③		

【解答用

全日制 定時制	科	受検番号	号	氏名	

令和5年度　数　学　解答用紙

問題		解答欄
(一)	1	
	2	
	3	
	4	
	5	
	1	
	2	
	3	
	4	
	5	回
		A 

問題			解答欄
(三)	1	(1)	
		(2)	①　　　②
	2	(1)	午前　時　分
		(2)	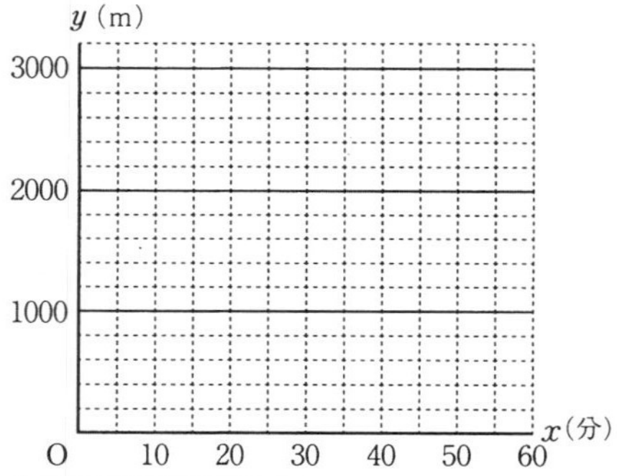
		(3)	午前　時　分　秒
(四)	1		
	2		$a =$
	3	(1)	

【解答

全日制
定時制

科

受検番号

号

氏名

（25分）

〔令和五年度　国語　作文問題〕

次の資料を見て、大切にしたい時間についてのあなたの考えを、なぜそう考えるかという理由を含めて、後の**注意**に従って述べなさい。

〈注意〉

1　上の資料を見て気づいたことを交えて書くこと。
2　あなたが体験したことや見聞したことを交えて書いてもよい。
3　段落は、内容に応じて設けること。
4　文章の長さは、三百字以上、四百字以内とする。
5　資料の中の数値を使う場合は、次の例に示したどちらの書き方でもよいこととする。
　例　七〇・五％　または　七十・五％
　　　六六・七％　または　六十六・七％
　なお、「％」は、「パーセント」と書いてもよい。
6　氏名は右の氏名欄に書き、**文題は書かない**こと。

資料

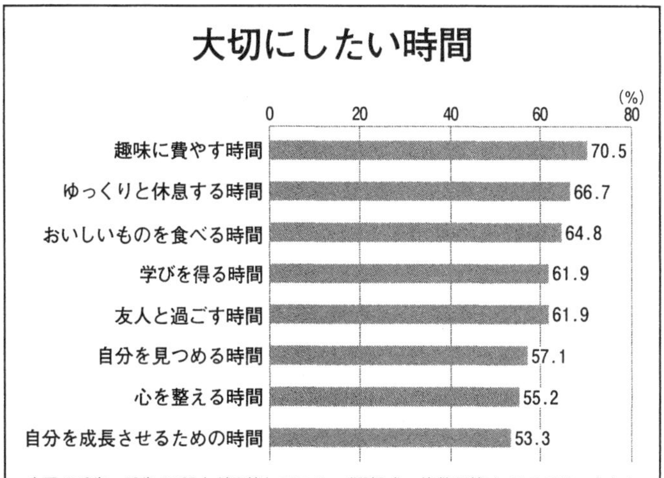

全国の18歳、19歳の105人が回答している。（選択式、複数回答。）ここでは、主なものを八つ示している。

（ある会社が令和3年に実施した調査による。）

（評価基準非公表）

得　　点

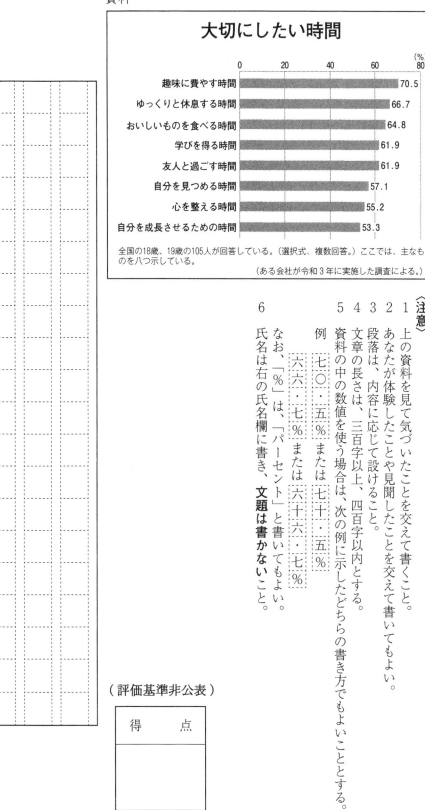

問題	（四）						
	1	2	3		4		5
			(1)	(2)	a	b	
解答欄				（にしたいと考えた。）			

問題	（五）				
	1	2	3		
			a	b	c
解答欄					

問題	得点
（一）	
（二）	
（三）	
（四）	
（五）	
作文	
合計	※50点満点（配点非公表）

8

【解答用

（四） 次の**1**～**5**の問いに答えなさい。

1　右の図は，流通のしくみを模式的に表したものであり，次の会話文は，健太さんと先生が，図を見ながら話をしたときのものである。文中の［　　　　］に適当な言葉を書き入れて文を完成させよ。ただし，［　　　　］には，**卸売業者**，**生産者**，**直接**の三つの言葉を含めること。

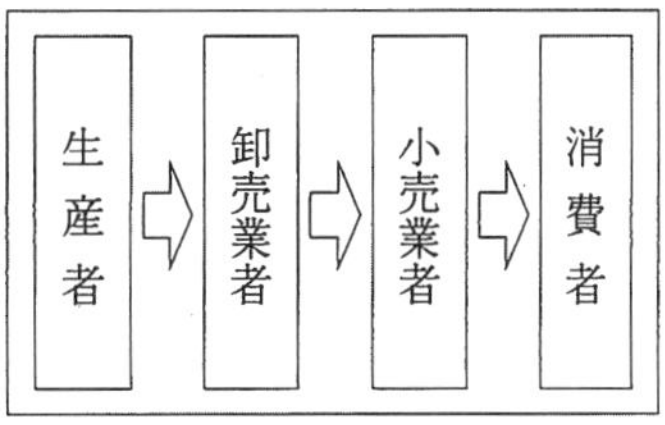

> 先　　生：　商品が消費者の手元に届くまでの流通経路として，図のような流れが主流ですが，図とは異なる経路としてどのようなものがありますか。
>
> 健太さん：　はい。小売業者が，商品を，［　　　　　　］経路があります。この経路により，小売業者は，商品を安く仕入れ，消費者に商品を販売することができます。
>
> 先　　生：　そのとおりです。

2　我が国の中央銀行である日本銀行は，日本銀行券と呼ばれる紙幣を発行する，［　　］銀行としての役割を持っている。［　　］に当てはまる適当な言葉を書け。

3　我が国の財政政策について述べた次の文の①，②の｛　｝の中から適当なものを，それぞれ一つずつ選び，その記号を書け。

> 政府は，景気が悪いときには，公共事業への支出を①｛**ア**　増やし　　**イ**　減らし｝たり，②｛**ウ**　増税　　**エ**　減税｝を行ったりして，景気の回復を促す。

4　発展途上国などにおいて，貧困や経済格差の解消に向け，事業を始めたい人々の自立を促すための少額融資が行われている。このような少額融資は，一般に［　　］と呼ばれている。［　　］に当てはまる最も適当な言葉を書け。

5　次のグラフは，それぞれ，1990年から2020年における，日本，アメリカ合衆国，イギリスの，総発電電力量に占める，発電に用いられるエネルギー源別発電電力量の割合の推移を表したものである。グラフから読み取れることを述べた文として適当なものを，下の**ア**～**オ**から**全て**選び，その記号を書け。

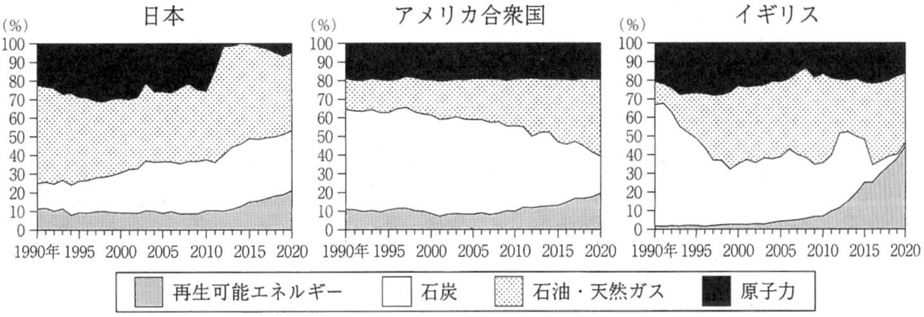

(注)　再生可能エネルギーは，水力，風力，太陽光，地熱などを合わせたものである。　(Our World in Data による)

ア　三つの国において，2020年の発電に用いられるエネルギー源別発電電力量の割合が最も大きいのは，いずれも石炭である。

イ　イギリスにおける，2020年の発電に用いられる再生可能エネルギーの割合は，2010年と比べて4倍以上に増えている。

ウ　三つの国において，1990年と2020年を比べると，いずれの国も，発電に用いられる石油・天然ガスの割合は小さくなっている。

エ　三つの国を比べると，2020年において，発電に用いられる原子力の割合が最も大きいのは，日本である。

オ　三つの国を比べると，2000年において，発電に用いられる石炭の割合が最も大きいのは，アメリカ合衆国である。

（五） 次の１～４の問いに答えなさい。

1　右の地図を見て，(1)～(3)の問いに答えよ。

(1) 地図中の ━━ 印で示した［ A ］山脈は，東北地方の中央部に位置している。Aに当てはまる山脈の名を書け。

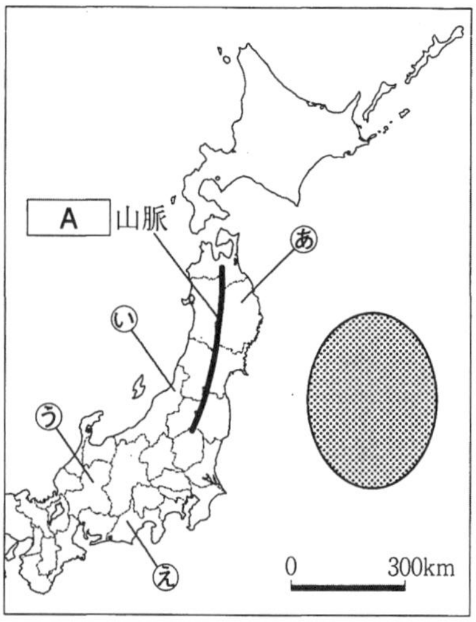

(2) 右の表は，2021年における我が国の，米の収穫量の多い都道府県を，上位4位まで表したものである。表中のaに当てはまる県として適当なものを，地図中のあ～えから一つ選び，その記号と県名を書け。

都道府県	収穫量(t)
［ a ］県	620,000
北海道	573,700
秋田県	501,200
山形県	393,800

（注） 収穫量は，水稲のみのものであり，玄米の重さで表されている。
（2022-23年版 日本国勢図会による）

(3) 地図中の ◯ 印で示した海域は，暖流の［　　　　］ので，多くの魚が集まる豊かな漁場になっている。［　　　　］に適当な言葉を書き入れて文を完成させよ。ただし，［　　　　］には，寒流，親潮，黒潮，潮目の四つの言葉を含めること。

2　右の図は，日本の河川と世界の河川の，河口からの河川の長さと標高を模式的に表したものである。この図から読み取れる，日本の河川の特色に当たるものとして適当なものを，ア～エから一つ選び，その記号を書け。

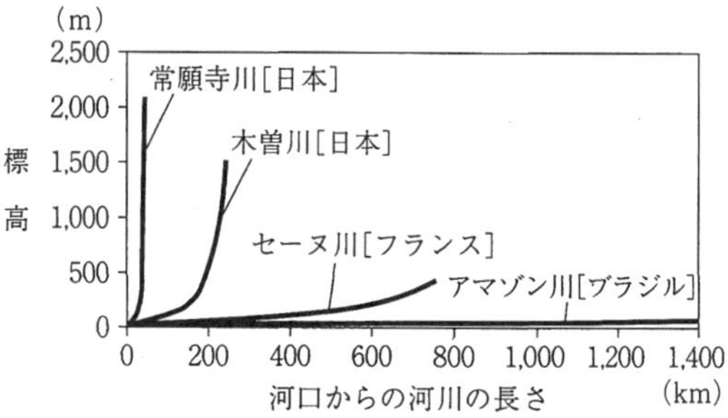

（注） [ ] 内はそれぞれ，河口が位置する国の名を示している。また，河口から1,400km 以上の河川の長さは省略している。
（国土交通省関東地方整備局資料ほかによる）

ア　河川の長さは長く，流れは急

イ　河川の長さは長く，流れは緩やか

ウ　河川の長さは短く，流れは急

エ　河川の長さは短く，流れは緩やか

3　右のグラフは，1970年から2010年における，我が国の工業別の工業製品出荷額の推移を表したものであり，グラフ中のX～Zは，それぞれ機械工業，化学工業，繊維工業のいずれかに当たる。X～Zにそれぞれ当たるものの組み合わせとして適当なものを，ア～エから一つ選び，その記号を書け。

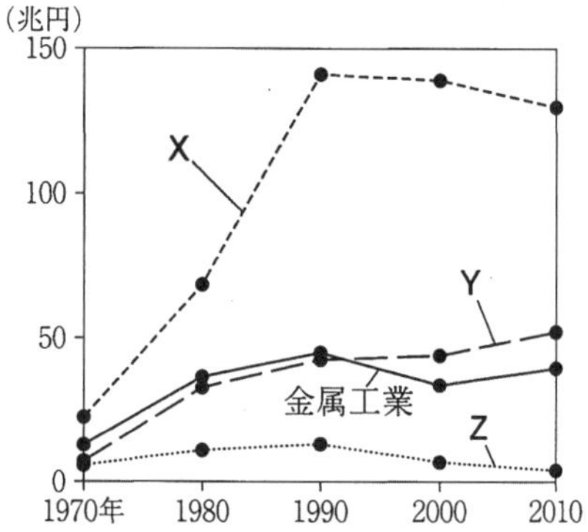

（数字でみる日本の100年による）

ア {X　機械工業　Y　化学工業　Z　繊維工業}

イ {X　機械工業　Y　繊維工業　Z　化学工業}

ウ {X　化学工業　Y　機械工業　Z　繊維工業}

エ {X　化学工業　Y　繊維工業　Z　機械工業}

4　次のア～エのグラフは，それぞれ，1930年，1970年，2010年，2050年のいずれかの年における，我が国の年齢別人口の割合を表したものであり，グラフ中の■印は0～14歳，▨印は15～64歳，□印は65歳以上を示している。2010年のグラフに当たるものとして適当なものを，ア～エから一つ選び，その記号を書け。

ア

イ
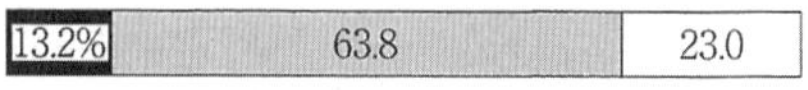

ウ

エ
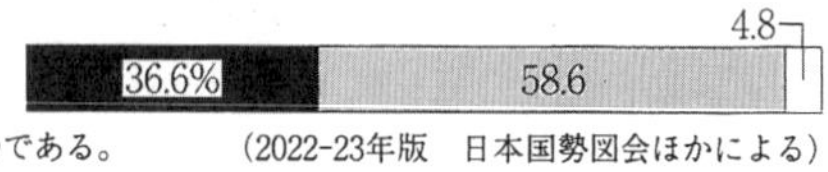

（注） 2050年のグラフは，2017年における推計により作成したものである。
（2022-23年版 日本国勢図会ほかによる）

(六) 次の1～3の問いに答えなさい。

1 地図1，2を見て，(1)～(4)の問いに答えよ。

地図1

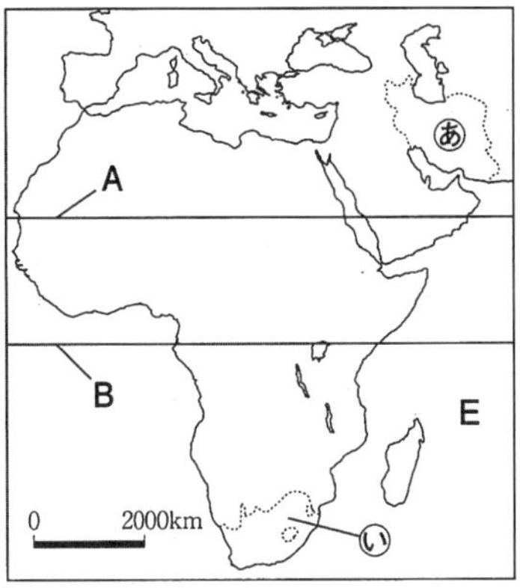

地図2

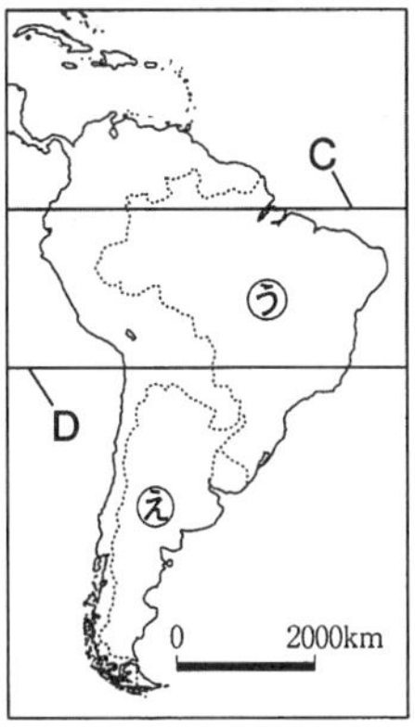

(1) 地図1，2中のA～Dの線は，緯線を示している。赤道を示している緯線の組み合わせとして適当なものを，ア～エから一つ選び，その記号を書け。

ア AとC　　イ AとD
ウ BとC　　エ BとD

(2) 赤道に近い熱帯地域で多く栽培されている作物として最も適当なものを，ア～エから一つ選び，その記号を書け。

ア じゃがいも　　イ ぶどう　　ウ 小麦　　エ キャッサバ

(3) 次の文は，三大洋の一つである，地図1中のEについて述べたものである。文中の①に当てはまる大洋の名称を書け。また，②の｛ ｝の中から適当なものを一つ選び，その記号を書け。

> Eは，[①]である。[①]の面積は，三大洋の中で，②｛ア 最も大きい イ 2番目に大きい ウ 最も小さい｝。

(4) 地図1，2中のあ～えのうち，それぞれの国の総人口に占める，イスラム教を信仰している人口の割合が最も大きい国として適当なものを一つ選び，その記号と国の名を書け。

2 右のⅠ，Ⅱのグラフは，それぞれ，2019年における世界の，石炭と原油のいずれかの，国別の生産量の割合を表したものであり，グラフⅠ，Ⅱ中のa，bは，それぞれ中国，ロシアのいずれかに当たる。原油の国別の生産量の割合を表したグラフに当たる記号と，中国に当たる記号の組み合わせとして適当なものを，ア～エから一つ選び，その記号を書け。

Ⅰ

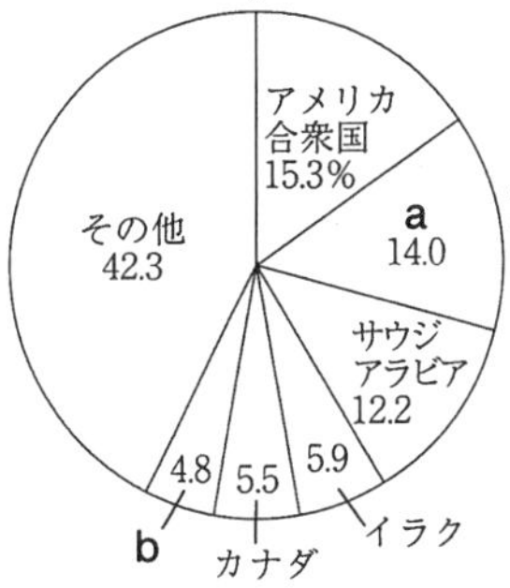

Ⅱ

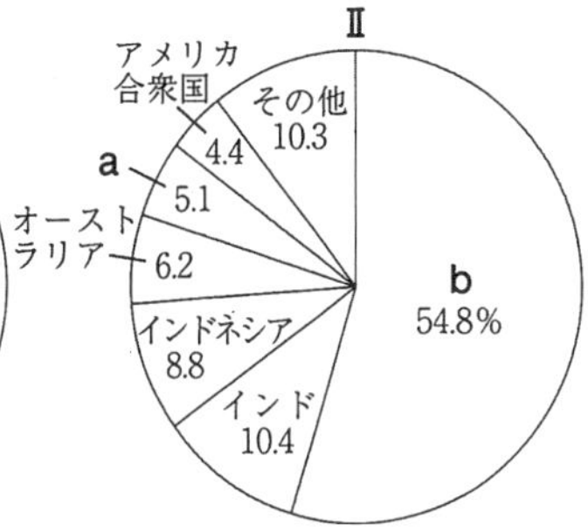

(2022-23年版 世界国勢図会ほかによる)

ア Ⅰとa　　イ Ⅰとb　　ウ Ⅱとa　　エ Ⅱとb

3 右の表は，1981年から1985年における日本の，アメリカ合衆国への輸出額と，アメリカ合衆国からの輸入額を表したものであり，次の文は，先生がこの表をもとに，日本とアメリカ合衆国との間の貿易摩擦について説明したものである。文中の[　　]に適当な言葉を書き入れて文を完成させよ。ただし，[　　]には，工業生産 失業者 の二つの言葉を含めること。

(単位：億円)

年	アメリカ合衆国への輸出額	アメリカ合衆国からの輸入額
1981	85,187	55,522
1982	90,152	59,905
1983	101,786	58,553
1984	142,212	63,636
1985	155,827	62,134

(数字でみる日本の100年による)

> この頃，アメリカ合衆国へ，多くの日本の工業製品が輸出され，アメリカ合衆国への輸出額とアメリカ合衆国からの輸入額の差は，毎年拡大していました。それにともない，アメリカ合衆国では，[　　　　]ので，日本に対し，輸出入額の差を改善するように強く求めました。

2

A: Sayaka, you said you were not feeling fine this morning. How are you feeling now? B: I'm feeling cold. And I don't want to eat anything. A: (チャイム)

(三) 次の英文（ジョン先生が英語の授業で生徒に伝えた内容）が通して２回読まれる。その英文を聞いて，内容についての１～４の英語の質問に対する答えとして最も適当なものを，問題用紙のア～エの中からそれぞれ一つ選び，その記号を解答欄に記入する。

Hello, everyone. My name is John. I'm from America. I'm thirty-two years old. I came to Japan three years ago as an English teacher. This is my second time to stay in Japan. Today, let me tell you about my first time.

When I was fifteen, I came to Japan with my father. My father has a friend who lives in Japan. His name is Mr. Kimura. We stayed at his house for three weeks. His favorite sport is baseball, and I love it, too. I talked a lot about baseball with him. One day, Mr. Kimura and I went to a stadium to watch a baseball game. That was my best experience.

Mr. Kimura has a child, Maki. She liked English and wanted to speak English better. So she talked to me in English many times. She also helped me learn Japanese. By using some Japanese, I made many friends in Japan.

It's fun to learn foreign languages. I hope you'll try to use English and make a lot of friends. That will make your life more exciting. Please enjoy English classes.

〔質問〕

1 How old was John when he came to Japan as an English teacher?

2 Who watched a baseball game with John at a stadium?

3 Why did Maki try to talk to John a lot ?

4 What does John want the students to do?

※教英出版注
音声は，解答集の書籍ＩＤ番号を教英出版ウェブサイトで入力して聴くことができます。

聞き取りの問題

（一）　次の１～３の英語による対話とそれについての質問が２回ずつ読まれる。その英文を聞いて，質問に対する答えとして最も適当なものを，問題用紙の**ア**～**エ**の中からそれぞれ一つ選び，その記号を解答欄に記入する。

1

A: This one looks so delicious. Can I get it?
B: Sure. Is that all?
A: Yes.

Question: Where are they talking?

2

A: Have you decided a birthday present for our father, Akira?
B: No, I haven't. Have you decided, Yumi?
A: Yes. I'm going to make a birthday cake for him. Akira, when you gave him a cap last year, he looked so happy. So I think you should give him something to wear.
B: Then, I'll give him a T-shirt. I know a good shop.

Question: What did Akira give his father as a birthday present last year?

3

A: Can we visit the bookstore before going to the museum tomorrow?
B: I think we should visit the museum first. At the bookstore, we always buy many books. I don't like visiting any places with heavy books we'll buy.
A: OK. I agree.
B: Before visiting the bookstore, do you want to go to the new coffee shop near the museum?
A: Yes. I hope tomorrow will be a nice day.
B: I hope so, too.

Question: Which is the third place they will visit tomorrow?

（二）　次の１，２の英語による対話が２回ずつ読まれる。その英文を聞いて，**チャイム**の部分に入る受け答えとして最も適当なものを，問題用紙の**ア**～**エ**の中からそれぞれ一つ選び，その記号を解答欄に記入する。

【放送

愛媛県公立高等学校

令和四年度

国語

（45分）

注意

1 問題は1ページから5ページまであり、これとは別に解答用紙が1枚ある。

2 解答は、全て別紙解答用紙の該当欄に書き入れること。

＃教英出版 編集部 注
編集の都合上、作文の問題は国語の解答用紙の裏にあります。

教英出版

（一）　次の文章を読んで、**1〜8**の問いに答えなさい。（[1]〜[11]は、それぞれ段落を示す番号である。）

[1]　飲食という行為の特徴とは、何だろうか。文化としての飲食という観点から考えてみたい。

[2]　文化には大きく分けて二つの形態がある。一つは、芸術品や建築物などの目に見える文化だ。もう一つは、制度や習慣などの①目に見えない文化である。

[3]　目に見える文化は、その文化に属している人にもいない人にも、それが文化であることがわかりやすい。エジプトのピラミッドや日本の寺院を見て、独自な文化を感じない人はいないだろう。わかりやすいので、意識されることも多いし、研究の対象にもなりやすい。これに対して、目に見えない文化は、多かれ少なかれ個人への刷り込みによって内面化されるため、普段は意識されることが少ない。意識されないので、検討の対象にもなりにくい。

[4]　しかし、目に見えるものより、目に見えないもののほうが、内面化されているがゆえに、より拘束力が強いとも言える。しかも、拘束力が強いにもかかわらず、意識されることが少ないとすれば、それは文化としてより根深いものではないだろうか。

[5]　人は、生まれ落ちて以来、生命維持のため、誰もが毎日複数回、飲食という行為を繰り返している。飲食を、外部の対象を主体内へ摂取することと考えれば、サプリメントや点滴も広い意味での飲食なので、②私たちは死ぬまで飲食から逃れられないことになる。[A]、長い不断の刷り込みによって形づくられるのが飲食という文化なのだ。そして、長い習慣的とも言える刷り込みがあるがゆえに、飲食という行為は、文化として個人の主体に深く根を下ろしている。飲食とは、こう言ってよければ、私たちの内部で一つの制度となった行為と判断の体系であり、「感性」となった習慣にほかならない。フランスの（注1）アナール派歴史学の用語を用いれば、「マンタリテ（心性）」となった習慣である。

[6]　アナール派の概念をここで持ち出したのは、より個人的でより個別的な意味合いの強い[B]に対して、[C]のほうが、ある文化でより永続性があり、より普遍性のある、主体の対象に対する内面的な価値観を指し示すのに適しているからである。個人的な好悪《こうお》の原因となる感性に比べて、アナール派的な心性は、ある時代を通じて見られる集団的に共有された持続的な心の状態である。ご飯にマヨネーズがうまいと思うのは個人の[D]だが、日本人ならパサついたご飯よりも、ふっくらと炊かれたご飯が好きだというのが[E]だと言ったらわかりやすいだろうか。いずれにしろ、飲食という行為は、それを文化として捉えた場合、まさに目に見えない文化の典型であることがわかる。

[7]　もちろん、飲食は、具体的な形を持つ料理や飲み物がなければ始まらない。そのため、食文化というとすぐ、飲み物を含めた料理になってしまうが、実は、③料理は飲食の一部でしかない。料理は、無数の食べられることが可能なものの中からあるものを選択して、食べるのにより適した形に変化させる変成過程の結果として生じたものである。[A]、自然と人間をつなぐ仲介項なのだ。さらに、料理は作る側と食べる側ともつなぐ。人と人とをつなぐ仲介項でもある。

[8]　いろいろなものをつなぐ仲介項だから、飲食で料理が（注2）クローズアップされるのは、いたしかたのないことかもしれない。しかし、この料理も、そのときどきに形を取って目に見えるものになるものの、美術品や文学作品のように存続することは難しく、永続的に目に見える文化とはならない。それにもともと、飲食は料理だけに関わるものではない。食べ物への（注3）嗜《し》好《こう》や食べ方、食べる時間や空間の設定など、多方面にわたって多様な意味を持つ複雑な文化的行為の全体が飲食なのだ。

[9]　そして、そのような文化的行為としての飲食を支えるのは、行為の主体である私たちが持つ感性であり、さらにその個人の感性を大きく規定するのが、アナール派的に見れば時代の心性なのである。何をうまいと思い、どのような行為をよしとするか、それは私たちの感性に、あるいはそのもとになる心性による。では、そのような飲食行為における感性や心性は何によって形づくられるのだろうか。それは、まさに繰り返される飲食行為そのものによって形づくられるのだ。

[10]　どこか④堂々めぐりのようだが、飲食は、そのような目に見えない文化の、ときに（注4）スタティックでありつつ（習慣的な行動によって日本人ならふっくらとしたご飯を好み、フランス人ならパリッとしたパンが好きといった味覚が形成される）、場合によって[F]に対応する（注5）ダイナミックさ（パサパサしたご飯もチャーハンにするとおいしいと思うようになる、モッチリしたパンにもうまさを見いだすといった、これまでとは異なった飲食行動の形成）を合わせ持った複雑な文化現象なのだ。

[11]　一度刷り込まれた飲食行為が、保守的な面を持ちながら、一方でときに革新的な面を示すのも、こうした飲食の両義性に由来している。

（福田育弘『ともに食べるということ』による。）

（注1）アナール派＝人間社会や生活の面を重視しようとする現代フランス歴史学の主要な学派。
（注2）クローズアップ＝大きく取り上げること。　（注3）嗜好＝好み。
（注4）スタティック＝静的。　（注5）ダイナミック＝動的。

1　[5]段落の――線②「私たちは死ぬまで飲食から逃れられない」の中には、助詞が三つある。それらを**全て**そのまま抜き出して書け。

2　[5]段落と[7]段落の[A]には、同じ言葉が当てはまる。[A]に当てはまる最も適当な言葉を、次のア～エの中から一つ選び、その記号を書け。
ア　つまり　イ　たとえ　ウ　それとも　エ　なぜなら

3　[10]段落の[F]には、「その場その時に応じて適切な行動をとること」という意味の四字熟語が当てはまる。その四字熟語として最も適当なものを、次のア～エの中から一つ選び、その記号を書け。
ア　時期尚早　イ　品行方正　ウ　適材適所　エ　臨機応変

4　[2]段落の――線①「目に見えない文化」について、本文の趣旨に添って説明した次の文章の[a]、[b]、[c]に当てはまる最も適当な言葉を、[3]・[4]段落の文中から、[a]は**十八字**で、[b]は**八字**で、[c]は**十字**で、それぞれそのまま抜き出して書け。

> 目に見えない文化は、[a]ことから、目に見える文化と比べると、意識されることが少ない上に、[b]ということが言える。そうだとすれば、目に見えない文化は、[c]ものだと考えられる。

5　[6]段落の[B]、[C]、[D]、[E]にそれぞれ当てはまる言葉の組み合わせとして最も適当なものを、次のア～エの中から一つ選び、その記号を書け。
ア（B　心性　C　感性　D　心性　E　感性）
イ（B　心性　C　感性　D　感性　E　心性）
ウ（B　感性　C　心性　D　感性　E　心性）
エ（B　感性　C　心性　D　心性　E　感性）

6　[7]段落の――線③「料理は飲食の一部でしかない。」とあるが、料理と飲食について、本文の趣旨に添って説明した次の文章の[a]、[b]、[c]に当てはまる最も適当な言葉を、[7]・[8]段落の文中から、[a]は**十一字**で、[b]は**五字**で、[c]は**九字**で、それぞれそのまま抜き出して書け。

> 飲食は、食べ物への嗜好や食べ方、食べる時間や空間の設定などを含めた[a]である。その一部である料理は、[b]を持ち、いろいろなものをつなぐ仲介項としてクローズアップされるため、食文化そのものと捉えられてしまうが、[b]を保つことが難しく、[c]文化とはならないものである。

7　[10]段落の――線④「堂々めぐり」とは、「議論や思考が進まず、同じ所をめぐっている」という意味である。筆者は、飲食において、「感性や心性」と「飲食行為」とのどのような関係が、堂々めぐりの関係にあると述べているか。[9]段落の文中の言葉を使って、**二十五字**以上**三十五字**以内で書け。

8　本文に述べられていることと最もよく合っているものを、次のア～エの中から一つ選び、その記号を書け。
ア　目に見える文化は、独自色が強くわかりやすいことから、研究対象にはなり得ないと言える。
イ　静的でありながら動的な面も合わせ持つ飲食の両義性が、飲食行為の革新を生み出している。
ウ　飲食は外部の対象の主体内への摂取にすぎないが、うまさを見いだす感性も磨くべきである。
エ　文化的行為としての飲食は国際交流の影響を受け、感性や心性のグローバル化が進んでいる。

（二）　次の1～4の各文の――線の部分の読み方を平仮名で書きなさい。
1　一日中、曇天だった。　2　心の葛藤に苦しむ。
3　感動の涙で目が潤む。　4　節分用の煎り豆。

（三）　次の1～4の各文の――線の部分を漢字で書きなさい。ただし、必要なものには送り仮名を付けること。
1　電車がけいてきを鳴らす。　2　はちくの勢いで、試合を勝ち進む。
3　毛糸でマフラーをあむ。　4　本の表紙がそる。

（四）　次の文章は、プロ野球が行われる球場の整備を請け負う会社に就職した「雨宮《あめみや》」が、試合前にグラウンドの整備を行う場面を描いたものである。雨宮は、会社の先輩で強豪校の元球児である「長谷《はせ》」から言われた言葉が頭から離れないまま、整備を始めた。これを読んで、1〜6の問いに答えなさい。

「プレーヤーの気持ちは、プレーヤーにしかわからへん。」

重い言葉だった。ハンドルを操作する手に力がこもる。グラウンドキーパーは、ほぼ全員が野球経験者だ。だからこそ、選手の視点に立った整備ができる。マウンドや内野グラウンドの硬さは、野球のプレーのしやすさに直結する重大な要素だ。選手の気持ちがわかれば、グラウンドキーパーにとってそれがいちばんの武器になる。しかし、俺はキャッチボールすらまともにできない。満足にスポーツのできない人間が、整備のプロになることなど到底かなわないのかもしれない。

エンジン音にまぎれさせるように、大きなため息をついた。目の前に、まるでヒッチハイクのように、日に焼けた黒い腕が差し出されたのは、そのときだった。

①「とめろ！」島さんが、怒鳴り声をあげていた。(注1)

何が起こったのかわからないまま、慌ててブレーキを踏んだ。

「エンジンを切って、降りろ。」

「でも……。」

「はよ、降りてくれ。」

「ちゃんと、できます。」

「集中できてへんのは、明らかや。」

ハンドルを強くつかんだ。ここで降ろされたら、そのまま帰らされると思った。

「見てみい。」島さんは、グラウンドを指差した。「進路がふくらみすぎや。(注2)」

慌てて身を乗り出し、足元を見た。ハッとした。渦巻きを描くようにこの車両を走らせるわけだから、前の周回で自分が通ったすぐ外側を、間隔を空けずにローラーで踏んでいかなければならない。しかし、俺は知らず知らずのうちに運転操作を誤り、外側へふくらみすぎていた。結果として、整地できていないところが、飛び地のようにできてしまった。

②打ちひしがれ、ローラーから降りた。「ベンチの前で見てろ。」と言われ、すごすごと引っ込む。代わりにローラーに乗った島さんは、器用に車両をバックさせながら、俺が踏み残した箇所を的確に均《なら》していく。

失敗したなら、また一からやり直せばいいという、簡単な話ではない。ローラーが何度そこを通ったかで、グラウンドの硬さは刻々と変わってしまう。結果、ゴロ(注3)の跳ね方も、スピードも大きく変わる。

新人であり、なおかつ野球のノック(注4)すらまともに受けたことのない俺は、その変化すら感知することができないのだ。ローラーを終えた島さんがゆっくりと近づいてきた。

そこまで身長は高くないのに、その立ち居振る舞いには威厳が感じられる。胸板が厚いからかもしれない。プロ野球選手とはまた違う筋肉のつきかただ。

「雨宮、③おまえをここに立たせたのは、考えてもらうためや。」

眼光がものすごい。すぐ目の前に立たれると、一歩後ろに退《ひ》きたくなる。

「踏んでる箇所と、踏んでない箇所ができたら、どないなる？　もし、そこにボールが弾んだら？」

俺はその場にかろうじて踏ん張って答えた。

「イレギュラー(注5)を起こす可能性が高まります。」

「もし、その上を選手が走ったら？」

「スパイク(注6)の刃のかかり具合が違って……、転倒するかもしれません。」

「万が一、けがする選手がおったら、どないなる？」

「……取り返しがつきません。」

一問一答が続いた。島さんは俺の回答を全て聞き終えてから、何度かうなずいた。それを見て、俺も詰めていた息を吐き出した。

「俺たちは会社員やから、よっぽどのことがないかぎりクビにはならへん。でも、プロの選手はちゃうよな？　一つのけがが命とりや。それで選手生命絶たれたら、球団から簡単にクビ切られんねん。人生、かかってんねん。」

ゴールデンウィークのこどもの日、俺に優しく話しかけてくれた、ベテラン選手の顔が自然と思い浮かんだ。約二十年間、第一線でプレーを続けるには、相当の苦労があったはずだ。その戦いの場を、俺たちは管理しているのだ。生半可な覚悟じゃ務まらない。

「おまえは、今、一人の社会人としてここに立っとる。その行動一つ一つに責任が生じる。」

プレーヤーの気持ちは、プレーヤーにしかわからない。辞めるなら、今かもしれない……。その言葉が、さらに重みを増して俺の肩にのしかかる。

立ち去りかけた島さんに思い切って声をかけた。

「あの……。」島さんの答えによっては、早く退職届を出したほうが自分のためにも、会社のためにもいいかもしれないと思った。唾を飲み込んでから、質問をぶつけた。

「選手の気持ちは、選手を経験した人にしかわからないんでしょうか。」

④よく日に焼けた顔を、島さんは今日初めてほころばせた。

「そんなもん、俺かて、わからんわ。」

「へっ……?」

「俺、少年野球どまりやし。長谷レベルの選手の気持ちなんて、わかるわけないやん。」

決して投げやりではなく、しかし、冗談でもなく、島さんは(注7)訥々《とつとつ》と言葉を続けた。

「でもな、大事なのは想像してみることや。雨宮はマネージャーやったんやろ? 選手がどうしてほしいか、想像してみることくらいできるやろ?」

そう問いかけられて、自然とうなずいていた。できる。それなら、できる。頭がちぎれるくらい考えてやる。うなずくだけでは足りない気がして、「はい。」と、胸を張って返事した。

「想像してみて、実際にやってみる。試してみる。それで失敗するかもしれへん。でも、そういう姿勢が見えたら、俺だって⑤[A]ごなしに叱らへん。誰だってその試行錯誤の繰り返しで、上達していくんやないんか。」

ベンチ前は人の出入りが激しいので、唯一、人工芝が敷かれている。俺は数歩前に出て、しゃがみ込み、土の部分にそっと右手を置いた。硬く、しかし、柔らかく、しっとりと湿り気を帯びた優しい手触りだった。

（朝倉宏景『あめつちのうた』による。）

(注1) 島さん=雨宮の上司で、グラウンドキーパーのトップである球場施設部長。
(注2) この車両=グラウンドを整地するために使用する、ローラーがついた車両のこと。ここでは、「ローラー」と呼んでいる。 (注3) ゴロ=地面を転がる打球。 (注4) ノック=守備の練習のためにボールを打つこと。 (注5) イレギュラー=ボールが不規則な跳ね方をすること。
(注6) スパイク=靴底に金具をつけたシューズ。 (注7) 訥々=とぎれとぎれに話すさま。

1 ——線⑤「[A]ごなし」が、「相手の言い分をよく聞かず、最初から一方的にものを言うこと」という意味の言葉になるように、[A]に当てはまる最も適当な、身体の一部を表す**漢字一字**を書け。

2 ——線①「「とめろ!」島さんが、怒鳴り声をあげていた。」とあるが、島さんが、怒鳴り声をあげて、雨宮を強く制止した理由について説明した次の文の[　]に当てはまる適当な言葉を、文中の言葉を使って**十字**以上**十五字**以内で書け。

島さんは、雨宮がローラーの運転操作を誤って整備に失敗したのを見て、失敗の原因は、[　]ことにあると思ったから。

3 ——線②「打ちひしがれ、ローラーから降りた。」とあるが、このときの雨宮について説明したものとして最も適当なものを、次のア～エの中から一つ選び、その記号を書け。

ア　入社して身に付けた技術の成果を発揮しようとしていたのに、島さんに遮られて不満に思っている。
イ　事前にグラウンド整備の仕方をよく確認しないで始めてしまった、自分の準備不足を後悔している。
ウ　整備には自信があったのに、一瞬にして自分の素質のなさを実感し、仕事を辞める決意をしている。
エ　島さんから指摘されて大変なミスを犯していたことに気が付き、改めて自分の無力さを感じている。

4 ——線③「おまえをここに立たせたのは、考えてもらうためや。」とあるが、島さんが雨宮に考えてもらおうとしたことについて説明した次の文の[a]、[b]に当てはまる最も適当な言葉を、[a]は**五字**で、[b]は**十三字**で、それぞれ文中からそのまま抜き出して書け。

プロの選手は、[a]によって選手生命が絶たれることもある厳しい世界で、人生がかかった戦いを続けており、雨宮には、その戦いの場を管理する、社会人としての[b]ということを考えてもらおうとした。

5 ——線④「よく日に焼けた顔を、島さんは今日初めてほころばせた。」とあるが、このあと、島さんは、雨宮からの質問を受け、雨宮だからこそできることを示し、グラウンドを整備する技術の上達を促そうとしている。島さんが雨宮に伝えた内容を、文中の言葉を使って、**四十字**以上**五十字**以内で書け。

6 本文についての説明として最も適当なものを、次のア～エの中から一つ選び、その記号を書け。

ア　比喩表現の多用により、雨宮と島さんの心理が変化していく様子がわかりやすく描かれている。
イ　擬態語の効果的な使用によって、長谷の言葉に苦悩を深める雨宮の内面が鮮明に描かれている。
ウ　短文による会話や方言を用いることで、リアリティや臨場感がより高まるように描かれている。
エ　雨宮の視点を通して、整備の技術を高める雨宮や指導する島さんの姿が客観的に描かれている。

（五）　次の文章を読んで、1～4の問いに答えなさい。

（注1）大雅《たいが》、かつて（注2）淀侯《よどこう》の金屏風《きんびょうぶ》をかきけり。謝礼として使者来たりけるに、台所の入口より古紙書物など取り散らし置きて、さらに上り所なし。古紙をかたよせ、使者を通しけるに、謝礼として三十金を①たまふ。大雅、礼を述べて、包みのまま床の上へ置きたり。その夜、盗人、床の側《そば》の壁を切り抜きて、包金《つつみがね》を持ち去れり。

翌朝、妻、壁を切り抜きたるを見て、「定めて盗人のしわざならん。昨日、淀侯よりたまはりたる金は、いづくへ置きたまふや。」と言ふ。大雅、さらに驚く気色《けしき》なく、床の上へ置きたり。無くば、盗人持ち去りたるならんと言ふ。門人ども来たり、この体《てい》を見て、「先生何故《なにゆゑ》にこのやうに壁を切り抜きたまふや。」と言へば、昨日の夜、盗人入りて、淀侯より謝礼にもらひたる（注3）金子《きんす》を持ち去りたるさうなと言ふ。門人の言はく、「壁あのさまにては見苦し。つくろひたまへ。」と言へば、かへって②さいはひなり。時は今、夏日にて、涼風を引き入るるによろし。また、外へ出るに、戸を開く（注4）のうれへなしと言ふとぞ。

（『逢原記聞《ほうげんきぶん》』による。）

（注1）大雅＝江戸時代の画家である池大雅《いけのたいが》。　（注2）淀侯＝淀藩（現在の京都府の一部）の藩主。
（注3）金子＝お金。　（注4）うれへ＝煩わしいこと。

1　――線②「さいはひなり」を現代仮名遣いに直し、**全て平仮名**で書け。

2　――線①「たまふ」は「お与えになる」という意味であるが、誰が与えたのか。最も適当なものを、次のア～エの中から一つ選び、その記号を書け。

ア　大雅　　イ　淀侯　　ウ　妻　　エ　門人

3　文中には、大雅が言った言葉が三か所ある。その中で、二番目に言った言葉をそのまま全て抜き出し、その最初と最後のそれぞれ**三字**を書け。

4　次の会話は、この文章を読んだ誠司《せいじ》さんと菜月《なつき》さんが、先生と一緒に、大雅の人物像について話し合った内容の一部である。会話の中の［a］、［b］、［c］に当てはまる適当な言葉を書け。ただし、［a］は**五字**で、［b］は**二字**で、最も適当な言葉をそれぞれ文中からそのまま抜き出して書くこと。また、［c］は**三十字**以上**四十字**以内の**現代語**で書くこと。

誠司さん　「家の中が散らかっていたり、せっかくもらった謝礼を、［a］床の上に置いたりしているところや、切り抜かれた壁を修理せずに済ませようとしているところから、大雅はいいかげんなところがある人物だと考えました。」

菜月さん　「私は、細かいことにこだわらない、おおらかな人物だと考えました。家の中が散らかっているのは、絵をかくことに没頭しているからで、謝礼に関しては、なくなっていても、［b］様子がないことから、お金に執着していないのだと思います。」

誠司さん　「切り抜かれた壁を修理しなかった点については、どうですか。」

菜月さん　「切り抜かれた壁については、［c］と言っているから、そうなってしまったことにくよくよせず、前向きに捉えようとしたということだと思います。」

先生　「大雅は、江戸時代を代表する画家です。さまざまな捉え方ができますが、いずれにしても、芸術に対して一心に取り組むことができる人物だったからこそ、多くのすばらしい作品を残せたのでしょうね。」

B: No, I haven't. But one of my friends lives in Tokyo, and I'm going to visit her next spring vacation. I hope that day will come soon.
A: (チャイム)

(三) 次の英文が通して２回読まれる。その英文を聞いて，内容についての１～４の英語の質問に対する答えとして最も適当なものを，問題用紙の**ア**～**エ**の中からそれぞれ一つ選び，その記号を解答欄に記入する。

Last Sunday, I went to the library to study. After studying, when I walked by a hospital, a foreign woman spoke to me in English. She said, "Do you know where Shimanami Restaurant is? I'm going to meet my brother and eat lunch with him there." I said, "I'll take you to the restaurant. It's near my house." She looked happy.

When we walked to the restaurant, we talked a lot. Her name is Judy, and she is from America. She came to Japan as an English teacher two weeks ago. Her brother's name is Mike. He came to Japan three years ago. He is learning Japanese, and his dream is to teach Japanese in America. They haven't seen each other for four years. They like taking pictures. They want to take pictures of temples in Japan. So I told her about a famous one in this town. She said, "I'll go there with him after lunch."

When we got to the restaurant, she said, "Thank you, Kumi. You're very kind." I was glad to hear that. It was a good day for me. In the future, I want to work for foreign people living in Japan.

〔質問〕

1 Where did Judy ask Kumi a question?

2 When did Mike come to Japan?

3 What will Judy do with Mike after lunch?

4 What does Kumi want to do in the future?

放送原稿

★教英出版注
音声は，解答集の書籍ＩＤ番号を教英出版ウェブサイトで入力して聴くことができます。

聞き取りの問題

(一)　次の１～３の英語による対話とそれについての質問が２回ずつ読まれる。その英文を聞いて，質問に対する答えとして最も適当なものを，問題用紙のア～エの中からそれぞれ一つ選び，その記号を解答欄に記入する。

１
A: What did you do after school yesterday, Satoshi?
B: I played baseball with my friends.　How about you, Keiko?
A: I practiced the piano.

Question: What did Keiko do after school yesterday?

２
A: Look, Yuka.　My mother gave this to me for my birthday.
B: It's nice, Taro.　You like watching birds in mountains.　If you watch birds through it, you'll learn more about them.
A: That's right.　I have wanted to get this for a long time.

Question: What is Taro showing to Yuka?

３
A: Kazuya, have you cleaned your room?
B: Yes, Mom.
A: Then, can you go shopping with me?　I have many things to buy, and I want you to carry them.
B: Sure.　But can I finish my English homework before that?
A: Of course.

Question: What will Kazuya do after finishing his homework?

(二)　次の１，２の英語による対話が２回ずつ読まれる。その英文を聞いて，**チャイム**の部分に入る受け答えとして最も適当なものを，問題用紙のア～エの中からそれぞれ一つ選び，その記号を解答欄に記入する。

１
A: Oh, this math question is very difficult for me.
B: You should ask Yoko about it.　She likes math, and it's easy for her.

令和４年度

数　　　学

（50分）

注　　　意

1　問題は１ページから６ページまであり，これとは別に解答用紙が１枚ある。

2　解答は，全て別紙解答用紙の該当欄に書き入れること。

3　答えに$\sqrt{\ }$が含まれるときは，$\sqrt{\ }$を用いたままにしておくこと。
　また，$\sqrt{\ }$の中は最も小さい整数にすること。

(一)　次の計算をして，答えを書きなさい。

1　$-3-6$

2　$\dfrac{2x-5y}{3}+\dfrac{x+3y}{2}$

3　$(3x^2y-2xy^2)\div xy$

4　$\dfrac{\sqrt{10}}{\sqrt{2}}-(\sqrt{5}-2)^2$

5　$(a-3)(a+3)+(a+4)(a+6)$

(二)　次の問いに答えなさい。

1　二次方程式 $5x^2+4x-1=0$ を解け。

2　右の図で，$\ell /\!/ m$ のとき，$\angle x$ の大きさを求めよ。

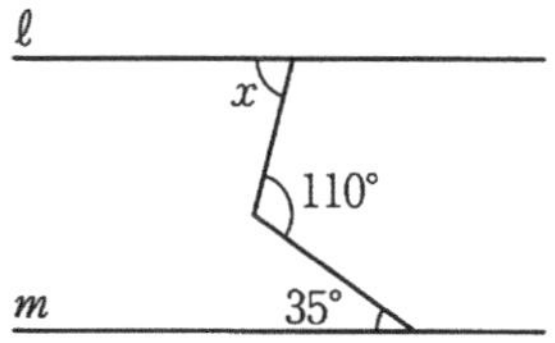

3　右の表は，A中学校の1年生30人とB中学校の1年生90人について，ある日の睡眠時間を調べ，その結果を度数分布表に整理したものである。この表から分かることを述べた文として正しいものを，次の**ア**～**エ**から1つ選び，その記号を書け。

階級（時間）	A中学校	B中学校
	度数（人）	度数（人）
4以上 ～ 5未満	0	1
5 ～ 6	3	8
6 ～ 7	10	27
7 ～ 8	9	29
8 ～ 9	7	21
9 ～ 10	1	4
計	30	90

ア　A中学校とB中学校で，最頻値は等しい。
イ　A中学校とB中学校で，8時間以上9時間未満の階級の相対度数は等しい。
ウ　A中学校で，7時間未満の生徒の割合は，40％以下である。
エ　B中学校で，中央値が含まれる階級は，6時間以上7時間未満である。

4　下の図のように，袋の中に，赤玉4個と白玉2個の合計6個の玉が入っている。この袋の中から同時に2個の玉を取り出すとき，赤玉と白玉が1個ずつである確率を求めよ。ただし，どの玉が取り出されることも同様に確からしいものとする。

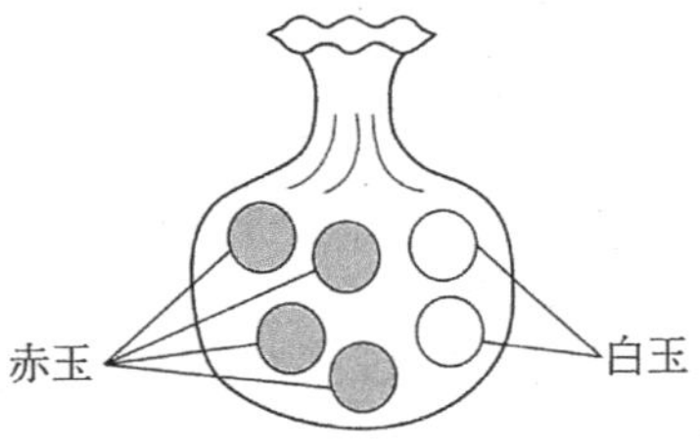

5　下の図は，円柱の投影図である。この円柱の体積を求めよ。（円周率はπを用いること。）

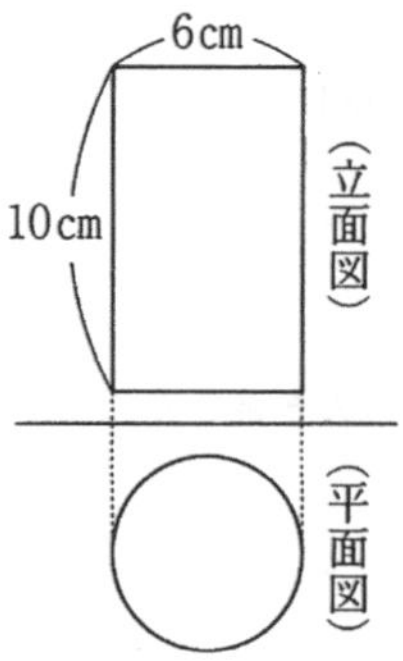

6　下の図のように，直線ℓ上に２点 A，B がある。線分 AB を１辺とする正方形のうち，A，B 以外の頂点が，直線ℓより上側にあるものを解答欄に作図せよ。ただし，作図に用いた線は消さずに残しておくこと。

7　下の資料は，ある中学校が発行した図書館だよりの一部である。この図書館だよりを読んで，９月に図書館を利用した男子と女子の人数を，それぞれ求めよ。ただし，用いる文字が何を表すかを最初に書いてから連立方程式をつくり，答えを求める過程も書くこと。

図書館利用者数　33人　増

図書委員会の集計によると，10月の図書館利用者数は，男女合わせて253人であり，９月の図書館利用者数と比べると，33人の増加でした。

皆さんもお気に入りの１冊を見つけに，図書館へ足を運んでみませんか？

10月の利用者数
9月と比べて
男子　21%増
女子　10%増

（三）　下の会話文は，太郎さんが，数学の授業で学習したことについて，花子さんと話をしたときのものである。

【数学の授業で学習したこと】

> １～９の自然数の中から異なる２つの数を選び，この２つの数を並べてできる２けたの整数のうち，大きい方の整数から小さい方の整数をひいた値をＰとすると，Ｐは９の倍数になる。
>
> このことを，文字式を使って説明すると，次のようになる。
>
> 選んだ２つの数を a，b（$a>b$）とすると，
>
> 大きい方の整数は $10a+b$，小さい方の整数は $10b+a$ と表されるから，
>
> $$\mathrm{P}=(10a+b)-(10b+a)=9a-9b=9(a-b)$$
>
> $a-b$ は整数だから，Ｐは９の倍数である。

太郎さん：　選んだ２つの数が３，５のとき，大きい方の整数は53，小さい方の整数は35だから，Ｐ＝53－35＝18となり，確かにＰは９の倍数だね。

花子さん：　それなら，３けたのときはどうなるのかな。１～９の自然数の中から異なる３つの数を選び，この３つの数を並べてできる３けたの整数のうち，最も大きい整数から最も小さい整数をひいた値をＱとして考えてみようよ。

太郎さん：　例えば，選んだ３つの数が１，３，４のとき，並べてできる３けたの整数は，134，143，314，341，413，431だね。最も大きい整数は431，最も小さい整数は134だから，Ｑ＝431－134＝297となるね。

花子さん：　選んだ３つの数が２，６，７のとき，Ｑは [ア] となるね。

太郎さん：　Ｑも何かの倍数になるのかな。授業と同じように，文字式を使って考えてみようよ。

花子さん：　選んだ３つの数を a，b，c（$a>b>c$）とすると，最も大きい整数は $100a+10b+c$，最も小さい整数は [イ] と表されるよね。すると，Ｑ＝$(100a+10b+c)-($ [イ] $)$ となって，これを計算すると，[ウ] $\times(a-c)$ となるね。$a-c$ は整数だから，Ｑは [ウ] の倍数となることが分かるよ。

このとき，次の問いに答えなさい。

1　会話文中の**ア**に当てはまる数を書け。

2　会話文中の**イ**に当てはまる式，**ウ**に当てはまる数をそれぞれ書け。

3　１～９の自然数の中から異なる３つの数を選び，Ｑについて考えるとき，

(1)　Ｑ＝396となるときの，３つの数の選び方は全部で何通りあるか。

(2)　選んだ３つの数の中に，３と８の，２つの数が含まれるときのＱの値を**全て**求めよ。

(四)　下の**図1**のように，$AB=10$cm，$BC=a$cmの長方形ABCDと，$\angle P=90^\circ$，$PQ=PR=b$cmの直角二等辺三角形PQRがある。長方形ABCDの辺ABと直角二等辺三角形PQRの辺PQは直線ℓ上にあり，点Aと点Qは同じ位置にある。

この状態から，下の**図2**のように，直角二等辺三角形PQRを直線ℓにそって，矢印の向きに，点Qが点Bに重なるまで移動させる。$AQ=x$cmのときの，2つの図形が重なっている部分の面積を$y$cm^{2}とする。

このとき，次の問いに答えなさい。

図1

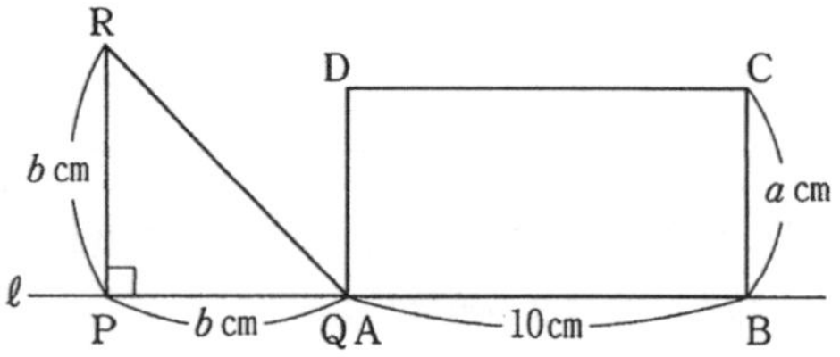

図2

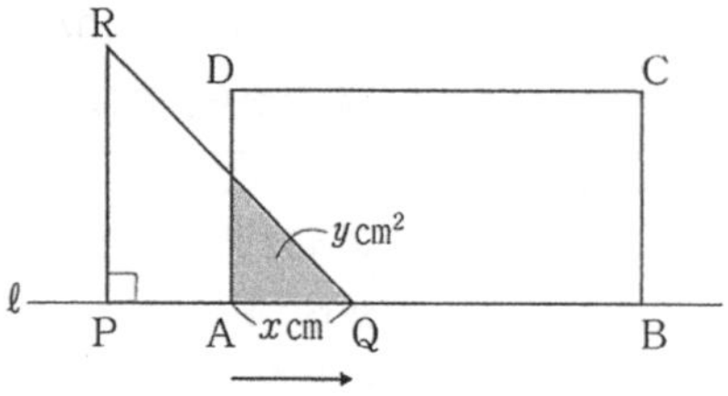

1　$a=5$，$b=6$とする。$x=3$のとき，yの値を求めよ。

2　xとyの関係が右の**図3**のようなグラフで表され，$0 \leqq x \leqq 4$では原点を頂点とする放物線，$4 \leqq x \leqq 10$では右上がりの直線の一部分と，x軸に平行な直線の一部分であるとき，

(1)　$0 \leqq x \leqq 4$のとき，yをxの式で表せ。

(2)　a，bの値をそれぞれ求めよ。

図3

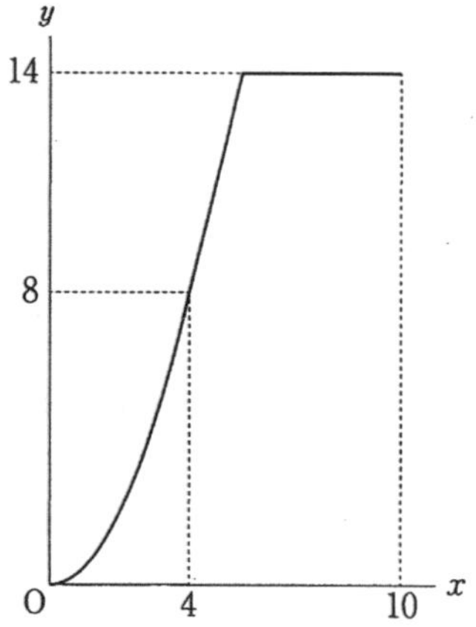

（五） 下の図のような，線分 AB を直径とする半円 O がある。$\overset{\frown}{AB}$ 上に点 C をとり，直線 AC 上に点 D を，$\angle ABD = 90^\circ$ となるようにとる。

このとき，次の問いに答えなさい。（円周率は π を用いること。）

1 $\triangle ABC \backsim \triangle BDC$ であることを証明せよ。

2 AC＝ 3 cm，CD＝ 1 cmであるとき，

(1) 線分 BC の長さを求めよ。

(2) 線分 BD と線分 CD と $\overset{\frown}{BC}$ とで囲まれた部分の面積を求めよ。

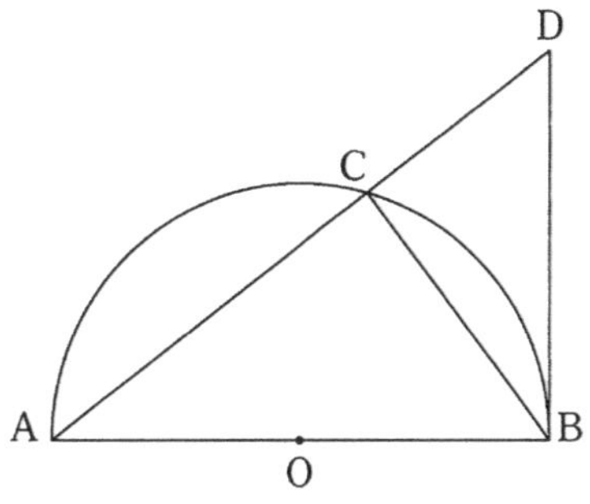

令和４年度

英　　　　　語

（60分）

注　　　　　意

1　問題は１ページから６ページまであり，これとは別に解答用紙が１枚ある。

2　解答は，全て別紙解答用紙の該当欄に書き入れること。

(一) 聞き取りの問題

	ア	イ	ウ	エ
1				

	ア	イ	ウ	エ
2				

	ア	イ	ウ	エ
3				

(二) 聞き取りの問題

1　ア　Yes, I will.　　イ　No, you can't.
　　ウ　Yes, you should.　　エ　No, I didn't.

2　ア　You don't want to go there.　　イ　That's your second time.
　　ウ　You have visited Tokyo.　　エ　That sounds good.

（三）聞き取りの問題

1　ア　In the library.　　イ　By a hospital.
　ウ　At Kumi's house.　　エ　At Shimanami Restaurant.

2　ア　Last Sunday.　　イ　Two weeks ago.
　ウ　Three years ago.　　エ　Four years ago.

3　ア　She will study Japanese with him.
　イ　She will go back to America with him.
　ウ　She will visit a famous temple with him.
　エ　She will learn how to take pictures with him.

4　ア　She wants to have her own restaurants.
　イ　She wants to teach Japanese in America.
　ウ　She wants to work at the library in her town.
　エ　She wants to help foreign people who live in Japan.

（四）次の１，２の問いに答えなさい。

1　次の(1)，(2)の各対話文の文意が通るように，（　　）の中のア～エを正しく並べかえて，左から順にその記号を書け。

(1)　A：I need (ア at　イ up　ウ get　エ to) six o'clock tomorrow morning.
　　B：Really?　You should go to bed early today.

(2)　A：What (ア you　イ looking　ウ have　エ been) for since this morning?
　　B：My dictionary.　My father bought it for me.

2　次の(1)，(2)について，それぞれの指示に従って英語で書け。

(1)　次の①，②の質問に答える文を書け。ただし，①と②は，二つとも，それぞれ６語以上の１文で書くこと。（「,」「.」などの符号は語として数えない。）

①　あなたが今までの学校生活で学んだことのうち，特に大切に思うことについて，下級生に伝える機会があるとすれば，どのようなことを伝えますか。

②　また，なぜそのことが大切だと思うのですか。

(2)　あなたのクラスでは，帰国するＡＬＴ（外国語指導助手）のためのお別れ会を計画しており，下の案内状（invitation）を送ることになった。あなたは，クラスで，そのＡＬＴのためにどのようなことをするか。（　　）に当てはまるように文を書け。ただし，８語以上の１文で書くこと。（「,」「.」などの符号は語として数えない。）

Invitation

Hello.　We will have a party for you next Friday.
(　　　　　　　　　　　　　　　　　　　　)
We hope you will enjoy the party.

(五) 中学生の武史（Takeshi）と友紀（Yuki）がジョーンズ先生（Mr. Jones）と話をしている。対話文と右のグラフ（graph）をもとにして，1～4の問いに答えなさい。

なお，Graph A と Graph B の(a)，(b)には，それぞれ同一の国の名が当てはまる。

Mr. Jones : Hi, Yuki. Hi, Takeshi. How are you?

Takeshi : I'm fine, thank you. And you?

Mr. Jones : I'm fine, too. (ア)<u>あなたたちは，何について話しているのですか。</u>

Yuki : About studying abroad. I'm going to study abroad next year.

Mr. Jones : Really? Where will you go?

Yuki : I'll go to America. I want to improve my English skills there.

Mr. Jones : [①]?

Yuki : For a year.

Takeshi : She says she wants to get a job that needs English. So studying abroad is good for her.

Yuki : I think people can learn a lot through studying abroad. But the percentage of Japanese students who are interested in it has gone down.

Takeshi : Here are two graphs about studying abroad. We found them on the Internet.

Mr. Jones : Oh, please explain them to me.

Takeshi : Sure. They show how high school students in Japan, America, China, and Korea feel about studying abroad. Graph A shows the result of the question: "Do you want to study abroad?" Japan has the highest percentage of students who don't want to do so.

Mr. Jones : I don't know why Japanese students don't want to study abroad.

Takeshi : We found some reasons on the Internet. I'll tell you one of them. They think living alone in a foreign country is difficult for them.

Mr. Jones : That's not difficult for them. [②]. When I was young, I went to a foreign country alone to study. Many people there were so kind, and I had a good time.

Yuki : I hope I'll have such a wonderful time in America. Mr. Jones, please look at Graph B. It shows the result of the question: "Why do you want to study abroad?" In Japan, America, and Korea, the most popular reason is "I want to improve my language skills." In China, the most popular one is "I want to get the advanced knowledge." As for the reason: "I want to make new friends," the percentage is higher in America than in the other countries.

Mr. Jones : [③]. I understand each country has a different characteristic.

Yuki : I also want to make new friends in America. Takeshi, do you want to study abroad?

Takeshi : Yes. I want to go to Australia in the future.

Yuki : Why?

Takeshi : Because I can learn a lot about tennis there. Many young people go there to learn it. My dream is to be a world tennis champion. Also, I have another reason. (イ)<u>私が会いたい選手が，そこに住んでいます。</u> I hope I can become like him. I want to improve my English skills there, too.

Mr. Jones : You have a big dream! I think studying abroad gives you the chance to learn many things.

Takeshi : I think so, too. Thank you very much, Mr. Jones.

(注) abroad 外国で　skill(s) 技能　percentage 割合　explain～ ～を説明する
China 中国　Korea 韓国　result 結果　reason(s) 理由　alone 一人で
advanced knowledge 先進的な知識　as for～ ～について言えば
characteristic 特徴　champion チャンピオン　chance 機会

Graph A

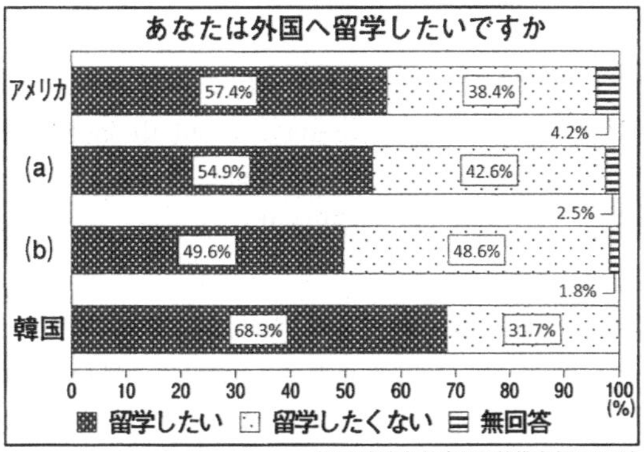

（国立青少年教育振興機構資料による）

Graph B

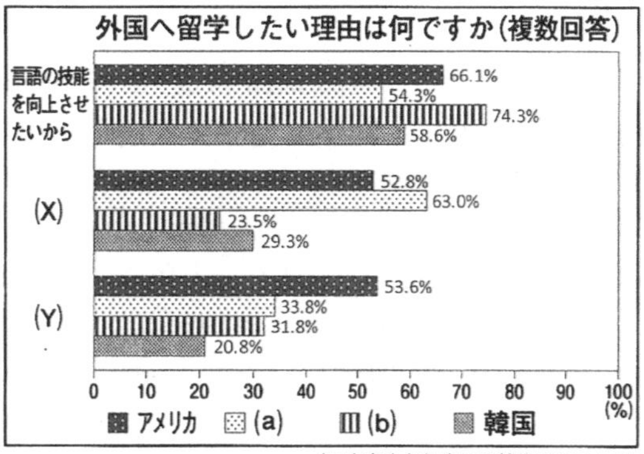

（国立青少年教育振興機構資料による）

1　対話文中の①～③に当てはまる最も適当なものを，それぞれ次のア～エの中から一つずつ選び，その記号を書け。

① ア　How much money will you need　　イ　How long will you stay there
　 ウ　How often will you go there　　エ　How old will you be next year

② ア　They should not live in a foreign country
　 イ　They must go there with their friends
　 ウ　They can't be kind to foreign people
　 エ　They don't have to worry about that

③ ア　You're welcome　　イ　Here you are
　 ウ　That's interesting　　エ　Call me soon

2　対話文中の（ア），（イ）の日本語の内容を英語に直せ。

3　対話文の内容に合うように，Graph A や Graph B の(a)，(b)，(X)，(Y)にそれぞれ当てはまる最も適当なものの組み合わせを，次のア～エの中から一つ選び，その記号を書け。

ア　(a) 日本　(b) 中国　(X) 新しい友達を作りたいから　(Y) 先進的な知識を得たいから
イ　(a) 日本　(b) 中国　(X) 先進的な知識を得たいから　(Y) 新しい友達を作りたいから
ウ　(a) 中国　(b) 日本　(X) 新しい友達を作りたいから　(Y) 先進的な知識を得たいから
エ　(a) 中国　(b) 日本　(X) 先進的な知識を得たいから　(Y) 新しい友達を作りたいから

4　次の(1)～(3)の英文の内容が，対話文，Graph A の内容に合うように，〔　　〕のア～エの中から，最も適当なものをそれぞれ一つずつ選び，その記号を書け。

(1) Takeshi says that〔ア it is difficult to explain the graphs to Mr. Jones　イ Yuki should ask him which country to visit　ウ it is good for Yuki to study abroad　エ Mr. Jones should use the Internet to find the graphs〕.

(2) Yuki〔ア has to go to America to find a job　イ wants to enjoy her stay in a foreign country like Mr. Jones　ウ is going to learn a lot about tennis in Australia　エ isn't interested in making friends in America〕.

(3) Graph A shows that〔ア Korea has the highest percentage of students who want to study abroad　イ the students of each country have different reasons to study abroad　ウ more than 50% of the students in America don't want to study abroad　エ the percentage of students who want to study abroad has gone up〕.

(六) 次の英文は，健太（Kenta）が英語の時間に発表したものである。これを読んで，1～6の問いに答えなさい。

I love the sea. I was born near the beautiful sea. When I was a small child, I often enjoyed swimming and playing with sea animals there. I cannot think about living without the sea. But now marine ecosystems are not in good condition. I worry about that. What can we do about that? Many people work together to protect marine ecosystems. I will tell you some examples from books which I [　(A)　] from the library last week.

In Australia, people have started a project for green sea turtles on an island. They go there to lay eggs on the beach. [ア] There is a problem. The sea level is getting higher. If their eggs are under water, their babies cannot come out of the eggs. So people thought about what to do for green sea turtles and tried to protect them by [　(B)　] the island's beach taller.

We can see projects to protect marine ecosystems also in Japan. In Aichi, people have started their *amamo* project. *Amamo* is a kind of plant. It is very important for small sea animals. [イ] It gives them oxygen. Also, it helps them stay away from bigger sea animals. We can say that it is home for (C)them because it is a safe place. However, the amount of *amamo* got smaller. So people have started to put *amamo* at the bottom of the sea. They hope that it will give a good life to small sea animals. Many projects like this are done in other parts of Japan, too.

In Chiba, (D)a fisherman has started his "sustainable fishing" project. He worries that the number of some kinds of fish living in the sea near Tokyo is getting smaller. So he doesn't catch fish with eggs and young fish. They are put back into the sea. Also, he visits a lot of places to let people know what he is doing. He hopes that people in the future can also enjoy eating many kinds of fish from the sea near Tokyo.

In Okinawa, people have started a project to protect coral. Some coral there died because of the red soil. Strong typhoons often come to the islands, and the red soil on the fields goes into the sea. When coral is under the red soil, it often dies. [ウ] If the fields are surrounded with plants which have strong roots, the red soil can stay on the fields. Many people have joined this project, and now much coral there is protected from the red soil.

I want to have a job that is related to marine ecosystems in the future. [エ] Many kinds of sea animals have been extinct. I am very sad about that. I am interested in starting my own project, and I want many people to join it. If we work together, we can do more things to protect marine ecosystems. I hope that everyone will think about what to do for marine ecosystems.

(注) marine ecosystem(s)　海洋生態系　　be in good condition　良い状態である
protect～　～を守る　　project(s)　計画　　green sea turtle(s)　アオウミガメ
island(s)　島　　lay～　～を産む　　beach　浜辺　　level　高さ
baby(babies)　赤ちゃん　　*amamo*　アマモ　　plant(s)　植物　　oxygen　酸素
safe　安全な　　amount　量　　bottom　底　　fisherman　漁師
sustainable fishing　持続可能な漁業　　coral　サンゴ　　red soil　赤土
typhoon(s)　台風　　field(s)　畑　　be surrounded with～　～で囲まれる
root(s)　根　　be related to～　～と関係がある　　extinct　絶滅した

1　本文中の（**A**），（**B**）に入る英語として最も適当なものを，次の中から一つずつ選び，それぞれ正しい形の１語に直して書け。

become	borrow	forget	make	sell	wash	write

2　次の１文が入る最も適当な場所を，本文中の**ア**～**エ**の中から一つ選び，その記号を書け。

To stop that, a junior high school student gave people there a good idea.

3　本文中の（**C**）が指すものを，３語で本文中からそのまま抜き出して書け。

4　下の文は，本文中の（**D**）が行っている活動をまとめたものである。本文の内容に合うように，文中の（　①　）～（　③　）にそれぞれ当てはまる適当な日本語を書け。（①，②の順序は問わない。）

（　　①　　）や（　　②　　）を捕らずに海に戻す。また，自分の取り組みを（　　③　　）ために，多くの場所を訪れる。

5　本文中に書かれている内容と一致するものを，次の**ア**～**キ**の中から二つ選び，その記号を書け。
ア　Kenta likes the sea very much and thinks that it is important in his life.
イ　Green sea turtles in Australia don't come out of the sea when they lay eggs.
ウ　*Amamo* is a kind of plant which needs more oxygen than other plants in the sea.
エ　The fisherman in Chiba wants many people to eat a lot of fish for their health.
オ　Coral in Okinawa cannot live without the red soil which goes into the sea.
カ　Plants which have strong roots can help the red soil stay on the fields.
キ　Kenta hopes that many people will need him for their own projects.

6　この発表の題名として最も適当なものを，次の**ア**～**エ**の中から一つ選び，その記号を書け。
ア　A way to become a good fisherman in the future
イ　Working together for better marine ecosystems
ウ　Many kinds of plants which have been extinct
エ　Swimming with green sea turtles in the world

令 和 4 年 度

理　　　　　科

（50分）

注　　　　意

1　問題は1ページから6ページまであり，これとは別に解答用紙が1枚ある。

2　解答は，全て別紙解答用紙の該当欄に書き入れること。

(一) 電流の性質と物体にはたらく力に関する次の1～3の問いに答えなさい。

1 ［**実験1**］抵抗器aを用いて，**図1**のような回路をつくり，電源装置の電圧を変えて，抵抗器aの両端に加わる電圧と回路に流れる電流の大きさとの関係を調べた。**図2**は，その結果を表したグラフである。

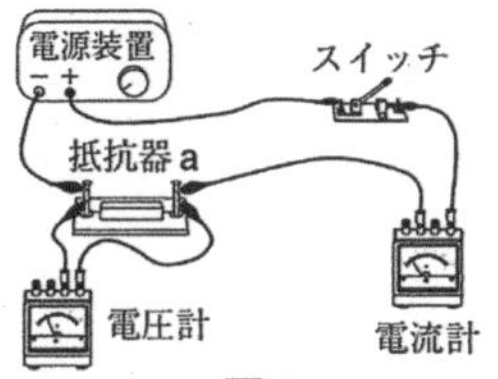

図1

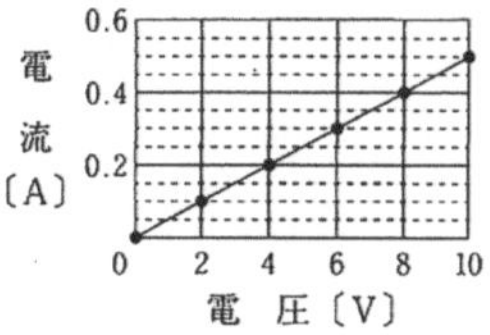

図2

［**実験2**］抵抗器bと，抵抗の値が10Ωの抵抗器cを用いて，**図3**のような回路をつくり，電源装置の電圧を変えながら，点X，Yを流れる電流の大きさを5回測定した。**表1**は，その結果をまとめたものである。

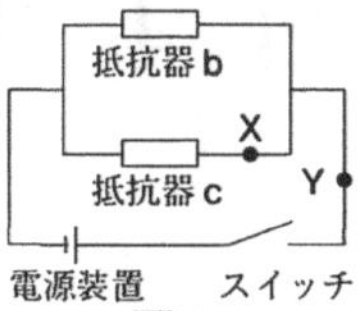

図3

表1

測定回数〔回〕	1	2	3	4	5
点Xを流れる電流の大きさ〔A〕	0.05	0.10	0.15	0.20	0.25
点Yを流れる電流の大きさ〔A〕	0.15	0.30	0.45	0.60	0.75

(1) 抵抗器aの抵抗の値は何Ωか。

(2) **実験1**で，電源装置の−《マイナス》極側の導線を，電流計の500mAの−《マイナス》端子につないで電圧を変えていくと，電流計の針は，**図4**のようになった。次の文の①，②の｛ ｝の中から，それぞれ適当なものを1つずつ選び，その記号を書け。

図4

抵抗器aに流れた電流の大きさは，①｛**ア** 35mA **イ** 350mA｝である。また，このとき，つないでいる電圧計の−端子は，②｛**ウ** 3Vの−端子 **エ** 15Vの−端子｝である。

(3) **実験2**で，点Xを流れる電流の大きさが0.20Aのとき，抵抗器cが消費する電力は何Wか。

(4) **実験2**で，抵抗器bの両端に加わる電圧と，抵抗器bに流れる電流の大きさとの関係はどうなるか。**表1**をもとに，その関係を表すグラフをかけ。

2 ［**実験3**］**図5**のように，ばねばかりに物体Sをつり下げたところ，物体Sは静止した。このとき，ばねばかりの示す値は1.5Nであった。次に，**図6**のように，ばねばかりに物体S，Tをつり下げたところ，物体S，Tは静止した。このとき，ばねばかりの示す値は2.0Nであった。

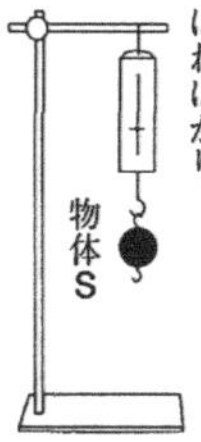

図5

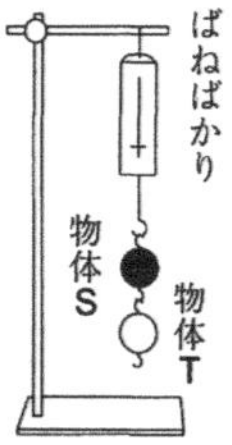

図6

(1) **図5**で，物体Sには，ばねばかりが引く力と，地球が引く力がはたらいている。地球が物体Sを引く力の大きさは何Nか。

(2) **図6**で，物体Sには，ばねばかりが引く力，物体Tが引く力，地球が引く力がはたらいている。このときの物体Sにはたらいている3つの力の大きさの比を，最も簡単な整数の比で書け。

3 ［**実験4**］**図7**のように，質量1.5kgの台車Xを取り付けた滑車Aに糸の一端を結び，もう一端を手でゆっくり引いて，ⓐ台車Xを，5.0cm/sの一定の速さで，36cm真上に引き上げた。次に，**図8**のように，なめらかな斜面上の固定したくぎに糸の一端を結び，滑車A，Bに通した糸のもう一端を手でゆっくり引いて，ⓑ台車Xを，斜面に沿って，もとの位置から36cm高くなるまで引き上げた。ただし，摩擦や台車X以外の道具の質量，糸の伸び縮みは考えないものとし，質量100gの物体にはたらく重力の大きさを1.0Nとする。

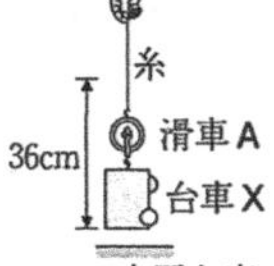

図7

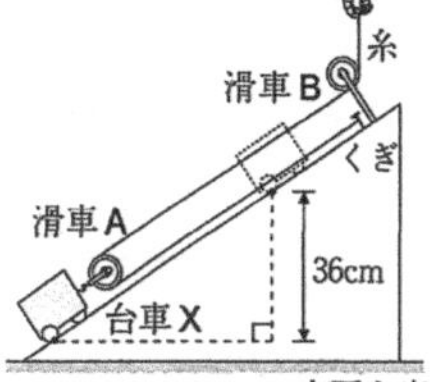

図8

（滑車Aの両側にかかる糸は斜面に平行である。また，斜面は固定されている。）

(1) 下線部ⓐのとき，台車Xを引き上げるのにかかった時間は何秒か。

(2) 下線部ⓑのとき，手が糸を引く力の大きさを，ばねばかりを用いて調べると4.5Nであった。台車Xが斜面に沿って移動した距離は何cmか。

（二） 化学変化に関する次の**1**・**2**の問いに答えなさい。

1 ［**実験1**］**表1**のような，水溶液と金属の組み合わせで，水溶液に金属の板を１枚入れて，金属板に金属が付着するかどうか観察し，その結果を**表1**にまとめた。

表1

水溶液＼金属	マグネシウム	亜鉛	銅
硫酸マグネシウム水溶液	＼	×	×
硫酸亜鉛水溶液	○	＼	×
硫酸銅水溶液	○	○	＼

（○は金属板に金属が付着したことを，×は金属板に金属が付着しなかったことを示す。）

［**実験2**］硫酸亜鉛水溶液に亜鉛板，硫酸銅水溶液に銅板を入れ，両水溶液をセロハンで仕切った電池をつくり，導線でプロペラ付きモーターを接続すると，モーターは長時間回転し続けた。**図1**は，その様子をモデルで表したものである。

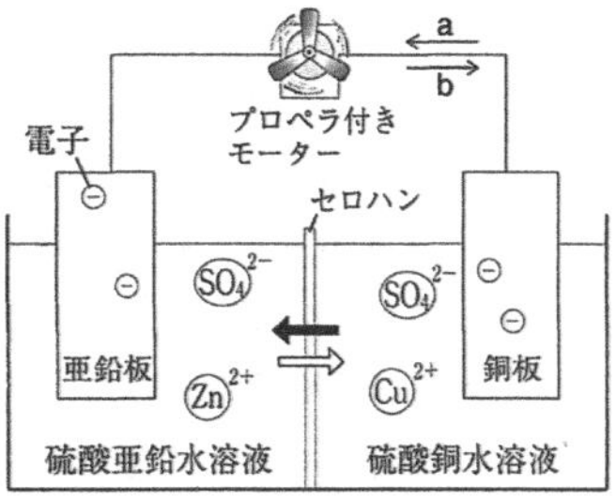

図1

(1) **表1**の３種類の金属を，イオンになりやすい順に左から名称で書け。

(2) **実験1**で，硫酸亜鉛水溶液に入れたマグネシウム板に金属が付着したときに起こる反応を，「マグネシウムイオン」「亜鉛イオン」の２つの言葉を用いて，簡単に書け。

(3) 次の文の①，②の｛ ｝の中から，それぞれ適当なものを１つずつ選び，**ア**～**エ**の記号で書け。

図1で，−《マイナス》極は①｛**ア** 亜鉛板　**イ** 銅板｝であり，電流は導線を②｛**ウ** **a**の向き　**エ** **b**の向き｝に流れる。

(4) 次の**ア**～**エ**のうち，**図1**のモデルについて述べたものとして，最も適当なものを１つ選び，その記号を書け。

ア セロハンのかわりにガラス板を用いても，同様に長時間電流が流れ続ける。

イ セロハンがなければ，銅板に亜鉛が付着して，すぐに電流が流れなくなる。

ウ Zn^{2+}が⟹の向きに，SO_4^{2-}が⬅の向きにセロハンを通って移動し，長時間電流が流れ続ける。

エ 陰イオンであるSO_4^{2-}だけが，両水溶液間をセロハンを通って移動し，長時間電流が流れ続ける。

(5) 次の文の①，②の｛ ｝の中から，それぞれ適当なものを１つずつ選び，その記号を書け。

実験2の，硫酸銅水溶液を硫酸マグネシウム水溶液，銅板をマグネシウム板にかえて，**実験2**と同じ方法で実験を行うと，亜鉛板に①｛**ア** 亜鉛　**イ** マグネシウム｝が付着し，モーターは**実験2**と②｛**ウ** 同じ向き　**エ** 逆向き｝に回転した。

2 ［**実験3**］マグネシウム，銅それぞれの粉末を空気中で加熱し，完全に反応させて酸化物としてから，加熱前の金属の質量と加熱後の酸化物の質量との関係を調べた。その結果，反応する銅と酸素の質量の比は４：１であり，同じ質量の，マグネシウム，銅それぞれと反応する酸素の質量は，マグネシウムと反応する酸素の質量の方が，銅と反応する酸素の質量より大きいことが分かった。**図2**は，**実験3**の結果を表したグラフである。

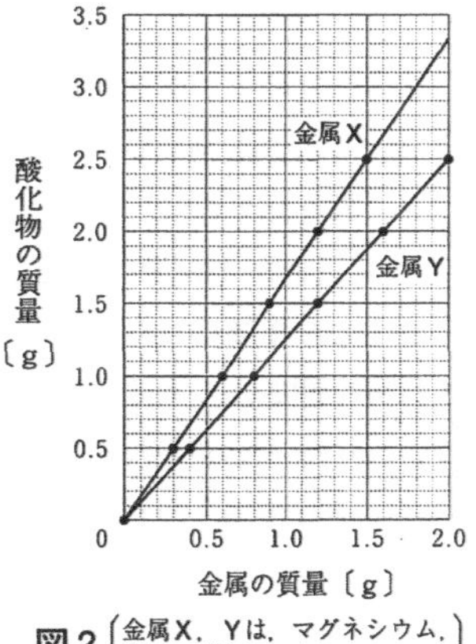

図2（金属**X**，**Y**は，マグネシウム，銅のいずれかである。）

(1) マグネシウムが酸素と反応して，酸化マグネシウム（MgO）ができる化学変化を，化学反応式で書け。

(2) 酸素1.0ｇと反応するマグネシウムは何ｇか。

(3) 下線部の酸素の質量を比べると，マグネシウムと反応する酸素の質量は，銅と反応する酸素の質量の何倍か。次の**ア**～**エ**のうち，適当なものを１つ選び，その記号を書け。

ア $\frac{4}{3}$倍　**イ** ２倍　**ウ** $\frac{8}{3}$倍　**エ** ４倍

(三) 植物の体のつくりと生態系に関する次の1・2の問いに答えなさい。

1 [**観察**] ユリとブロッコリーの茎のつくりを調べるために，それぞれの茎を，赤インクを溶かした水につけた。しばらく置いたのち，茎を輪切りにすると，**図1**のように，茎の断面に赤インクで染色された部分が観察できた。次に，ブロッコリーの茎を薄く切ってスライドガラスにのせ，水を1滴落とし，**図2**のように，カバーガラスを端から静かに置いてプレパラートをつくり，顕微鏡で観察した。**図3**は，そのスケッチである。

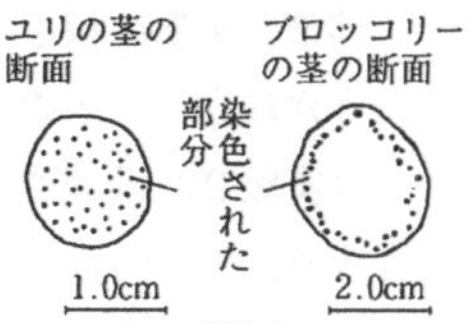

図1

(1) プレパラートをつくるとき，カバーガラスを下線部のように置くのは，スライドガラスとカバーガラスの間に[　　　　]ようにするためである。[　　　　]に当てはまる適当な言葉を，「空気の泡」という言葉を用いて簡単に書け。

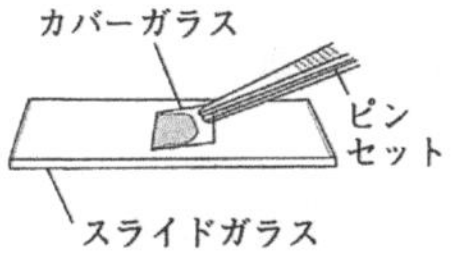

図2

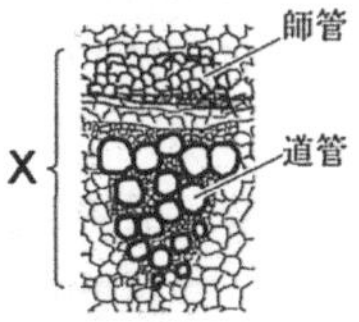

図3

(2) 次の文の①に当てはまる適当な言葉を書け。また，②，③の｛　｝の中から，それぞれ適当なものを1つずつ選び，その記号を書け。

図3で，道管と師管が集まって束になった**X**の部分は，[①]と呼ばれる。**図3**の道管と師管のうち，茎の中心側にあるのは②｛**ア**　道管　　**イ**　師管｝である。また，**図3**の道管と師管のうち，染色された部分は，根から吸収した水が通る③｛**ウ**　道管　　**エ**　師管｝である。

(3) 次の**ア**～**エ**のうち，**観察**で，ユリとブロッコリーについて分かることとして，適当なものをそれぞれ1つずつ選び，その記号を書け。

ア　双子葉類であり，根は主根と側根からなる。　　**イ**　双子葉類であり，根はひげ根からなる。
ウ　単子葉類であり，根は主根と側根からなる。　　**エ**　単子葉類であり，根はひげ根からなる。

2 **図4**は，生態系における炭素の循環を模式的に表したものであり，**A**～**C**は，それぞれ草食動物，肉食動物，菌類・細菌類のいずれかである。

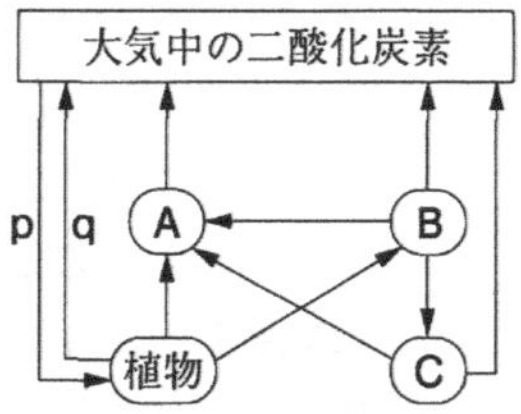

図4（→は炭素の流れを示す。）

(1) 草食動物や肉食動物は，生態系におけるはたらきから，生産者や分解者に対して，[　　]者と呼ばれる。[　　]に当てはまる適当な言葉を書け。

(2) 次の文の①，②の｛　｝の中から，それぞれ適当なものを1つずつ選び，**ア**～**エ**の記号で書け。

植物は，光合成によって，①｛**ア**　有機物を無機物に分解する　**イ**　無機物から有機物をつくる｝。また，**図4**の**p**，**q**の矢印のうち，光合成による炭素の流れを示すのは，②｛**ウ**　**p**の矢印　　**エ**　**q**の矢印｝である。

(3) 菌類・細菌類は，**図4**の**A**～**C**のどれに当たるか。**A**～**C**の記号で書け。また，カビは，菌類と細菌類のうち，どちらに含まれるか。

(4) **図5**は，ある生態系で，植物，草食動物，肉食動物の数量的な関係のつり合いがとれた状態を，模式的に表したものであり，**K**，**L**は，それぞれ植物，肉食動物のいずれかである。**K**，**L**のうち，肉食動物はどちらか。**K**，**L**の記号で書け。また，**図5**の状態から，何らかの原因で草食動物の数量が急激に減ったとすると，これに引き続いて**K**と**L**の数量は，それぞれ一時的にどう変化するか。次の**ア**～**エ**のうち，最も適当なものを1つ選び，その記号を書け。

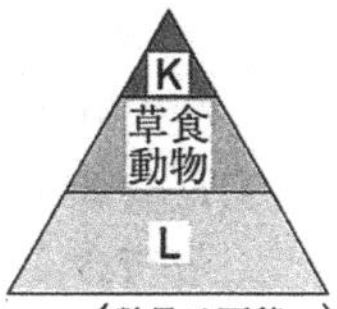

図5（数量は面積の大小で示している。）

ア　**K**の数量と**L**の数量はどちらも減る。　　**イ**　**K**の数量は減り，**L**の数量は増える。
ウ　**K**の数量は増え，**L**の数量は減る。　　**エ**　**K**の数量と**L**の数量はどちらも増える。

(四) 火山と気象に関する次の1・2の問いに答えなさい。

1 ［観察1］火山灰Aを双眼実体顕微鏡で観察し，火山灰Aに含まれる，粒の種類と，粒の数の割合を調べた。表1は，その結果をまとめたものである。

表1

粒の種類	結晶の粒				結晶でない粒
	長石《ちょうせき》	輝石《きせき》	角閃石《かくせんせき》	石英《せきえい》	
粒の数の割合〔%〕	50	7	5	3	35

［観察2］火成岩B，Cをルーペで観察したところ，岩石のつくりに，異なる特徴が確認できた。図1は，そのスケッチである。ただし，火成岩B，Cは，花こう岩，安山岩のいずれかである。

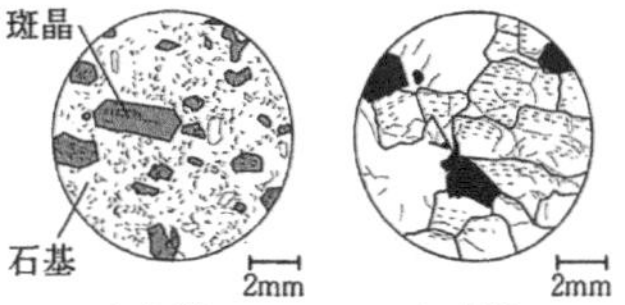

火成岩B　火成岩C

図1

(1) 表1で，火山灰Aに含まれる粒の総数に占める，有色鉱物である粒の数の割合は［　］%である。［　］に当てはまる適当な数値を書け。

(2) 次のア～エのうち，火山灰が堆積して固まった岩石の名称として，適当なものを1つ選び，その記号を書け。

ア 凝灰岩　イ 石灰岩　ウ 砂岩　エ チャート

(3) 図1の火成岩Bでは，石基の間に斑晶が散らばっている様子が見られた。このような岩石のつくりは［　］組織と呼ばれる。［　］に当てはまる適当な言葉を書け。

(4) 次の文の①，②の｛ ｝の中から，それぞれ適当なものを1つずつ選び，ア～エの記号で書け。

火成岩B，Cのうち，花こう岩は①｛ア 火成岩B　イ 火成岩C｝である。また，地表で見られる花こう岩は，②｛ウ 流れ出たマグマが，そのまま地表で冷えて固まったもの　エ 地下深くでマグマが冷えて固まり，その後，地表に現れたもの｝である。

(5) 次の文の①，②の｛ ｝の中から，それぞれ適当なものを1つずつ選び，その記号を書け。

一般に，激しく爆発的な噴火をした火山のマグマの粘りけは①｛ア 強く　イ 弱く｝，そのマグマから形成される，火山灰や岩石の色は②｛ウ 白っぽい　エ 黒っぽい｝。

2 図2は，ある年の8月1日15時の天気図である。この日は，一日を通して，日本の夏の特徴的な気圧配置が見られた。

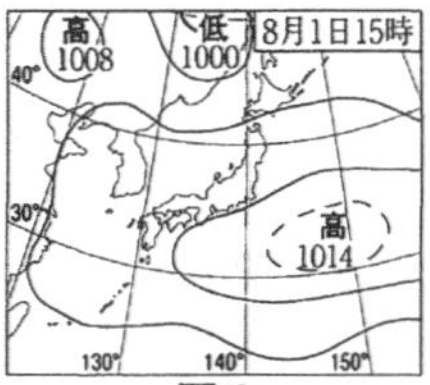

図2

(1) 次の文の①，②の｛ ｝の中から，それぞれ適当なものを1つずつ選び，その記号を書け。

図2で，日本付近を広くおおっている高気圧から吹く季節風は，①｛ア 乾燥している　イ 湿っている｝。また，日本付近の等圧線の間隔が，日本の冬の特徴的な気圧配置における等圧線の間隔と比べて広いことから，日本付近で吹く季節風の強さを，夏と冬で比べると，②｛ウ 夏が強い　エ 冬が強い｝と考えられる。

(2) 下線部の日の午後，図2の，高気圧におおわれた日本のいくつかの地点では，上昇気流が生じて積乱雲が発達し，一時的に雨が降った。次のア～エのうち，雨が降った地点で，上昇気流が生じたしくみについて述べたものとして，最も適当なものを1つ選び，その記号を書け。

ア 前線が通過し，あたたかい空気が冷たい空気の上にはい上がって，上昇気流が生じた。

イ 太陽の光であたためられた地面が周囲の空気をあたためて，上昇気流が生じた。

ウ 大陸の高気圧と海の高気圧それぞれからできる気団がぶつかって，上昇気流が生じた。

エ 高気圧の周辺から中心部に向かって風が吹き込むことで，上昇気流が生じた。

(3) 下線部の日に，図3の，海沿いの地点P，Qで，海風や陸風が吹いた。表2は，この日の，地点P，Qどちらかにおける風向と風力を，3時間ごとにまとめたものである。次の文の①，②の｛ ｝の中から，それぞれ適当なものを1つずつ選び，ア～エの記号で書け。

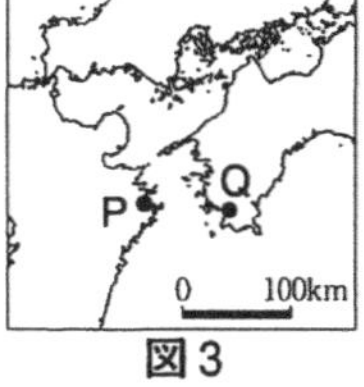

図3

表2

時刻	風向	風力
3時	北東	1
6時	東北東	2
9時	西南西	2
12時	南西	3
15時	西南西	3
18時	西南西	2
21時	北	1
24時	東北東	1

表2で，風が陸風から海風に変わったのは，①｛ア 6時～9時　イ 18時～21時｝の間であり，表2は，図3の②｛ウ 地点P　エ 地点Q｝の風向と風力をまとめたものである。

（五） 次の1～4の問いに答えなさい。

1　花子さんは，光の性質について調べ，その内容をノートにまとめた。

花子さんのノートの一部

【図1について】

私の正面にある「み」の文字が，水を入れたコップの水面に映っていた。調べると，位置Xの「み」からの光が，水面で反射して目に届いたとき，反射した光の延長線上の位置Yにできる像を見ていることが分かった。

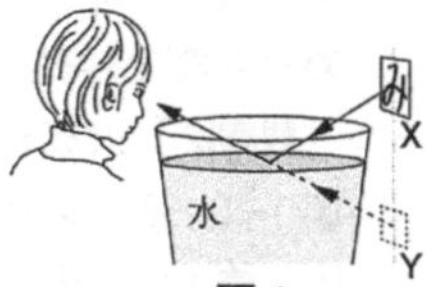

図1

【図2について】

水を入れたコップの底にある硬貨が，浮き上がって見えた。調べると，硬貨の点Pからの光が，水から空気中に出るとき，屈折角は入射角より大きくなるため，点Pは，目に届く屈折した光の延長線上の，点Qにあるように見えることが分かった。

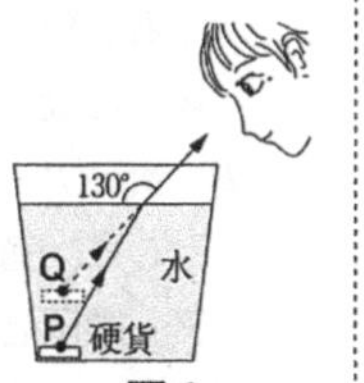

図2

(1)　図1で，花子さんには，位置Yにできる像がどのように見えたか。次のア～エのうち，最も適当なものを1つ選び，その記号を書け。

ア 　イ 　ウ 　エ 

(2)　図2で，水面と屈折した光との間の角度が130°であった。このとき，屈折角は何度か。

2　理科の授業で，太郎さんは，ライオンとシマウマの目のつき方が，それぞれの生活のしかたと関係していることを学んだ。そこで，太郎さんは，視野の重なりの有無と距離のはかりやすさとの関係について調べるために，先生と，次の実験を行った。

［実験1］キャップ付きのペンを用意し，図3のように，太郎さんがペンを，先生がキャップを，それぞれ右手に持って向かい合い，太郎さんの目の高さまで持ち上げた。太郎さんは，先生が動かさずに持っているキャップにペンをさし込むために，ペンを持ったうでを動かした。太郎さんは，下線部の動作を，両方の目で見たときと，片方の目で見たときとで，10回ずつ行った。表1は，その結果をまとめたものである。

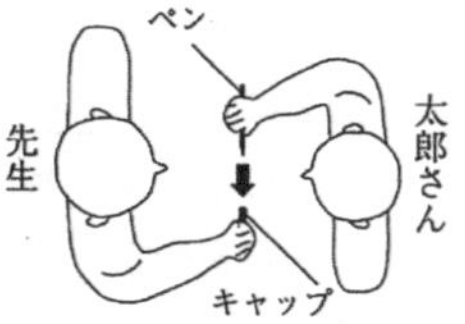

図3（真上から見た様子を表している。）

表1

	さし込めた回数	さし込めなかった回数
両方の目で見たとき	8回	2回
片方の目で見たとき	2回	8回

(1)　次のア～エのうち，下線部における，太郎さんの行動に関する器官や神経について述べたものとして，適当なものを1つ選び，その記号を書け。

ア　キャップからの光の刺激を受け取る器官は，運動器官である。

イ　キャップの位置を判断する神経は，末しょう神経である。

ウ　中枢神経からの命令をうでに伝える神経は，運動神経である。

エ　中枢神経からの命令を受けて反応する器官は，感覚器官である。

(2)　次の文の①，②の｛　｝の中から，それぞれ適当なものを1つずつ選び，その記号を書け。

表1から，物を見るとき，物との距離をはかるのに適しているのは，①｛ア　両方の目　　イ　片方の目｝で見たときと考えられる。また，図4のライオンとシマウマを比べると，物との距離をはかるのに適した目のつき方をしているのは，②｛ウ　ライオン　　エ　シマウマ｝である。

図4

3　4種類の気体A～Dがある。これらは，水素，酸素，アンモニア，二酸化炭素のいずれかである。太郎さんは，A～Dが何かを調べるために，いくつかの実験を行った。**表2**は，気体ごとに，においと，同じ体積の空気と比べた重さについて調べた実験の結果をまとめたものである。続いて，**実験2・3**を行った。

表2

気体	におい	空気と比べた重さ
A	なし	重い
B	なし	軽い
C	なし	重い
D	刺激臭	軽い

［**実験2**］**図5**のように，水が20cm^{3}入った注射器に，Aを30cm^{3}入れて，上下に振り，ピストンが静止したあと，ピストンの先端が示す注射器の目盛りを読んだ。次に，注射器内の水を試験管に入れ，緑色のBTB溶液を数滴加えて，水の色の変化を観察した。Cについても，同じ方法で実験を行った。**表3**は，その結果をまとめたものである。

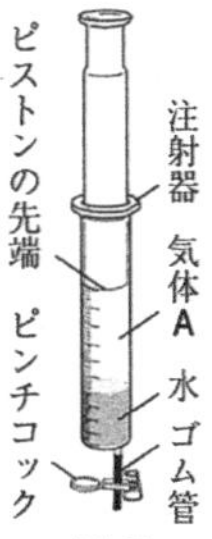

図5

表3

気体	注射器の目盛り	溶けた気体の体積	BTB溶液を加えた液体の色
A	50cm^3	0 cm^3	緑色
C	36cm^3	[③] cm^3	黄色

（全ての物質の温度は同じで，常に一定であり，注射器に入れた水の体積は変化しないものとする。また，溶けた気体の体積は，注射器の目盛りをもとに計算した値である。）

［**実験3**］**図6**のように，B，Dが入った試験管それぞれに，水で湿らせた赤色リトマス紙を近づけると，Dに近づけた赤色リトマス紙だけが，青色になった。

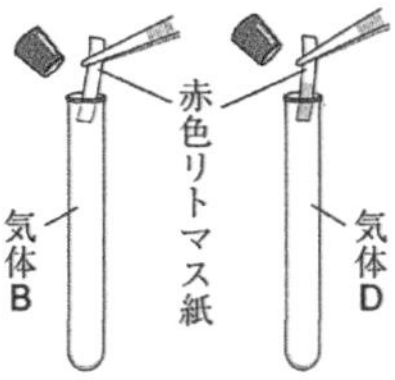

図6

(1)　次の文の①，②の｛　｝の中から，それぞれ適当なものを1つずつ選び，その記号を書け。また，③に当てはまる適当な数値を書け。

実験2で，Cは水に溶け，その水溶液が①｛**ア**　酸性　**イ**　アルカリ性｝を示したことから，②｛**ウ**　酸素　**エ**　二酸化炭素｝であることが分かる。また，このとき，水に溶けたCは[③]cm^{3}であった。

(2)　Dの気体は何か。その気体の化学式を書け。

4　夏休みに，花子さんは，日本のある地点で金星を観察した。**図7**は，その結果をまとめた観察記録の一部である。また，8月30日に天体望遠鏡で観察した金星は，**図8**のように見えた。次の会話文は，夏休み明けに，花子さんが先生と話をしたときのものである。

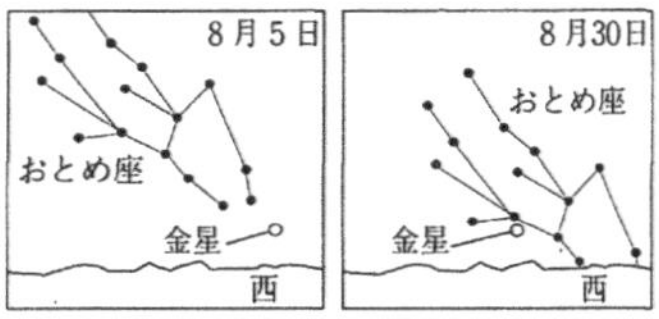

図7（日没1時間後の，金星とおとめ座の位置を記録している。また，おとめ座を形づくる星は恒星である。）

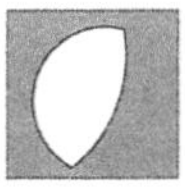
（肉眼で見る場合と，上下左右が逆になっている。）
図8

花子さん：　金星は，よいの明星と呼ばれるだけあって，周りの星よりも明るく見えました。

先　　生：　実際に観察すると，よく分かりますね。8月5日と30日の観察記録からは，金星が惑星であることも確認できますよ。観察記録のどのようなことから確認できるでしょうか。

花子さん：　はい。［　　　　　　　　］ことから確認できます。

先　　生：　よく気が付きましたね。ところで，金星は，今年の年末まで，よいの明星として観察できます。8月30日に天体望遠鏡で見た金星とは，形や見かけの大きさが変わっていくのでおもしろいですよ。

花子さん：　それは楽しみです。このあとも観察を続けてみます。

(1)　［　　　　］には，金星が惑星であることを示す言葉が入る。**図7**をもとに，［　　　　］に適当な言葉を書き入れて，会話文を完成させよ。ただし，「金星」「おとめ座」の2つの言葉を用いること。

(2)　**図9**は，金星と地球の公転軌道と，8月5日と30日の地球の位置を模式的に表したものである。花子さんは，この年の11月30日に金星を観察した。**図9**の**ア**～**エ**のうち，11月30日の金星の位置として，最も適当なものを1つ選び，その記号を書け。

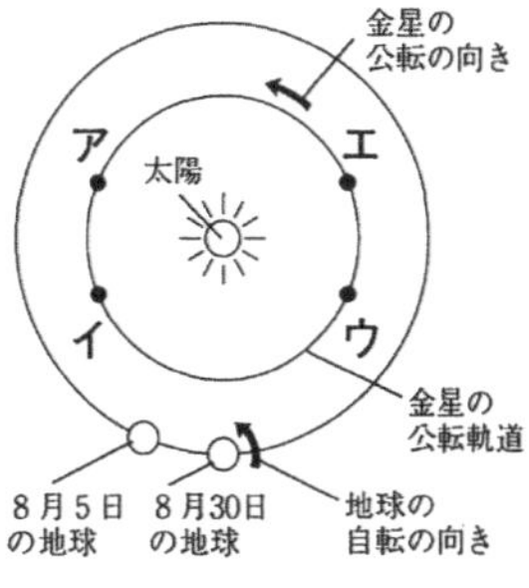

図9

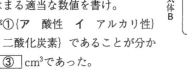

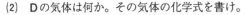

令和４年度

社　　　会

（50分）

注　　　意

1　問題は１ページから６ページまであり，これとは別に解答用紙が１枚ある。

2　解答は，全て別紙解答用紙の該当欄に書き入れること。

(一)　次の資料は，日本のできごとを年代の古い順に上から並べたものである。これを読んで，1～7の問いに答えなさい。

○ ①倭《わ》の奴国《なこく》の王が，後漢《ごかん》に使者を送った。
○ ②小野妹子《おののいもこ》が，隋《ずい》に送られた。
○ 後鳥羽上皇《ごとばじょうこう》が鎌倉幕府の打倒を目指して挙兵し，③承久《じょうきゅう》の乱が始まった。
○ 将軍のあとつぎをめぐる対立から，④応仁《おうにん》の乱が始まった。
○ ⑤豊臣秀吉《とよとみひでよし》が，刀狩令《かたながりれい》を出した。
○ ⑥新井白石《あらいはくせき》が，長崎での貿易を制限した。
○ ⑦松平定信《まつだいらさだのぶ》が，江戸幕府の老中《ろうじゅう》となった。

1　①のできごとが起こった頃の我が国の社会の様子について述べた文として最も適当なものを，ア～エから一つ選び，その記号を書け。

ア　ナウマンゾウをとらえて食料とした。　　イ　弥生土器と呼ばれる土器がつくられた。
ウ　各地に国分寺《こくぶんじ》が建てられた。　　エ　古墳の周りや頂上に埴輪《はにわ》が並べられた。

2　②が隋に送られた年から白河《しらかわ》上皇が院政を始めた年までの期間に起こった，次のア～エのできごとを年代の古い順に左から並べ，その記号を書け。

ア　都が藤原京《ふじわらきょう》から平城京に移された。　　イ　菅原道真《すがわらのみちざね》の意見で遣唐使《けんとうし》が停止された。
ウ　藤原頼通《ふじわらのよりみち》が関白となった。　　エ　墾田永年私財法《こんでんえいねんしざいのほう》が出された。

3　③の後，鎌倉幕府は，一般に［　P　］と呼ばれる機関を設置し，都の警備や西日本の武士の統率に当たらせるとともに，［　Q　］を行わせた。P，Qにそれぞれ当てはまる言葉の組み合わせとして適当なものを，ア～エから一つ選び，その記号を書け。

ア{P　大宰府《だざいふ》　Q　朝廷の監視}　　イ{P　大宰府　Q　中国や朝鮮に対する防衛}
ウ{P　六波羅探題《ろくはらたんだい》　Q　朝廷の監視}　　エ{P　六波羅探題　Q　中国や朝鮮に対する防衛}

4　④の後，実力のある者が地位の高い者をたおす下剋上《げこくじょう》の風潮が広がっていく中で，山城《やましろ》では国一揆《くにいっき》が起こり，［　　　　　］して自治を行った。［　　　　］に適当な言葉を書き入れて文を完成させよ。ただし，［　　　　］には，次の［語群］の言葉の中から一つ選び，その言葉と，**武士や農民**，**追放**の二つの言葉の，合わせて三つの言葉を含めること。

［語群］守護大名　荘園領主

5　⑤が政治を行った頃に栄えた文化は，一般に［　X　］文化と呼ばれている。右の絵は，［　Y　］が描いた屏風《びょうぶ》絵の一部であり，［　X　］文化を代表する作品の一つである。X，Yにそれぞれ当てはまる言葉の組み合わせとして適当なものを，ア～エから一つ選び，その記号を書け。

ア{X　東山《ひがしやま》　Y　雪舟《せっしゅう》}　　イ{X　東山　Y　狩野永徳《かのうえいとく》}
ウ{X　桃山《ももやま》　Y　雪舟}　　エ{X　桃山　Y　狩野永徳}

6　右の資料は，⑥が著した書物の一部を要約したものであり，次の会話文は，直子さんと先生が，資料を見ながら話をしたときのものである。文中のZに当てはまる人物の氏名を書け。

先　生：　資料中の先代とは，江戸幕府の将軍であった［　Z　］のことです。［　Z　］は，幕府の財政を立て直すために，この資料に書かれた政策を行いましたが，物価の上昇を招きました。その後，幕府の政治を担った⑥は，どのような対策を行いましたか。
直子さん：　貨幣の質を元にもどして，物価を引き下げようとしました。
先　生：　そのとおりです。

【資料】
幕府の財政がすでに行きづまっていたので，先代は，元禄《げんろく》八年九月から，貨幣の発行量を増やすために，貨幣の質を落とした。

(「折《おり》たく柴《しば》の記《き》」による)

7　⑦は，旗本《はたもと》や御家人の，札差《ふださし》に対する借金を帳消しにするなど，幕府政治の改革を行った。この改革は，一般に［　　　］の改革と呼ばれている。［　　　］に当てはまる年号を書け。

(二) 右の略年表を見て，１～７の問いに答えなさい。

年代	できごと	
1860	・①日米修好通商条約が結ばれる	
	・［　②　］が行われる	
1880		
	・③大日本帝国憲法が発布される	
1900	・④義和団《ぎわだん》事件が起こる	
1920	・国際連盟が成立する	⑥
	・加藤高明《かとうたかあき》内閣が⑤普通選挙法を成立させる	⑥
1940		⑥
	・国際連合が成立する	⑥
1960		
	・⑦東海道新幹線が開通する	
1980		

1　略年表中の①は，貿易において，［　　］を日本が自主的に決める権利がないことなど，日本にとって不平等な条約だった。［　　］に当てはまる最も適当な言葉を書け。

2　略年表中の②には，明治政府が行った改革の名称が当てはまる。この改革により，藩《はん》にかえて全国に県や府を置き，政府から派遣された県令や府知事が，行政を担《にな》うこととなった。②に当てはまる改革の名称を書け。

3　略年表中の③のできごとが起こった頃，文学の世界では，文章を［X］の文体で表現する，言文一致《げんぶんいっち》と呼ばれる表現方法が用いられるようになり，［Y］が，［X］の文体で小説「浮雲《うきぐも》」を発表した。X，Yにそれぞれ当てはまる言葉の組み合わせとして適当なものを，ア～エから一つ選び，その記号を書け。

ア｛X　口語　　Y　二葉亭四迷《ふたばていしめい》｝
イ｛X　口語　　Y　十返舎一九《じっぺんしゃいっく》｝
ウ｛X　文語　　Y　二葉亭四迷｝
エ｛X　文語　　Y　十返舎一九｝

4　略年表中の④の後，満州《まんしゅう》に大軍を置いたロシアとの関係が悪化した日本は，1902年，［　　］と同盟を結び，ロシアとの衝突に備えた。［　　］に当てはまる国の名を書け。

5　略年表中の⑤が成立する前と後を比べると，我が国の全人口に占める有権者の割合は，約４倍に増えた。有権者の割合が増えたのは，⑤の成立により，有権者の資格がどのようになったからか，簡単に書け。ただし，次の［語群］の言葉の中から一つ選び，その言葉と，**納税額**　**25歳以上**の二つの言葉の，合わせて三つの言葉を用いること。

［語群］　男女　男子

6　略年表中の⑥の期間に起こったできごととして適当なものを，ア～エから二つ選び，年代の古い順に左から並べ，その記号を書け。

ア　中華人民共和国が成立した。　　　イ　中華民国が成立した。
ウ　アメリカでニューディール政策が始まった。　　　エ　独ソ不可侵条約が結ばれた。

7　次のA～Cのグラフは，それぞれ，略年表中の⑦が開通した後の，1965年から1969年，1970年から1974年，1975年から1979年における，我が国の経済成長率の推移を表したグラフのいずれかに当たる。A～Cのグラフを年代の古い順に左から並べたものとして適当なものを，下のア～エから一つ選び，その記号を書け。

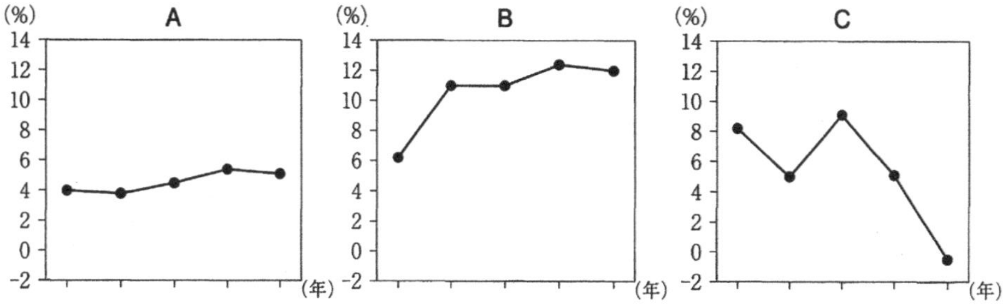

(数字でみる日本の100年による)

ア　A→B→C　　イ　A→C→B　　ウ　B→A→C　　エ　B→C→A

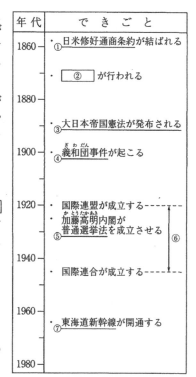

（三） 次の1～4の問いに答えなさい。

1　人権の国際的な広がりについて述べた次の文の①，②の｛　｝の中から適当なものを，それぞれ一つずつ選び，その記号を書け。

> 1948年に，①｛ア　世界人権宣言　　イ　国際連合憲章｝が採択され，人権保障の国際的な基準が示された。その後，1966年には，②｛ウ　権利章典　　エ　国際人権規約｝が採択され，この条約を結んだ国に人権の保障が義務付けられた。

2　我が国における，国会や選挙のしくみについて，(1)～(3)の問いに答えよ。

(1)　次の図は，ある年の国会の動きを模式的に表したものであり，図中の▨，▢，▤印で示した期間は，それぞれ，種類の異なる国会の会期を表している。▢印で示した期間に開かれていた国会の種類の名称を書け。

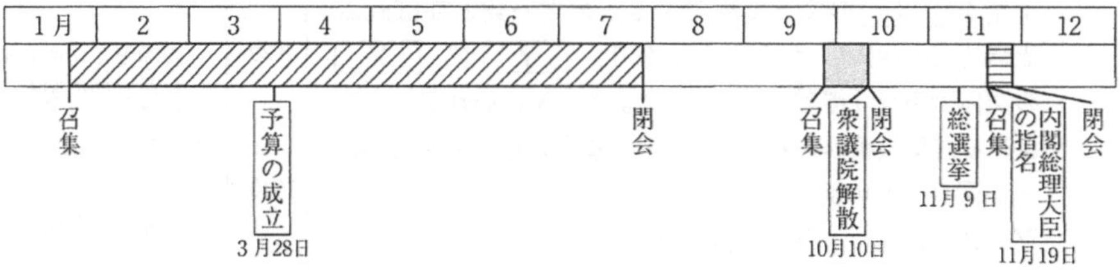

(2)　衆議院と参議院に共通することがらについて述べた文として適当なものを，ア～エから一つ選び，その記号を書け。

ア　任期6年の議員によって組織される。　　**イ**　解散されることがある。

ウ　内閣不信任を決議する権限を持つ。　　**エ**　国政調査権を持つ。

(3)　衆議院議員総選挙について述べた次の文の**X**の｛　｝の中から適当なものを一つ選び，その記号を書け。また，**Y**に当てはまる適当な言葉を書け。

> 現在の衆議院議員総選挙は，一つの選挙区から**X**｛ア　1人　　イ　2～5人｝の議員が選出される小選挙区制と，得票数に応じて議席が政党に配分される［Y］制とを組み合わせた，小選挙区［Y］並立制で行われている。

3　最高裁判所が「憲法の番人」と呼ばれるのは，法律や政令などが［　　　　］を最終的に決定する権限を持つ機関だからである。［　　　　］に適当な言葉を書き入れて文を完成させよ。ただし，［　　　　］には，**憲法**の言葉を含めること。

4　右の表は，我が国の，2019年度における，主なメディアの1日当たりの利用時間を，年齢層別に表したものである。表から読み取れることを述べた文として適当なものを，ア～エから一つ選び，その記号を書け。

（単位：分）

	項目＼年齢層		10歳代	20歳代	30歳代	40歳代	50歳代	60歳代
平日	テレビ	リアルタイム視聴	69.0	101.8	124.2	145.9	201.4	260.3
		録画視聴	14.7	15.6	24.5	17.8	22.5	23.2
	インターネット		167.9	177.7	154.1	114.1	114.0	69.4
	新聞		0.3	1.8	2.2	5.3	12.0	22.5
	ラジオ		4.1	3.4	5.0	9.5	18.3	27.2
休日	テレビ	リアルタイム視聴	87.4	138.5	168.2	216.2	277.5	317.6
		録画視聴	21.3	23.0	31.0	37.5	48.0	28.1
	インターネット		238.5	223.2	149.5	98.8	107.9	56.1
	新聞		0.1	0.9	2.5	6.0	12.9	21.8
	ラジオ		0.0	1.2	2.0	5.0	6.6	18.5

（注）　利用時間は，平均時間を表している。　　（2021-22年版　日本国勢図会ほかによる）

ア　表中の全ての年齢層において，平日，休日ともに，ラジオの利用時間よりも新聞の利用時間の方が長い。

イ　10歳代と20歳代では，それぞれ，平日，休日ともに，リアルタイム視聴と録画視聴とを合わせたテレビの利用時間よりも，インターネットの利用時間の方が長い。

ウ　60歳代では，平日，休日ともに，インターネットの利用時間よりも，新聞とラジオとを合わせた利用時間の方が長い。

エ　表中の四つのメディアはいずれも，平日，休日ともに，年齢層が上がるほど利用時間が長くなっている。

全日制
定時制

科

受検番号

号

氏名

※50点満点
（配点非公表）

令和四年度　国語　解答用紙

問題	（一）										
	1	2	3	4			5	6			
				a	b	c		a	b	c	
解答欄											

問題	（二）			
	1	2	3	4
解答欄			（む）	（り）

問題	（三）			
	1	2	3	4
解答欄				

400字 300字 200字 100字

(二)

6

7

(解)

答

(五)

1

2

(1) cm

(2) cm^2

問　題	(一)	(二)	(三)	(四)	(五)	合　計
得　点						

※50点満点
(配点非公表)

(五)	2	(イ)					
	3						
	4	(1)		(2)		(3)	
(六)	1	(A)		(B)			
	2						
	3						
	4	①		②			
		③					
	5			6			

問　　題	(一)	(二)	(三)	(四)	(五)	(六)	合　　計
得　　点							

※50点満点
(配点非公表)

	3	(1)	秒
		(2)	cm
(二)	1	(1)	→ →
		(2)	
		(3)	① ②
		(4)	
		(5)	① ②
	2	(1)	
		(2)	g
		(3)	

		(3)	① ②
	2	(1)	① ②
		(2)	
		(3)	① ②
(五)	1	(1)	
		(2)	度
	2	(1)	
		(2)	① ②
	3	(1)	① ②
			③
		(2)	
	4	(1)	
		(2)	

問　題	(一)	(二)	(三)	(四)	(五)	合　計
得　点						

※50点満点
（配点非公表）

（二）	5			
	6		（　　　　　）→（　　　　　）	
	7			
（三）	1		①	②
	2	(1)		
		(2)		
		(3)	X	Y
	3		を	
	4			

	3			
	4			
（六）	1	(1)	ほど	
		(2)	記　号	国 の 名
		(3)	（　　）→（　　）→（　　）→（　　）	
		(4)	造山帯	
	2			
	3			

問　題	（一）	（二）	（三）	（四）	（五）	（六）	合　計
得　点							

※50点満点
（配点非公表）

全日制 定時制	科	受検番号	号	氏名	

令和４年度　社　会　解答用紙

問題		解答欄
（一）	1	
	2	（　　）→（　　）→（　　）→（　　）
	3	
	4	して
	5	
	6	
	7	の改革
	1	
	2	
	3	

問題			解答欄	
（四）	1			
	2	(1)		
		(2)	こと	
	3			
	4			
（五）	1	(1)		
		(2)	記号	県名
				県
	2	(1)		

全日制 定時制	科	受検番号	号	氏名	

令和4年度　理　科　解答用紙

問題			解答欄			
(一)	1	(1)	Ω			
		(2)	①		②	
		(3)	W			
		(4)	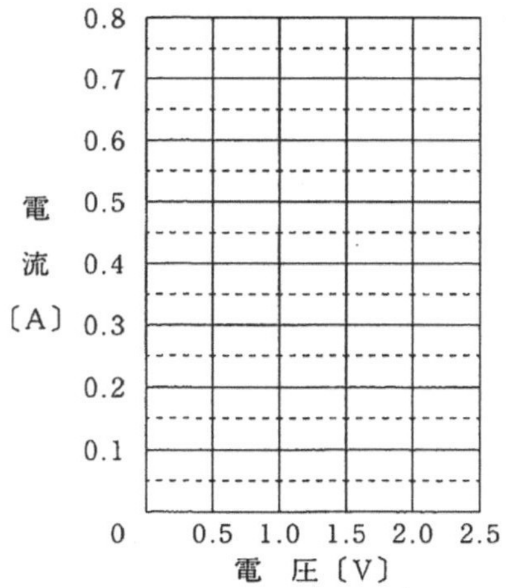			
	2	(1)	N			
		(2)	ばねば	物体Tが	地球が	

問題			解答欄			
(三)	1	(1)				
		(2)	①			
			②		③	
		(3)	ユリ		ブロッコリー	
	2	(1)				
		(2)	①		②	
		(3)	菌類・細菌類		カビ	
		(4)	肉食動物		数量の変化	
	1	(1)				
		(2)				
		(3)				

【解答用

全日制 定時制	科	受検番号	号	氏名	

令和4年度　英　語　解答用紙

問題	解答欄							
(一)	1		2		3			
(二)	1		2					
(三)	1		2		3		4	
(四)	1	(1)	(　　)(　　)(　　)(　　)	(2)	(　　)(　　)(　　)(　　)			
	2	(1)	① ②					
		(2)						
	1	①		②		③		

【解答用

全日制 定時制	科	受検番号	号	氏名	

令和4年度　数　学　解答用紙

問題		解答欄
(一)	1	
	2	
	3	
	4	
	5	
	1	
	2	度
	3	
	4	
	5	cm^3

問題			解答欄
(三)	1	ア	
	2	イ	
		ウ	
	3	(1)	通り
		(2)	
(四)	1		$y=$
	2	(1)	
		(2)	$a=$
			$b=$
			(証明) 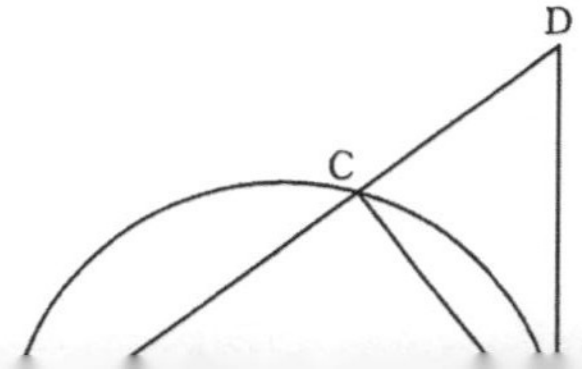

【解答用

全日制 定時制	科
受検番号	号
氏名	

（25分）

〔令和四年度　国語　作文問題〕

あなたは、創造力とはどのような力であると考えるか。次の資料を参考にしながら、そう考える理由を含めて、後の**注意**に従って述べなさい。

資料

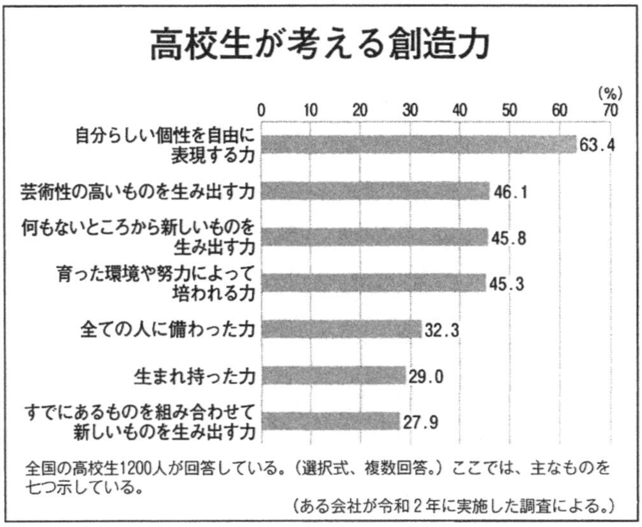

全国の高校生1200人が回答している。（選択式、複数回答。）ここでは、主なものを七つ示している。
（ある会社が令和２年に実施した調査による。）

〈注意〉

1　上の資料を見て気づいたことを交えて書くこと。
2　あなたが体験したことや見聞したことを交えて書いてもよい。
3　段落は、内容に応じて設けること。
4　文章の長さは、三百字以上、四百字以内とする。
5　資料の中の数値を使う場合は、次の例に示したどちらの書き方でもよいこととする。
　例　六三・四％　または　六十三・四％
　　　二九・〇％　または　二十九・〇％
　なお、「％」は、「パーセント」と書いてもよい。
6　氏名は右の氏名欄に書き、**文題は書かない**こと。

（評価基準非公表）

得　点

問題			
8			

問題	1	2	3	4		5	6
（四）				a	b		
解答欄						（によって上達できる。）	

問題	1	2	3		4		
（五）			最初	最後	a	b	c
解答欄							

問題	得点
（一）	
（二）	
（三）	
（四）	
（五）	
作文	
合計	

（四） 次の１～４の問いに答えなさい。

１ 一般にＣＳＲと呼ばれる，企業の社会的責任に当たるものとして最も適当なものを，ア～エから一つ選び，その記号を書け。

ア 利潤の追求を優先すること　　イ 競争を避けて話し合いで価格を決定すること

ウ 消費者の安全や環境に配慮すること　　エ 安い労働力を求めて海外に工場を移すこと

２ 我が国の財政について，⑴，⑵の問いに答えよ。

⑴ 税の種類の一つである所得税は［ A ］に分類され，［ B ］。A，Bにそれぞれ当てはまる言葉の組み合わせとして適当なものを，ア～エから一つ選び，その記号を書け。

ア｛A 直接税　B 税を負担する人と納める人が異なる｝

イ｛A 直接税　B 税を負担する人と納める人が同じである｝

ウ｛A 間接税　B 税を負担する人と納める人が異なる｝

エ｛A 間接税　B 税を負担する人と納める人が同じである｝

⑵ 右のグラフは，1990年度と2019年度における，我が国の歳入と歳出の項目別の割合を表したものであり，次の会話文は，直子さんと先生が，グラフを見ながら話をしたときのものである。文中の［　　］に適当な言葉を書き入れて文を完成させよ。ただし，［　　］には，歳出のグラフ中から適当な項目を一つ選び，その言葉と，［少子高齢化］の言葉の，合わせて二つの言葉を含めること。

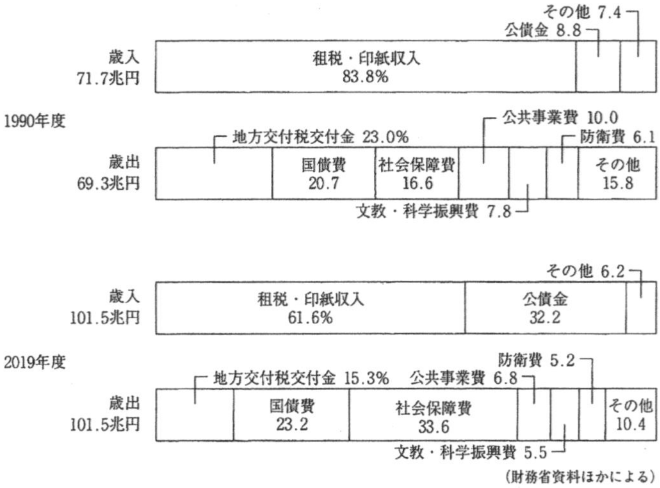

（財務省資料ほかによる）

先　生：1990年度と2019年度の歳入を比べると，公債金の金額が増えていますが，その原因として，どのようなことが挙げられますか。

直子さん：はい。原因の一つとして，年金や医療保険などの［　　　　］ことが挙げられます。

先　生：そのとおりです。

３ 右の図は，我が国の領域及びその周辺を模式的に表したものである。図中のPの海域は［　　］と呼ばれ，この海域では，どの国の船も，自由に航行したり，漁業をしたりすることができる。［　　］に当てはまる最も適当な言葉を書け。

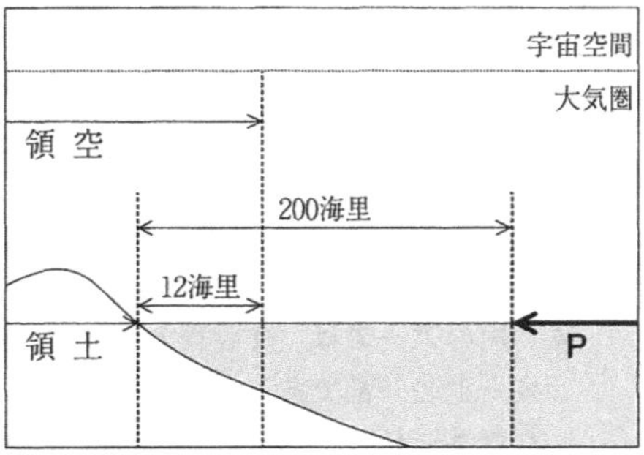

４ 次の資料は，地球温暖化防止への国際的な取り組みについて説明するために，先生が作成したものの一部であり，資料中のQには，ある都市の名が当てはまる。Qに当てはまる都市の名を書け。

2015年，［ Q ］協定が採択される

◇世界の平均気温の上昇を，産業革命の前と比べて，２℃未満におさえる。

◇先進国，発展途上国の全ての国が，温室効果ガスの削減に取り組む。

（五） 次の１～４の問いに答えなさい。

１　右の地図を見て，(1)，(2)の問いに答えよ。

(1)　地図中の阿蘇山《あそさん》には，大きなくぼ地が見られる。このくぼ地は，火山活動によって火山灰や溶岩が噴き出したあとが，くぼんでできたものであり，このような地形は［　　］と呼ばれている。［　　］に当てはまる地形の名称を書け。

(2)　地図中のあ～えの県の中には，中部地方に属する県が一つある。それはどれか。あ～えから一つ選び，その記号と県名を書け。

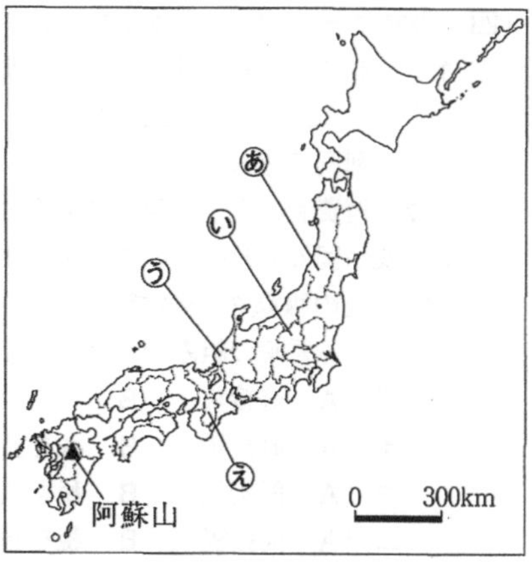

２　1993年は，東北地方で，やませと呼ばれる風が何度も吹いたことによって，東北地方の太平洋側は，大きな影響を受けた。グラフ１～３を見て，(1)，(2)の問いに答えよ。

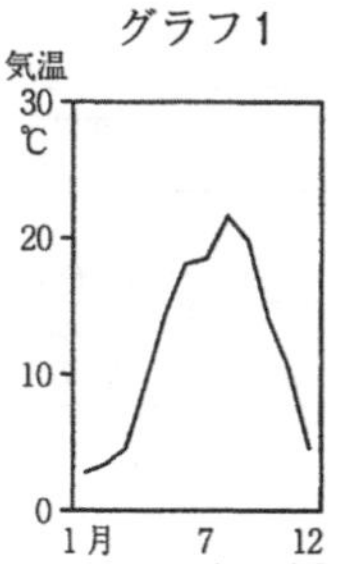

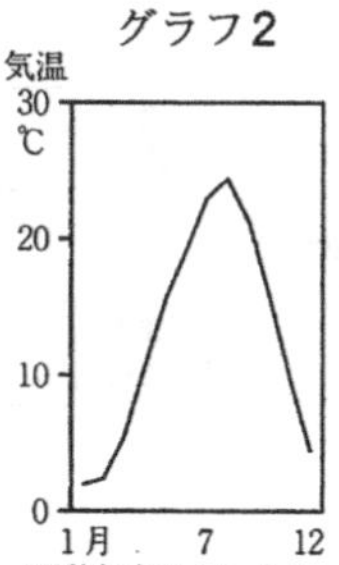

（2022年版　理科年表ほかによる）

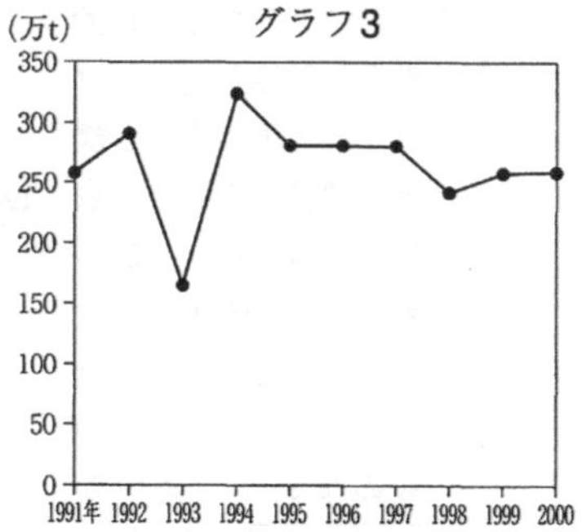

（農林水産省作物統計調査による）

(1)　グラフ１は，仙台市における1993年の月別の平均気温を表したものであり，グラフ２は，仙台市における2020年までの30年間の月別の平均気温を表したものである。グラフ１，２を参考にして，やませとはどのような風か，その特徴を簡単に書け。ただし，［語群Ⅰ］～［語群Ⅲ］の言葉の中からそれぞれ一つずつ選び，その三つの言葉を用いること。

［語群Ⅰ］ 夏 ｜ 冬　　［語群Ⅱ］ 北西 ｜ 北東　　［語群Ⅲ］ 暖かい風 ｜ 冷たい風

(2)　グラフ３は，1991年から2000年における，東北地方の，［　　］の収穫量を表したものであり，このグラフからは，1993年に収穫量が大きく減少していることが分かる。［　　］に当てはまる農作物として適当なものを，ア～エから一つ選び，その記号を書け。

ア　りんご　　イ　みかん　　ウ　小麦　　エ　米

３　右のＰ，Ｑのグラフは，それぞれ，1980年における我が国の，輸出額と輸入額のいずれかの，品目別の割合を表したものであり，グラフ中のｒ，ｓは，それぞれ原油，自動車のいずれかに当たる。輸出額の品目別の割合を表したグラフに当たる記号と，原油に当たる記号の組み合わせとして適当なものを，ア～エから一つ選び，その記号を書け。

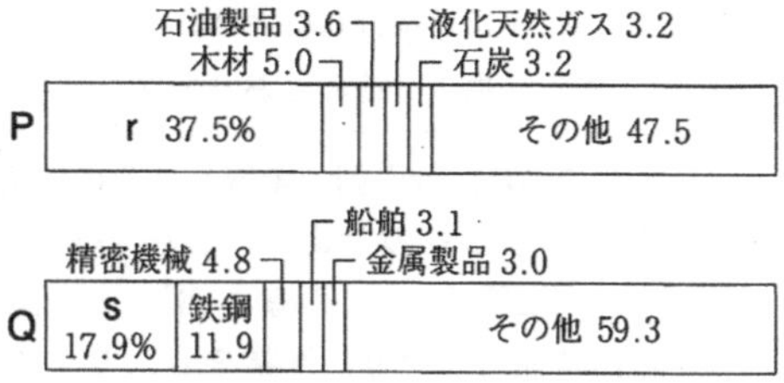

（数字でみる日本の100年による）

ア　Ｐとｒ　　イ　Ｐとｓ　　ウ　Ｑとｒ　　エ　Ｑとｓ

４　次のア～エは，社会科の授業で，身近な地域の調査をしたときの，調査項目が書かれたカードの一部である。国土地理院発行の２万５千分の１地形図に表されていることが書かれたカードとして適当なものを，ア～エから一つ選び，その記号を書け。

ア	イ	ウ	エ
土地の起伏	中学校の生徒数	バス停留所の位置	果樹園で栽培されている果樹の種類

（六） 次の１～３の問いに答えなさい。

1　地図１は，緯線と経線が直角に交わる地図であり，地図２は，東京からの距離と方位が正しい地図である。地図１，２を見て，(1)～(4)の問いに答えよ。

地図1

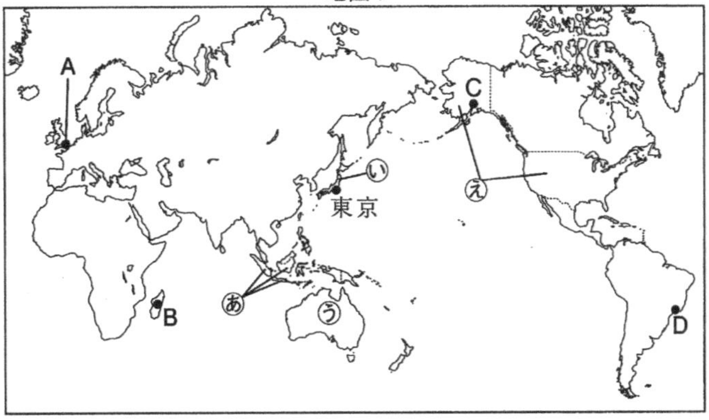

(1) 地図１では，［　　　　　］ほど，面積がより大きく表されている。［　　　　］に適当な言葉を書き入れて文を完成させよ。ただし，［　　　　］には，［赤道］の言葉を含めること。

地図2

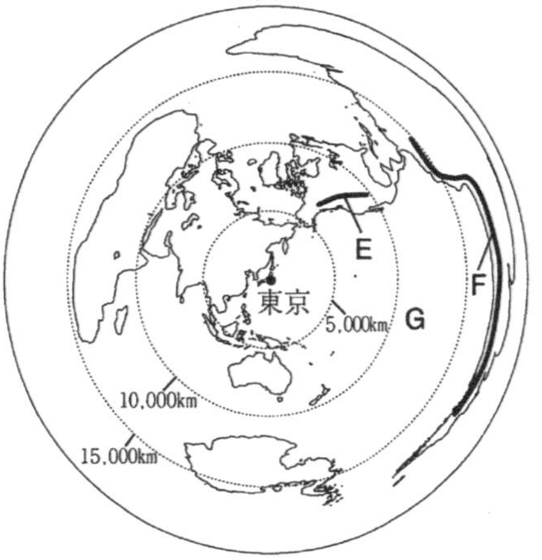

(2) 右の表は，2020年における，地図１中のあ～えのそれぞれの国の，人口密度を表したものであり，表中のa～dは，それぞれあ～えのいずれかに当たる。dに当たる国をあ～えから一つ選び，その記号と国の名を書け。

国	人口密度（人／km^2）
a	339
b	143
c	34
d	3

（2021-22年版 世界国勢図会による）

(3) 地図１中のA～Dの都市を，東京からの実際の距離が近い順に左から並べ，その記号を書け。

(4) 地図２中の ━━ 印で示した，EとFの山脈を含む造山帯は，三大洋の一つであるGを取り囲むようにつらなっていることから，［　　　］造山帯と呼ばれている。［　　　］に当てはまる最も適当な言葉を書け。

2　右の表は，2019年における，世界の州別の，小麦，とうもろこしの，世界の総生産量に占める生産量の割合と，原油の，世界の総産出量に占める産出量の割合を表したものであり，表中のX～Zは，それぞれアジア，北アメリカ，ヨーロッパのいずれかに当たる。X～Zにそれぞれ当たる州の組み合わせとして適当なものを，ア～エから一つ選び，その記号を書け。

（単位：%）

州＼項目	小麦	とうもろこし	原油
X	44.0	32.1	39.2
Y	34.8	11.6	21.1
Z	11.5	34.1	22.6
南アメリカ	3.8	15.0	7.2
アフリカ	3.5	7.1	9.4
オセアニア	2.4	0.1	0.5

（注） ロシアは，ヨーロッパに含めている。
（2021-22年版　世界国勢図会による）

ア｛X　アジア　　Y　北アメリカ　　Z　ヨーロッパ｝
イ｛X　アジア　　Y　ヨーロッパ　　Z　北アメリカ｝
ウ｛X　北アメリカ　　Y　アジア　　Z　ヨーロッパ｝
エ｛X　北アメリカ　　Y　ヨーロッパ　　Z　アジア｝

3　再生可能エネルギーとして適当なものを，ア～オから**全て**選び，その記号を書け。

ア　石炭　　イ　地熱　　ウ　風力　　エ　太陽光　　オ　天然ガス

2022(R4) 愛媛県公立高
教英出版